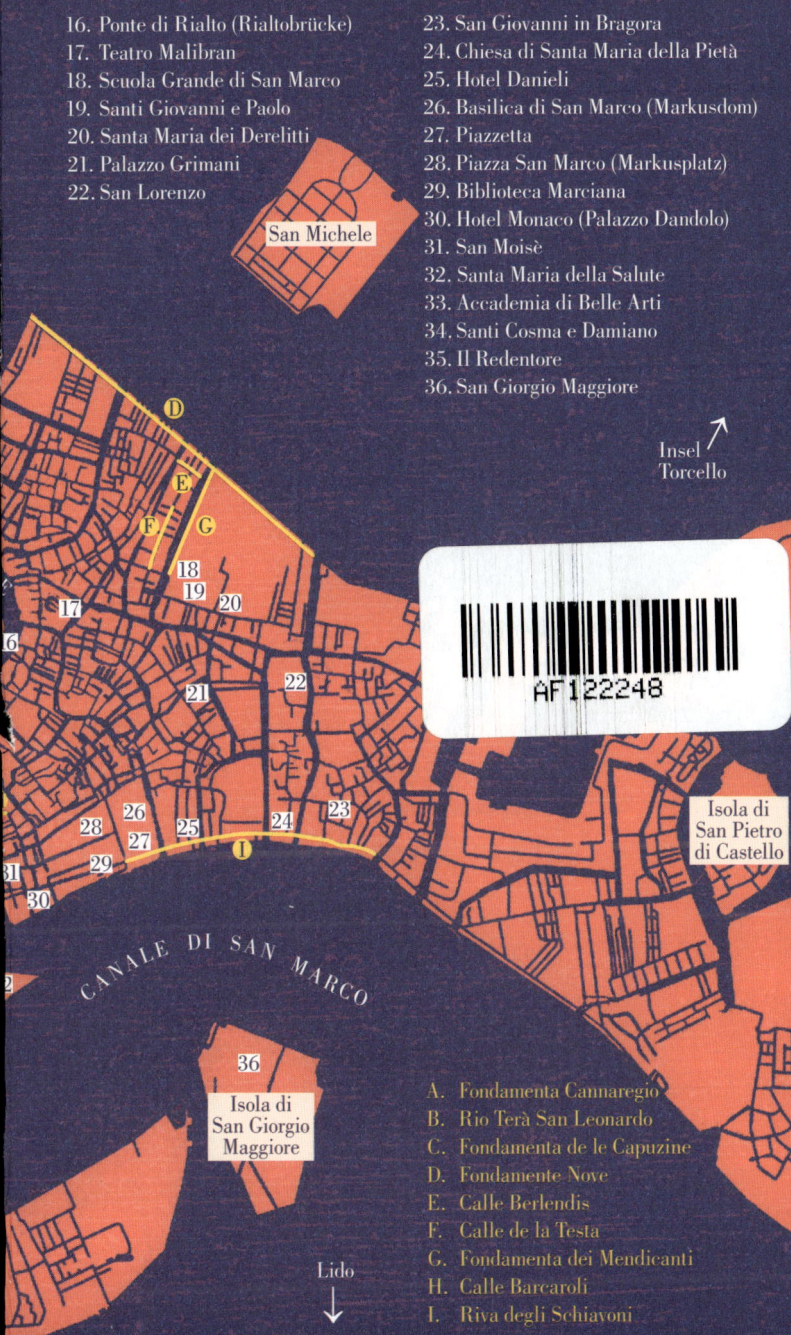

Willem Bruls
VENEDIG UND DIE OPER

WILLEM BRULS

VENEDIG UND DIE OPER

*Auf den Spuren von
Vivaldi, Verdi und Wagner*

Übersetzt von Bärbel Jänicke

Henschel

Zur Erinnerung an
Walter und Magda

Inhalt

- 9 Venedig ist Oper. Ein Vorwort
- 15 Auferstehung im Morgenlicht. Die Stadt und der Mythos
- 25 Eine neue Zeit beginnt. Monteverdis *Marienvesper*
- 37 Die Geburt der Oper. *Il combattimento di Tancredi e Clorinda*
- 43 Verführung und Liebe. Monteverdi und die Bühnen Venedigs
- 59 Die liberale Republik Venedig und die Dekadenz von *Nero und Poppea*
- 87 *Maria, stabat mater.* Monteverdis Grab
- 93 Händels *Agrippina*. Vituosität und Kastratengesang
- 103 Frivoles Genie und fleißiger Arbeiter. Vivaldi versus Marcello
- 113 Vivaldi, die Musik und die Schutzlosen. Das *ospedale della pietà*
- 125 Ein ganz moderner Antiheld. Vivaldis *Orlando furioso*
- 137 Casanova und Mozart. Zügellosigkeit und Glücksspiel im Ridotto
- 149 Sterben in Venedig und die Magie Rossinis
- 161 Byron und Verdi im La Fenice. Die Kultivierung des Untergangs
- 173 „Die Sehnsucht der Seele". Hotel Danieli
- 177 *Tristan und Isolde.* Wagner im Café
- 187 Das „seltsame Licht". Wagners Schwanengesang
- 203 Oper als Gesamtkunstwerk. Palazzo Fortuny
- 213 *Tod in Venedig.* Schönheit und Verfall auf dem Lido
- 237 Klang und Raum bei Luigi Nono. Die Stille der Stadt

- 253 Anhang

Wenn ich ein andres Wort für Musik suche,
so finde ich immer nur das Wort Venedig.
— *Friedrich Nietzsche, Ecce Homo*

Venedig liegt nur noch im Land der Träume
— *August von Platen, Sonette aus Venedig*

Die Piazza San Marco ist die glänzend betörende
Kulisse des dritten Aktes einer großen Oper, die Kathedrale
wie eine Fabel, ein Märchen der Verzauberung, als wohnte
dort ein Sultan mit Prinzessinnen, wie im Leben aus
Tausendundeiner Nacht; und der Dogenpalast wie eine
zweite Fabel, ein zweites Märchen […]. Und man wartet
darauf, dass zwischen den Säulen der Piazzetta […] eine Heldin
in Brokat heraustreten wird und der Nacht
eine sehr große Arie mit vielen Rouladen entgegen singt.
— *Louis Couperus, Uit blanke steden onder blauwe lucht*

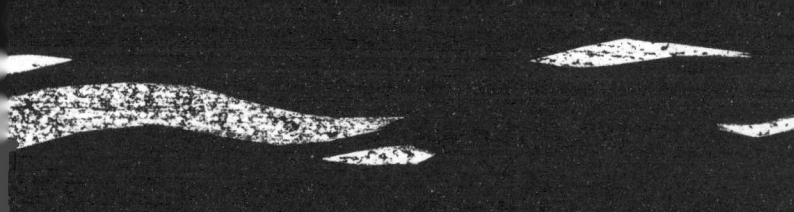

Non è un desiderio musicale questo di cui Venezia
è piena, immenso e indefinibile? Tutti i rumori vi si
trasformano in voci espressive. Ascolta!

[Ist Venedig nicht voll unendlicher, unbeschreiblicher
musikalischer Sehnsucht? Jedes Geräusch klingt hier wie
eine ausdrucksvolle Stimme. Hör doch!]
 – *Gabriele d'Annunzio,* Il fuoco

[...] Fern aus heller Kehle
am Canal grande singt ein Gondolier,
und suchend irrt sein Lied durch die Kanäle.
Der Fremde steht und trinkt den Klang voll Gier,
in lauter Lauschen löst sich seine Seele:
Vorrei morir...
 – *Rainer Maria Rilke,* Christus Elf Visionen

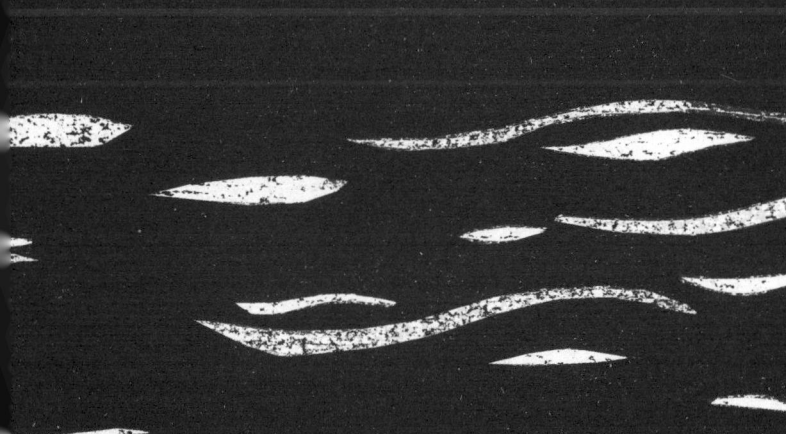

Piazza San Marco mit Basilica di San Marco, 1920er Jahre

Venedig ist Oper.
Ein Vorwort

„Architektur ist gefrorene Musik", sagte Goethe, der Venedig in seiner *Italienischen Reise* beschrieb. Wer durch die Stadt flaniert oder fährt, kann diesen Gedanken gut nachempfinden. Auch für Menschen, die sich nicht für Musik oder Oper interessieren, ist die Stadt eine Symphonie aus Farben und Formen. Der Rhythmus der Fassaden, die wie Akkorde auf dem Wasser der Lagune treiben – alles ruft unweigerlich Klänge hervor. Das ist kein Zufall. Renaissance-Architekten studierten Abhandlungen über musikalische Harmonie. Diese spiegelte die kosmische Ordnung wider: Indem man nach harmonischen Gesetzen, Proportionen und dem Goldenen Schnitt, einem idealen Teilungsverhältnis zweier Größen zueinander, plante und baute, konnte man die himmlischen Sphären in Stein und Stuck heraufbeschwören.

Wer sich hingegen für Musik und Oper begeistert, wird verstehen, warum die Steine so sind, wie sie sind. Das natursteinerne Filigran der gotischen Paläste erscheint wie ein Echo der spätmittelalterlichen Polyphonie der Basilica di San Marco, des Markusdoms. Die Renaissance- und Barockfassaden – die nach Ansicht von John Ruskin den mittelalterlichen Rhythmus in brutaler Weise durchbrachen – entsprechen den klaren Linien der Kompositionen Claudio Monteverdis und dem religiösen Ernst Benedetto Marcellos, wohingegen die flatterhaften Stuckinterieurs des 18. Jahrhunderts den mäandernden Melodien Antonio Vivaldis zu folgen scheinen.

Dies ist mehr oder weniger die erste Hälfte der Geschichte der Oper in Venedig, die um 1600 begann und um 1800 endete. Eigentlich hatte Monteverdi mit seinem *Orfeo* die Oper in Mantua erfunden. Doch erst während seiner venezianischen Jahre führte er das Genre zur Reife, indem er es mit seinem *Ulisse* und seiner *Poppea* ein zweites Mal erfand. Diese Werke gaben dem, was die Oper eigentlich werden sollte, definitiv die Richtung. Nirgendwo anders als in Venedig hätte sich das ereignen können. Wollust, Gewalt, Verrat und eine unstillbare Sehnsucht nach Zärtlichkeit und Liebe, das war *Poppea,* und mit ihr der Rest der Operngeschichte.

Nur in Venedig konnte sich das neue musikdramatische Genre den Abgründen der Liebe widmen, die wir der Einfachheit halber „Wollust" nennen. Die Stadt blickt auf eine lange Geschichte der Verführung und des Libertinismus zurück, die sich in der bildenden Kunst, der Literatur, dem Theater und der Musik zeigt. Mit Francesco Cavalli und Vivaldi setzte sich diese Linie vom 17. bis ins 18. Jahrhundert fort. Mit ihnen entwickelte sich Monteverdis *dramma per musica* zu der Oper mit ihren Rezitativen und Arien, die uns heute so vertraut ist.

Wie uns Monteverdi mit *Poppea* die Abgründe der Liebe vor Augen führte, so tat dies auch Vivaldi ein Jahrhundert später mit seinen Opern. In seinem *Orlando furioso* wird der Titelheld buchstäblich wahnsinnig vor Verlangen. Marcellos sittsame Gegenwehr konnte an diesem Bild wenig verändern. Wie ein Magnet zog die Stadt mit dieser faszinierenden Mischung aus Schönheit, Liebe, Lust, Begierde und erotischer Gefahr Menschen aus ganz Europa an. Einer fiktiven Figur wie Don Giovanni konnte nur in dieser Lagunenstadt der Durchbruch in der Oper gelingen.

Bis Ende des 18. Jahrhunderts mit den Napoleonischen Kriegen alles abrupt endete. Venedig hörte auf, als autonomer Stadtstaat und damit als erotisches Asyl und sinnliche Freistatt zu existieren. Was in den folgenden zwei Jahrhunderten geschah, ließe sich vielleicht am besten als ein langsames Dahinsiechen beschreiben – ohne jemals den Tod finden zu können. Wie die Figuren in Richard Wagners *Parsifal*, denen es unmöglich ist, an ihren Wunden der Lust und des Verlangens zu sterben.

Wagner hat den *Parsifal* nicht in Venedig geschrieben – wenngleich den größten Teil davon in Italien –, aber er brachte dort den ergreifenden Liebesakt in *Tristan und Isolde* zu Papier, einer Oper, in der Tristan nicht sterben kann. Es war die Stadt, in der der Komponist nach einem Leben voller ungestillter Lust und Begierde schließlich selbst sterben konnte. Wie Violetta Valéry, die in Giuseppe Verdis *La traviata* zum ersten Mal auf einer venezianischen Bühne ihr Ende fand.

Tod in Venedig. War das 19. Jahrhundert bereits vom Heimweh nach einer verlorenen Welt geprägt, so war es das 20. Jahrhundert nicht minder. Thomas Manns Novelle *Der Tod in Venedig* und mit ihr Luchino Viscontis Film und Benjamin Brittens Oper wurden zu einem Schlussstein der Stadt als Kulisse für Lust, Dekadenz, Krankheit und Verfall. Nach dem Zweiten Weltkrieg schien alles unwiederbringlich vorbei zu sein. Zwar hatte Venedig in den beiden vorangegangenen Jahrhunderten keinen großen Komponisten hervorgebracht, es war aber noch immer eine Kulisse für musikalische Wehmut. Nach dem Krieg schien auch dies ein Ende zu haben, die Stadt drohte endgültig dem zerstörerischen Massentourismus ausgeliefert zu werden.

Bis ein gebürtiger Venezianer dieser Entwicklung vorläufig eine neue Wendung gab. Mit Luigi Nono wurde die Lagunenstadt als kreativer Nährboden für Musik und Oper wieder neu belebt. Sein Œuvre fügt sich auf eine paradoxe Weise in die lange Geschichte der venezianischen Oper ein. Der Abstraktionsgrad seiner Oper *Prometeo* zeigt nicht nur seine eigenwillige Virtuosität, er ist auch eine Hommage an die polyphonen Traditionen von San Marco – und ebenso ein bewegendes Requiem für eine sterbende Oper. Was kann nach der absoluten Stille noch gesungen werden, einer Stille, die im abendlichen Dunkel auch an den verlassenen Kanälen vernehmbar ist?

In *Venedig und die Oper* unternehmen wir Spaziergänge durch vier Jahrhunderte Operngeschichte. Wir besuchen Orte, an denen Komponisten wohnten und arbeiteten, an denen sich Theater befanden und noch befinden, an denen wichtige Akteure der Musikkultur inspiriert wurden. In Bibliotheken und Palazzi forschen wir nach Spuren und Erinnerungen. Bewohner der Stadt, Musikwissenschaftler und Musiker kommen zu Wort. Wir reflektieren die Bedeutung der Komponisten und ihrer Werke. Wir erkunden, wie sich die Magie der Stadt auf ihre musikalischen Bewohner und auf die unzähligen Besucher, zu denen Mozart, Rossini und Strawinsky zählten, übertrug. Die Spurensuche führt vom Teatro La Fenice zum jüdischen Ghetto, vom Palazzo Grimani zum Ridotto und vom Friedhof San Michele zum Hotel des Bains am Lido. Die Oper reflektiert wie ein venezianischer Spiegel das Wesen von Lust und Wollust. Venedig ist Oper.

Blick vom Canal Grande zur Santa Maria della Salute

Auferstehung im Morgenlicht.
Die Stadt und der Mythos

Für jeden Mythos gibt es eine Oper und für jede Oper gibt es einen Mythos. Auch für die mythische Gründung von Venedig. Zwischen 1844 und 1849 schrieb Giuseppe Verdi elf Opern. Er nannte diese Zeit seine „Galeerensklavenjahre". Im ersten dieser Jahre, 1844, las er das Bühnenstück *Attila, König der Hunnen* von Zacharias Werner. Zwei Jahre später, 1846, wurde die Oper *Attila* im Teatro La Fenice uraufgeführt. Es mag obskur erscheinen, aber diesem Attila, dieser Geißel Gottes, verdankt die Lagunenstadt ihre Existenz.

Um die physischen Überreste des Ursprungs dieses Mythos zu finden, muss ich nicht in der Stadt selbst suchen, sondern mit dem *Vaporetto* der Linie 12 zur Insel Burano fahren, wo ich nach etwa einer halben Stunde in ein Boot umsteige, das mich und die anderen Besucher zur nahe gelegenen Insel Torcello bringt. Vom Bootssteg aus wandere ich durch eine arkadische Landschaft mit ausgedehnten Gras- und Schilffeldern, die von Gräben durchzogen sind. So sah Venedig auch früher aus, als die Lagune noch unbewohnt war.

Ich komme an einem anderen Mythos vorbei, der Ponte del Diavolo. Ein österreichischer Offizier soll einst eine geheime Affäre mit einer Venezianerin gehabt haben, dann aber umgekommen sein. Als sich das Mädchen daraufhin das Leben nehmen wollte, riet ihr ein Verwandter, eine Hexe um Rat zu fragen. Diese erzählte ihr, sie könne einen Pakt mit dem Teufel schließen und ihren Geliebten im Tausch gegen sieben vor der Geburt gestorbene christliche Kinder zurückbekommen. Der Austausch sollte auf der Brücke auf Torcello stattfinden. So geschah es und die Liebenden wurden wieder vereint. Doch die Hexe selbst wurde getötet und konnte daher ihre Verpflichtung gegenüber dem Teufel nicht erfüllen. Der erwartet nun jedes Jahr am 24. Dezember in Gestalt einer schwarzen Katze auf der Brücke seinen Lohn. Heute stehen hier allerdings brav Touristen Schlange, um sich fotografieren zu lassen.

Nach einem viertelstündigen Spaziergang komme ich zur im Jahr 639 gegründeten Basilica di Santa Maria Assunta und der von einigen Nebengebäuden umgebenen Kirche Santa Fosca. Auf dem Rasen steht ein marmorner Sitz, der früher wahrscheinlich dazu verwendet wurde, Recht zu sprechen. Dass dieser rohe Steinklotz, auf dem sich heute jeder Tourist fotografieren lassen will, „Attilas Thron" genannt wird, hat eine historische Ursache. Mitte des fünften Jahrhunderts war noch nicht klar, was aus Europa werden würde. Es waren Zeiten von Unsicherheit, Verwirrung, Gewalt und großen Migrationswellen. Das Römische Reich stand kurz vor seinem Zusammenbruch, von Osten und Norden fielen verschiedene Stämme in das Reich ein, darunter auch der Stamm Attilas, wobei die angestammten Bewohner oft vertrieben wurden. Die römisch-christlichen Bewohner der nördlichen Adriaküste zogen über Meer und Land südwärts und suchten Zuflucht auf den sumpfigen Inseln in der Lagune, wo sie das Wasser vor dem Feind schützte. Von diesen Inseln ist Torcello eine der ältesten, sie ist auf jeden Fall älter als Venedig selbst.

Dante erwähnt Attila in seiner *Divina Commedia*, in der dieser ein Bewohner der Hölle ist. Beim Eintreten in die friedliche romanische Stille der Basilika auf Torcello fallen mir die monumentalen Mosaiken aus dem 12. Jahrhundert an der Wand über dem Haupteingang ins Auge. In fast grafischen, naturalistischen Szenen wird darin das Jüngste Gericht dargestellt, mit verzweifelten Menschen, die in Feuer und Wasser umkommen. Von Würmern abgenagte Schädel und Gliedmaßen erzählen die Geschichte der himmlischen Vergeltung für ein sündiges Leben. Regelrecht bizarr ist das aus blauen Steinchen zusammengesetzte Bild des Teufels Luzifer, der auf einem Thron aus zwei Drachenköpfen sitzt, mit dem Antichristen auf seinem Schoß – als Gegenbild zur Jungfrau Maria mit Christus in ihren

Armen, die im goldenen Mosaik auf der gegenüberliegenden Seite im Chor der Kirche thront.

Attila galt vielen als der leibhaftige – da heidnische – Teufel. Dass die Geschichte um einiges vielschichtiger war, als die christliche Propaganda die Menschen glauben machen wollte, ist erst später zutage gekommen. Tatsache ist, dass Attila weite Teile Europas gewaltsam erobert hat. Im Jahr 452 fiel er in Italien ein und versuchte Rom einzunehmen. Er legte die Stadt Aquileia an der Adriaküste in der Nähe des heutigen Triests in Schutt und Asche. Ihre Bewohner flohen in die Lagune und ließen sich auf Torcello und wenig später in Venedig nieder. Der weströmische Kaiser Valentinian III. floh aus der damaligen Hauptstadt Ravenna nach Rom. Seinem General Aëtius gelang es schließlich, Attila zu besiegen. Dem Mythos zufolge wurde Attila jedoch auf seinem Weg nach Rom von Papst Leo I. aufgehalten, der ihm mit dem christlichen Kreuz den Weg versperrte. Ein Jahr darauf, im Jahr 453, starb Attila. Nicht viel später, im Jahr 476, wurde das Ende des Weströmischen Reiches besiegelt.

Attila lebte zwischen der Antike und dem Beginn des Mittelalters. Das macht ihn für die Venezianer zu einer faszinierenden Gestalt, er spielte eine bedeutsame Rolle beim Übergang des Römischen Reiches zum frühmittelalterlichen Europa. Mit seiner Herkunft aus den asiatischen Steppen verbindet er zudem die orientalische Welt mit dem Westen. Attila steht zwischen dem lateinischen Europa und dem griechisch-byzantinischen Reich im Nahen Osten. Zugleich hat er selbst keine griechischen oder römischen Wurzeln und ist ein relativer Neuankömmling. Auch diese Elemente verbinden ihn mit der Stadt Venedig, die keine antike Vorgeschichte aufweist und damals ebenso wie Attila in einem Schwebezustand zwischen Ost und West verharrte.

Verdis Oper setzt mit Attilas Sieg über die Stadt Aquileia ein. Nach einer Danksagung an den Gott Wodan setzt sich der Eroberer auf den Thron der Stadt. Er verliebt sich in die Gefangene Odabella, eine Prinzessin von Aquileia. Diese bittet ihn um ein Schwert, woraufhin er ihr das seinige gibt. Sie schwört, dass diese Waffe alle Verluste rächen wird, die sie erlitten hat. Ezio, eine Figur nach dem historischen Vorbild des römischen Feldherrn Aëtius, versucht sich mit Attila zu einigen und die Macht über das Reich zu teilen. Attila traut ihm jedoch nicht und erklärt ihm den Krieg. Während eines Waffenstillstands will er Odabella heiraten, findet sie aber in den Armen von Foresto, einem Ritter der Stadt Aquileia, und in Gesellschaft von Ezio. Attila beschuldigt sie alle des Verrats, wird aber schließlich von Odabella mit seinem eigenen Schwert getötet.

Während er die Oper komponierte, erkrankte Verdi mehrmals. In Briefen an seine Freunde klagte er über seinen schlechten Gesundheitszustand. Er glaubte, sterben zu müssen, und vermutete, dass *Attila* seine letzte Oper wird. Er fertigte selbst die ersten Skizzen für ein mögliches Szenario, die er an seinen Librettisten Francesco Maria Piave schickte – in der Annahme, dass Piave als gebürtiger Venezianer von der Insel Murano die Geschichte sicherlich gut verstehen werde. Doch trotz Piaves engagiertem Libretto wurde es nicht Verdis stärkste Oper. Die Premiere im La Fenice erntete nur einen „succès d'estime": einen Achtungserfolg.

Die Opern, die Verdi in diesen Jahren schrieb, sind mit dem Ideal eines wiedervereinigten Italiens verbunden. Aus diesem Ideal ging eine politische und militärische Bewegung mit dem Namen Risorgimento hervor. Sie richtete sich unter anderem gegen die Besetzung Norditaliens – einschließlich Venedigs – durch die Habsburger. Der Schlachtruf „Viva Verdi" stand für *Viva Vittorio Emanuele Re d'Italia*. Die mythische italienische Geschichte, ob erfunden oder nicht, übertrieben oder nicht, spielte eine bedeutende Rolle bei der Bildung eines Nationalgefühls. Attila wurde Teil der nationalen Identität. Nicht nur als Eroberer und Tyrann, sondern auch als tragischer Anführer, der es mit verräterischen und unaufrichtigen Feinden aufnahm.

Dass sich Verdi und seine Librettisten dessen bewusst waren, wird durch den Hinweis auf das Teatro La Fenice in einer Arie deutlich. Venedig wurde gegründet, nachdem Aquileia in Schutt und Asche gelegt worden war. Der „Fenice" oder „Phönix", der mythische Vogel, der sich immer wieder aus seiner Asche erhebt, wird von Foresto in seiner Arie „Cara patria già madre e reina" am Ende des Prologs erwähnt:

> *Cara patria, già madre e reina*
> *Di possenti magnanimi figli,*
> *Or macerie, deserto, ruina,*
> *Su cui regna silenzio e squallor;*
> *Ma dall'alghe di questi marosi,*
> *Qual risorta fenice novella,*
> *Rivivrai più superba, più bella*
> *Della terra, dell'onde stupor!*

> *Geliebtes Vaterland, Mutter und Königin*
> *Von mächtigen, großherzigen Söhnen,*
> *Jetzt eine Ruine, eine Wüste, ein trostloses Brachland,*
> *Über die Stille und Elend herrschen;*
> *Doch wie ein neuer Phönix aufgestiegen*
> *Aus diesem wogenden Seegras,*
> *So wirst du bald stolzer und schöner auferstehen,*
> *Zum Erstaunen des Landes und des Meeres!*

Die Hunnen, die hier Italien besetzen, scheinen auf die Habsburger zu verweisen. Im Prolog schlägt Ezio eine listige politische Lösung für seinen Konflikt mit Attila vor: „Avrai tu l'universo, resti l'Italia a me" („Du magst das Universum haben, doch überlass Italien mir"). Ein damaliger italienischer Kritiker bezeichnete diesen Satz als „a diversa più risorgimentale", frei übersetzt als „eine Version, die die Motive des Risorgimento noch tiefgehender zum Ausdruck bringt". Aber es steckt auch Pragmatismus und sogar Opportunismus in Ezios Vorschlag: Überlass Italien mir, womit ich dann Papst und Kaiser verrate. Außerdem ahnt Attila, dass Ezio sich auch gegen ihn wenden würde, sobald er die Macht hat.

Die gute Partei (Ezio, Foresto und Odabella) scheint in *Attila* aus Verrätern und Mördern zu bestehen, während der verhasste Besatzer

Attila als moralisch rechtschaffener Charakter porträtiert wird. Er wirkt eher wie ein tragischer romantischer Held, ein „edler Wilder". Am Ende der Oper steht ein bitterer Sieg für die moralisch zwielichtigen Charaktere. Verdi wollte zeigen, wie komplex Machtstrukturen sind und wie sehr persönliche Gefühle eine Rolle spielen.

Attila ist zudem ein Herrscher, der für die gute Sache, an die er glaubt, alles vernichtet. Er hat seine eigene Ideologie, seine Überzeugungen, die allesamt in seinem egoistischen Drang wurzeln, die Welt zu beherrschen. Doch er hat auch eine düstere, trübsinnige und melancholische Seite: den Fatalismus eines dem Untergang geweihten Herrschers. Für die Venezianer war das wichtig – es entsprach ihrer eigenen außergewöhnlichen Geschichte und ihrer Position innerhalb Italiens.

Wie aus verschiedenen Phasen der venezianischen Geschichte deutlich hervorgeht, war Rom ein Erzrivale. Zwischen den beiden mächtigen Städten bestand eine jahrhundertealte Feindschaft, deren erstes Kapitel vom Heiligen Markus selbst aufgeschlagen wird. Rom besaß die Reliquien vieler bedeutender Heiliger, behauptete aber seine Stellung als Mittelpunkt der katholischen Welt vor allem mit den sterblichen Resten von Petrus und Paulus. Venedig, als neue, nicht aus dem Römischen Reich hervorgegangene Stadt, hatte dem nichts entgegenzusetzen. Dafür wurde im 8. Jahrhundert, mit der Entwicklung der venezianischen Handelskontakte in den Orient, bald eine Lösung gefunden. In Alexandria gab es eine große christliche Gemeinde – eine der ersten in der Welt –, in der der Überlieferung zufolge die Gebeine des Evangelisten Markus lagen. Obwohl die Stadt mittlerweile von Muslimen regiert wurde, blieben die Christen die dominante Bevölkerungsgruppe. Eines Nachts wurden die sterblichen Überreste des Heiligen Markus aus der Kirche gestohlen und auf ein venezianisches Schiff geschmuggelt. Um die islamischen Behörden im Hafen abzuschrecken, wurden seine Gebeine angeblich unter Schweinefleisch versteckt und auf diese Weise nach Italien transportiert. Venedig hatte endlich seinen prominenten Heiligen und konnte sich mit Rom gleichberechtigt fühlen. Bis ins 19. Jahrhundert war San Marco nicht der Bischofssitz Roms in Venedig, sondern die Privatkapelle der Dogen. Die Repräsentation des Vatikans befand sich in einer kleineren Kirche auf der Isola di San Pietro, die für venezianische Verhältnisse eher ein Hinterzimmer war.

In der Oper erlebt Attila in einem Traum eine erste Konfrontation mit dem römisch-christlichen Glauben. Er träumt davon, dass der Papst ihn auf seinem Eroberungsfeldzug gegen Rom, der das physische und ideologische Ende seiner Macht einläuten sollte, aufhalten würde. Er begreift, dass er damit in das Territorium der Götter eingedrungen ist: „Questo de' numi è il suol!" („Dies ist das göttliche Reich!") Der Papst wird diese Worte bei der tatsächlichen Begegnung wörtlich wiederholen. Könnte es sein, dass die heftige Kontroverse zwischen Attila und dem Papst in der Oper die Kontroverse zwischen Venedig und Rom versinnbildlicht? Und damit den Gegensatz zwischen der tragischen neuen und der moralisch korrupten alten Macht? Attila verbindet die neue und die alte Welt auf vielerlei Weise. Er personifiziert alle paradoxen und doppelsinnigen Aspekte dieses Übergangs. In der Oper bleibt allerdings offen: Ist dies ein Endspiel oder eine Auferstehung?

Verdis Zeitgenossen zufolge war *Attila* als „politische Volksbildung" zu verstehen. Die Gefühle der Venezianer wurden von dieser Oper tief berührt. Zu nationalistischen Szenen kam es aber nicht – anders als bei den Aufführungen von Verdis neuer Oper *Macbeth* im Jahr 1847, bei der die in den Nationalfarben gekleideten Zuhörer jeden Abend, wenn der Chor im vierten Akt das betrogene Vaterland besang, Blumensträuße in den Farben der Trikolore auf die Bühne warfen. Ähnliche emotionale Ausbrüche ereigneten sich auch bei den Aufführungen von *Il trovatore* (*Der Troubadour*) in den Jahren um 1866. In Luchino Viscontis *Senso* bricht das Opernpublikum im La Fenice während einer patriotischen Arie „Di quella pira ..." und dem anschließenden „All'armi" („Zu den Waffen") aus dieser Oper in lauten Jubel aus. Wiederum werden Blumen in den Nationalfarben von den Logen herabgeworfen, die die Soldaten der österreichischen Besatzungsmacht im Saal verwirrt zurücklassen. Ist es Zufall, dass sich in diesem Film die junge venezianische Gräfin Livia Serpieri in den österreichischen Leutnant Franz Mahler verliebt?

Verdi siedelte die zweite Szene in der Gegend um die Rialtobrücke an, dem Ort, an dem sich historisch gesehen die ersten Bewohner mehr als ein Jahrhundert nach der Gründung Torcellos niederließen. Die romantischen Regie- und Bühnenbildanweisungen in der Partitur vermitteln einen Eindruck davon: „Hier und da stehen auf Pfählen gebaute Hütten, die durch lange auf Booten aufliegende Planken miteinander verbunden sind. Im Vordergrund befindet sich in gleicher Weise ein steinerner Altar zu Ehren des Heiligen Jakobus. Etwas weiter entfernt ist eine Uhr zu sehen, die in einer Holzkonstruktion hängt. Diese sollte zum Kirchturm der Sankt Jakobskirche werden. Zwischen den Gewitterwolken weicht die Finsternis langsam einem rosafarbenen Morgenlicht, bis am Ende der Szene die Sonnenstrahlen alles mit ihrem Licht überfluten und das Himmelsgewölbe mit dem schönsten und hellsten Blau schmücken. Das langsame Läuten der Glocke begrüßt die Morgenstunde."

Venedig ist geboren.

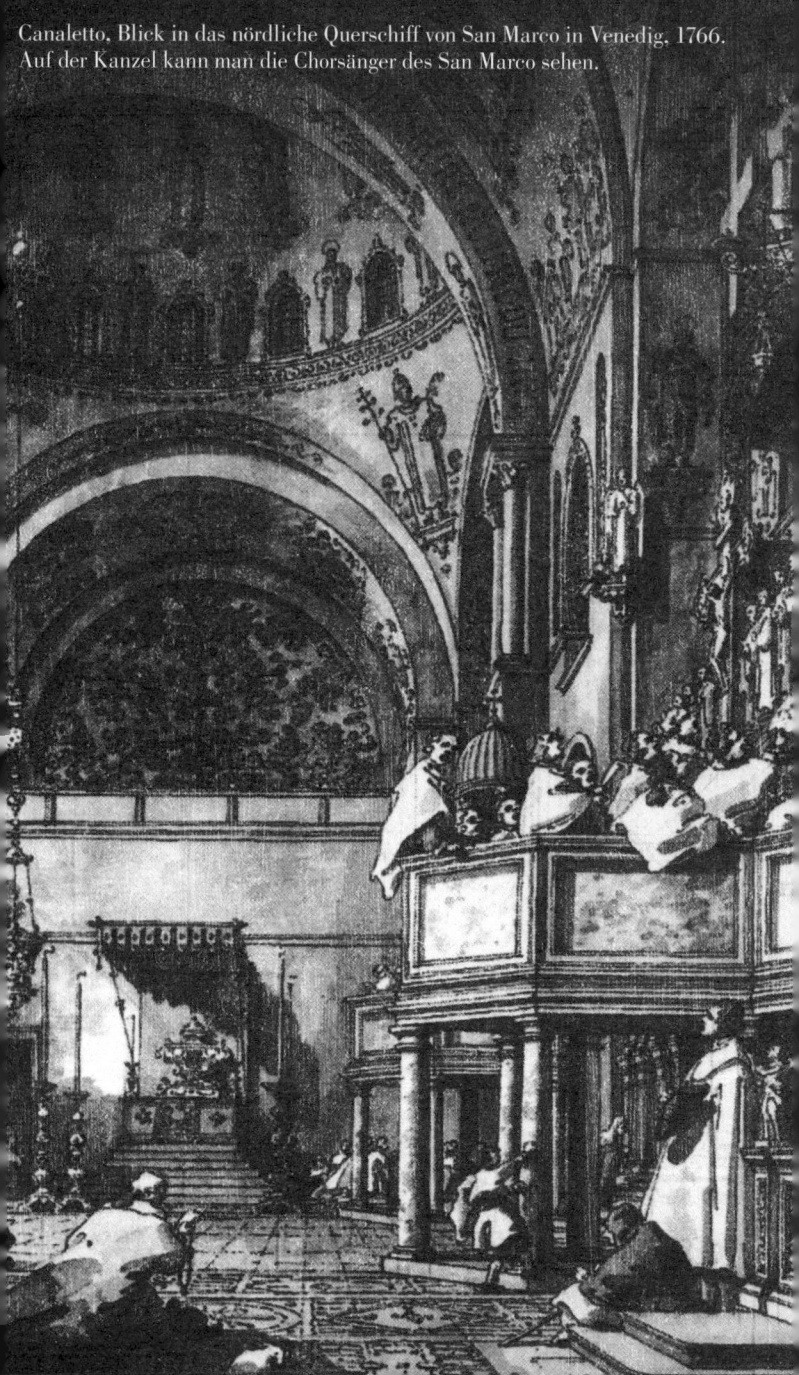

Canaletto, Blick in das nördliche Querschiff von San Marco in Venedig, 1766. Auf der Kanzel kann man die Chorsänger des San Marco sehen.

Eine neue Zeit beginnt.
Monteverdis *Marienvesper*

Am 19. August 1613 – nach dem venezianischen Kalender – besuchte Claudio Monteverdi die am Ufer gegenüber der Piazza San Marco gelegene Kirche San Giorgio Maggiore. Er war schwarz gekleidet, denn er trug Trauer. Sechs Jahre zuvor hatte er seine Frau verloren. Claudia Cattaneo, seine Ehefrau, war als Sängerin an den Hof des Herzogs Vincenzo Gonzaga in Mantua berufen worden, wo Monteverdi damals als Komponist arbeitete. Die ungesunde und feuchte Luft des morastigen Sumpfdeltas, in dem sich Mantua befindet, zerstörte seine und seiner geliebten Frau Gesundheit, wie er selbst sagte. Die durch die schleppenden Honorarzahlungen des bankrotten Hofes bedingte Armut tat ein Übriges. Er überlebte es, schwer mitgenommen. Seine Frau nicht. Woran sie genau gestorben ist, wissen wir nicht, wohl aber, dass sie in ihrer letzten Lebensphase bei ihrem Schwiegervater Baldassare Monteverdi in Cremona Zuflucht suchte. Er war Arzt, aber auch er konnte sie nicht retten.

Bevor Monteverdi 1613 in Venedig ankam, hatte er bereits ein arbeitsreiches Leben und eine große Karriere hinter sich. Er wurde 1567 in Cremona geboren, der Stadt von Stradivari und Amati. Als junger Mann begann er als Sänger und Violinist in Mantua und wurde dort 1602 zum Hofkomponisten ernannt. Die Trennlinie zwischen ausführenden und komponierenden Musikern war in dieser Zeit hauchdünn, ebenso wie jene zwischen Instrumentalisten und Vokalisten. Später schuf Monteverdi religiöse Werke *und* Musik für das Theater. Diese Trennlinie war etwas stärker, denn es handelte sich um zwei Welten: die sakrale und die säkulare. Doch gerade in Venedig war das anders als in anderen italienischen Städten: Die Sänger und Musiker, die in San Marco mitsangen und mitspielten, wurden auch an den Opernhäusern engagiert, Komponisten, die für die Messe schrieben, komponierten auch für die Bühne.

L'Orfeo (Orpheus), die Oper, die Monteverdi 1607 noch für Mantua komponiert hatte, lag in vielerlei Hinsicht irgendwo zwischen dem Irdischen und dem Himmlischen. Obwohl das Werk als die erste wirkliche Oper in der Musikgeschichte gilt, enthält es Elemente eines halb weltlichen, halb geistlichen Oratoriums. Das lag vor allem am Thema. Orpheus, der mythische Musiker, Sänger und Komponist, der seine Frau verloren hatte und sie aus der Unterwelt zurückholen wollte, war ein Sinnbild des Renaissancemenschen, der selbst die Initiative ergreift und sich nicht nur von göttlichen Geboten und einem unabwendbaren Schicksal leiten lässt. Für viele Denker der damaligen Zeit wurde er damit auch zu einem revolutionären Symbol, das eine neue Welt gegenüber dem Universum der Kirche versinnbildlichte.

Monteverdi war sich der Unmöglichkeit, eine tote Geliebte aus der Unterwelt zurückzuholen, voll und ganz bewusst, schließlich war Orpheus ein Mensch und daher schwach. Der Mensch kann alles überwinden – Schicksal, Liebe, ja selbst den Tod –, aber nicht seine eigene menschliche Schwäche. Wenige Monate, nachdem Monteverdi *L'Orfeo* vollendet hatte, starb seine Frau Claudia, als hätte er mit seiner Oper das Schicksal herausgefordert und womöglich sogar Gott erzürnt. Zuvor schon war ihre Tochter gestorben. Nach dem Tod seiner Frau komponierte er die Oper *L'Arianna* über die kretische Prinzessin Ariadne, die von Theseus, ihrem Liebsten, verlassen wurde. Das einzige erhaltene Fragment des verlorenen Werkes ist Ariannas *Lamento*, der Klagegesang, den Ariadne (italienisch Arianna) anstimmt, als sie einsam auf einer Insel zurückblieb: „Lasciatemi morire! E chi volete voi che mi conforte in così dura sorte, in così gran martire? Lasciatemi morire!" („Lasst mich sterben! Und wer könnte mich auch trösten in so hartem Schicksal, in so großer Pein? Lasst mich sterben!") Monteverdi war bewusst, dass sich das Schicksal nicht nach eigenen Wünschen lenken lässt, so sehr man es auch versucht. Das Heil lag anderswo: in der Musik.

L'Orfeo hatte bei Monteverdis Brotherrn in Mantua zwar große Wertschätzung erfahren, was zu dem Auftrag geführt hat, *L'Arianna* zu komponieren. Da sich die Arbeitsbedingungen jedoch immer weiter verschlechterten, suchte der Komponist nach alternativen Arbeitsmöglichkeiten. Andere aristokratische Höfe sahen in der Oper keinen Grund, ihn in ihren Dienst zu nehmen. Da die dringend benötigten Zahlungen ausblieben, prüfte er alle Optionen, um aus Mantua wegzukommen. Als Vincenzo Gonzaga 1612 starb und sein Sohn und Nachfolger Francesco Gonzaga Monteverdi umgehend entließ, musste der Komponist einige Zeit in seinem Elternhaus in Cremona verbringen, um sich finanziell über Wasser halten zu können.

Im Italien des frühen 17. Jahrhunderts boten sich nicht viele Möglichkeiten für seinen Beruf als Musiker und Komponist. In einem letzten Versuch, seine Karriere zu retten, schuf er bis 1610 eine Komposition, die überwältigen, verblüffen und bewegen, die niemand ignorieren und die ihm eine feste Anstellung verschaffen sollte: die *Vespro della Beata Vergine*, die *Marienvesper*. Er setzte zunächst alles auf eine Karte und schickte das Werk, das er Papst Paul V. widmete, zum Vatikan nach Rom. Es war sein ultimatives Bewerbungsschreiben in Noten und Akkorden. Der Vatikan begutachtete die Musik, war beeindruckt, unternahm aber weiter nichts. Nach Rom war die Republik Venedig die Stadt mit dem höchsten Ansehen, der größten künstlerischen Freiheit und dem meisten Geld, also schickte Monteverdi die Partitur nun dorthin – in der Hoffnung, als *maestro di cappella* in San Marco eine Anstellung zu finden. Wieder in einem morastischen Sumpfdelta, nun aber mit salzigem Meerwasser und einer frischen adriatischen Brise, die seinen steifen Gliedern und seinem trübsinnigen Gemüt guttun könnten.

An dem bereits erwähnten 19. August 1613, kurz nachdem er aus Cremona in Venedig angekommen war, besuchte Monteverdi die

Isola di San Giorgio, um dort die Proben zu seiner *Marienvesper* zu leiten. Die brandneue San Giorgio Maggiore von Andrea Palladio war nach dem Tod des Architekten im Jahr 1610 geweiht worden, dem Jahr der Vollendung der *Marienvesper*. Im täglichen Gebetszyklus sind Vespern mehrstimmige Gesänge am Ende des Tages, bei Sonnenuntergang. Eine gute Aufführung dieses Werkes würde sicherlich, so hoffte er, für die Ernennung zum *maestro di cappella* hilfreich sein. Später an diesem Tag sollte eine öffentliche Aufführung in San Marco stattfinden. Dass die Probe nach San Giorgio verlegt wurde, lag daran, dass das Einstudieren dieses neuen und komplexen Werkes sehr viel Zeit erforderte. Dafür gab es in der Dogenkirche, die für Messen genutzt wurde, keinen Raum. Monteverdi musste die Chorsänger von San Marco, die Organisten und die Musiker, sowohl vokal als auch instrumental, minutiös in seinen neuen Stil einweihen.

Er komponierte wunderschöne Madrigale. Dafür hatte er einen neuen Musikstil entwickelt, die *seconda pratica*, die das polyphone Stimmengewebe der *prima pratica* durch die klare und eindeutige Sprache der individuellen Stimme ersetzte. Nicht die Verflechtung und der Kontrapunkt beherrschten die Musik, sondern die Verständlichkeit. Letztendlich entwickelte er daraus die Monodie und das Rezitativ seiner Oper und späteren Madrigale, übrigens ohne die frühere Polyphonie zu verwerfen. In die *Marienvesper* arbeitete er alle Stile ein, die er beherrschte. Er brillierte in der *prima pratica* mit seiner wunderbaren Polyphonie, in der die Stimmen völlig transparent umeinanderwirbeln. Und er wechselte dann zur *seconda pratica* mit einer kristallklaren Solostimme oder einem kleinen Stimmenensemble.

Für die Wirkung von Monteverdis neuer Musik gibt es einen besonderen Zeugen. 1620, sieben Jahre nach der ersten Aufführung der *Marienvesper*, besuchte der bekannte Dichter und Musiker Constantijn Huygens Venedig in diplomatischer Mission. Als Komponist und Lautenist ließ er sich die musikalischen Traditionen der Stadt nicht entgehen. In seinem Tagebuch notiert er: „Am 24. Juni, dem Fest Johannes des Täufers, brachte man mich zum Vespergottesdienst in der Kirche von St. Johannes und Lucia, wo ich die vollkommenste Musik hörte, die ich wohl je in meinen Leben hören werde. Der sehr berühmte Claudio di Monteverde, Kapellmeister in San Marco, der diese Musik komponiert und einstudiert hatte, dirigierte sie; sie wurde mit vier Basslauten, zwei Kornetten, zwei Fagotten, zwei Violinen, einer Bassviola von monströser Größe, einer Orgel und anderen Instrumenten aufgeführt, die alle gleich gut gespielt wurden, ganz zu schweigen von zehn oder zwölf Singstimmen. Ich war außer mir vor Entzücken."

Vielleicht liegt ein Grund dafür, die Proben im San Giorgio abzuhalten, auch in der Klarheit, die der Komponist von seinen Musikern und Stimmen verlangte. Er nutzte keine der näher gelegenen Kirchen, die es in der Umgebung von San Marco zur Genüge gab. Das könnte auf die besondere Architektur von Palladios San Giorgio zurückzuführen sein. Der lange, halbkreisförmige Mönchschor hinter dem Altar und dem Presbyterium war vom Architekten so konstruiert worden, dass sich eine optimale akustische Wirkung ergab. Er hatte eigentlich einen separaten Raum hinter der Kirche gebaut. Die Benediktinermönche, für die die Kirche gedacht war und die dem Gottesdienst von den anderen Besuchern getrennt beiwohnten, erzielten einen besonderen akustischen Effekt, indem sie in diesem Raum hinter dem Kirchenschiff sangen. Der Klang vermischte sich und übertrug sich dennoch auf eine transparente Weise in das Kirchenschiff.

Claudio Monteverdis musikalische Arbeiten markieren den Bruch zwischen der Polyphonie der Renaissance und der Barockmusik, zwischen Altem und Neuem. So wie San Marco für die Vergangenheit stand und San Giorgio für die Zukunft. Die *Marienvesper* ist durchdrungen von einer Sehnsucht nach einer neuen Zeit, wie alt diese religiöse Kunstform auch sein mag. Ihre reichen Harmonien eröffnen unwiderruflich eine andere Klangwelt, in der vokale und instrumentale Virtuosität mit einer klar vernehmbaren Botschaft verschmilzt. Und doch bewahrt Monteverdi unter all der virtuosen Polyphonie die langsame Basslinie des gregorianischen Gesangs, der Wurzel der europäischen Musik.

Die Prokuratoren von San Marco nahmen Monteverdi am 19. August nach der öffentlichen Aufführung der Vesper in San Marco endgültig in Dienst. Sie begründeten die Wahl des Komponisten unter anderem mit „den Werken, die die Prokuratoren gehört hatten". Erst am Morgen dieses Tages hatten sie in San Giorgio die Aufführung erlebt. Nach der Vollendung des Kirchenbaus hielten die Dogen ihren Vespergottesdienst in der Karwoche in San Giorgio Maggiore ab, was ein zusätzlicher Grund für die dortigen Proben gewesen sein könnte. Monteverdi wurde ein gutes Salär und ein zusätzlicher Betrag von fünfzig Dukaten zugesagt, davon kaufte er unter anderem einen teuren Mantel aus Kammgarntwill. In den Nebengebäuden von San Marco, den Canonica, wurden ihm mehrere Räume zugewiesen: seine neue Klause, in der er weiterarbeiten konnte. Im Jahr 1632 mündete sein einsames Leben in der Priesterweihe. Das Liebesglück hatte er in Venedig nicht wiedergefunden, doch der Armut war er für immer entflohen.

Für Monteverdi waren Musik, Poesie *und* Raum die wesentlichen Bestandteile seines Musikdramas. Seine Raumauffassung ist bemerkenswert. Es geht ihm um den theatralischen Raum, um die Realisierung des Dramas in einem Theater. Er scheint noch einen Schritt weiterzudenken, an die Wirkung der Kombination von Klang und Wort im weitesten Sinne, an Akustik und räumliche Klangeffekte. Eine optimale Aufführung will eine möglichst große Wirkung der musikalischen und vokalen Mittel erzeugen, und dafür ist der Raum von wesentlicher Bedeutung.

Genau wie San Giorgio hatte auch San Marco seine eigenen besonderen akustischen Qualitäten. Die *Marienvesper* bestand nicht nur aus Psalmen, einem Magnifikat und Hymnen, sondern auch aus Antiphonen. Gerade diese hatten in Venedig eine bemerkenswerte Entwicklung durchlaufen. Antiphone sind alternierende Chöre beziehungsweise Chöre, die in Frage und Antwort aufeinander reagieren. San Marco verfügt beiderseits des Altars über zwei Ambonen (erhöhte Plateaus). Auf bunten Marmorsäulen erheben sich zwei sechseckige Podien, mit massiven Balustraden aus dunklem Marmor. Diese sollen den Kardinälen und Dogen, die der Messe beiwohnten, Platz geboten haben. Sie konnten gelegentlich aber auch für zwei Chorgruppen genutzt werden, so dass nicht nur in der Komposition, sondern auch in der räumlichen Form eine stereophone Wirkung gegeben war.

Seit Adriaen Willaerts Ernennung zum *maestro di cappella* in San Marco im Jahr 1527 entwickelte sich Venedig zum progressiven Zentrum der europäischen Musik. Der aus Brügge stammende Willaert verwendete für seine Kirchenmusik die komplexeste Polyphonie und setzte sie auch in seiner eigenen *Marienvesper* ein. Er nutzte den Raum voll aus und sprach von „parte spezzati accomodati da cantare a uno e a due chori", frei übersetzt: von separierten oder aufgeteilten Partien, die mit einem oder zwei Chören gesungen werden sollten. Schon vor Willaerts Ankunft waren die Psalmen abwechselnd, aufeinander antwortend, gesungen geworden. Willaert begann nun, dabei sehr stark zu variieren, indem er unter anderem einen Chor einsetzen ließ, bevor der andere seinen Part beendet hatte, und indem er sie durcheinandersingen oder gemeinsam enden ließ. Durch die räumliche Anordnung der Chorsänger verwandelt sich das „Nisi dominus" seiner Vesper in einen Stimmenwirbel. Die späteren Chordirigenten und Organisten Andrea und Giovanni Gabrieli setzten diese Entwicklung fort; Giovanni Gabrieli verfeinerte und bereicherte die *cori spezzati*, die geteilten Chöre, die sich schließlich bei Monteverdi wiederfinden sollten. Monteverdi platzierte später eine dritte Gruppe von Chorsängern in der Mitte des Chores, so dass sich noch ein stärkerer räumlicher Klangeffekt ergab.

Obwohl es in der Geschichte kaum eindeutige und monokausale Entwicklungen gibt, kann man doch mit Fug und Recht sagen, dass Adriaen Willaert die instrumentale Kunstmusik eingeführt hat. Während er seine Madrigale und Messen für San Marco schrieb, versorgte er die Akademien und Palazzi der Stadt mit vielerlei weltlichen Liedern, Chorwerken und instrumentalen *ricercares*. Aus ihnen hat sich die autonome, nicht-religiöse Kunstmusik entwickelt, im Sinne einer Abgrenzung gegen die Volksmusik.

1766 fertigte Canaletto in Braun- und Grautönen eine wundervolle Pinselzeichnung der Chorsänger an, die auf diesen beiden Ambonen stehen und singen. Mit weiten Mänteln um ihre Schultern stehen sie mit dem Rücken zu den Kirchenbesuchern – handelt es sich um die Cappella di San Marco? –, zur Wand gerichtet, über ihren Köpfen auf einem Ständer ein großer Kodex mit einer aufgeschlagenen Partitur. Ihr Blick erhebt sich zum Text und den Noten. Unten gehen Kirchgänger, Kinder, ein Hund und ein Bettler durch die Kirche, die mit ihren Mosaiken und Gewölben auch noch in dieser Zeichnung überwältigend wirkt.

„Nisi dominus aedificaverit domum: in vanum laboraverunt qui aedificant eam." – „Wenn der Herr nicht das Haus baut, so arbeiten umsonst, die daran bauen." Dieser Text des 127. Psalms, den Monteverdi traditionsgemäß für seine Vesper vertonte, erinnert mich entfernt an die Worte Rilkes: „Wer jetzt kein Haus hat, baut sich keines mehr. Wer jetzt allein ist, wird es lange bleiben." Aus diesen Worten spricht eine erdrückende Einsamkeit, eine ewige Verlassenheit und Sinnlosigkeit. Doch in Monteverdis Vesper ist das „Nisi dominus" von einer mitreißenden und atemberaubenden Bewegtheit. Rhythmisch ist es der komplexeste und schnellste Teil, mit jazzigen Figuren. Wie in vorwärts stürmenden Wellen stolpern die Worte durch den Wechsel der *cori spezzati* übereinander. In der kontrastreichen, darunter liegenden Basslinie ist als Fundament der langsame gregorianische Gesang, der Cantus firmus, enthalten. Wenn schließlich wieder Ruhe einzukehren scheint und die letzten Worte erklingen, die jeden Psalm abschließen: „Gloria Patri et Filio et Spiritui Sancto", erwartet jeder, dass die abschließende Phrase, die Doxologie – das „bis in alle Zeit und Ewigkeit" und das „Amen" –, in demselben getragenen Stil gehalten werden. Aber Monteverdi macht etwas Bemerkenswertes, etwas, das man im frühen 17. Jahrhundert als höchst überraschend und vielleicht als schockierend erlebt haben muss: In dieser Schlussphase wiederholt er den wirbelnden Rhythmus des Anfangs, wie ein da capo, eine Erinnerung, als ob alles wieder von vorne beginnen und ewig weitergehen könne, „et in saecula saeculorum", bis in alle Zeit und Ewigkeit.

Die *Marienvesper* ist eine Ode an die Mutter, die Jungfrau unter den Jungfrauen, das glückselige Tor des Lebens, rein und sanft. Für Monteverdi ist sie auch eine Ode an seine verstorbene Claudia, den weiblichen Claudio, seine Eurydike. Wahrscheinlich war ihm nicht bewusst, wie groß die Sehnsucht nach ihr bleiben würde. „Steh auf, meine Freundin, und komm. Schon ist der Winter vergangen, der Regen ist vorbei und versiegt, die Blumen sind aufgegangen in unserem Land."

Die Basilica di San Marco ist ein Tempel voller Raubkunst für einen geraubten Heiligen. Die Venezianer boten den Kreuzrittern während des vierten Kreuzzuges im Jahr 1204 an, sie mit ihrer Flotte nach Jerusalem zu bringen, um die Stadt von den Muslimen zu befreien. Auf dem Weg dorthin, mitten auf dem Mittelmeer, forderten die Venezianer, zuerst ihrem größten Rivalen einen Besuch abzustatten: dem christlichen Byzanz, nun Konstantinopel genannt. Dort plünderten die Ritter die ganze Stadt, die Beute wurde nach Italien verschifft: vier Bronzepferde, hunderte Säulen und Kapitelle – so viele, dass man keine architektonische Funktion für sie finden konnte und sie in der Vorhalle von San Marco in Reih und Glied stellte –, Statuen, kostbare Altartische.

Der Kirchenboden ist voller Mosaike und raffinierter farbiger Marmormuster. An den Wänden und in den Gewölben und Kuppeln sieht man in goldenen und bunten Steinchen die biblische Heilsgeschichte. Bei meinem Besuch sind die Böden leider nicht sichtbar, sondern von Holzstegen verdeckt, über die sich die Touristenmassen durch die Kirche winden. Wir dürfen uns nur in einer festgelegten Route durch diesen magischen Raum bewegen. Stillstand ist nicht erwünscht. Die Schönheit unter den vielen Füßen bleibt vollständig dem Blick entzogen, um eine irreversible Abnutzung zu vermeiden.

Als ich an den beiden Ambonen vorbeikomme, sehe ich, dass auf einem von ihnen eine Konstruktion mit Kuppeln errichtet wurde. Darin stand während der Passionsaufführung in der Karwoche der Sänger, der die Partie Christi sang; der Erzähler stand darunter, direkt auf dem Ambon. Monteverdi war nach seiner Ernennung auch für diese Musik verantwortlich, und er leitete deren Aufführungen.

Konstantinopel war im frühen Mittelalter das religiöse, wirtschaftliche und kulturelle Zentrum der Welt und damit ein gewaltiger Konkurrent Venedigs. Zugleich war es ein Handelspartner und in vielerlei Hinsicht ein erstrebenswertes Vorbild. San Marco ist dafür ein herausragendes Beispiel, in architektonischer und in religiöser Hinsicht. Mit der Rivalität zwischen Kirche und Staat, die sich in Westeuropa in der Macht des Papstes und des Kaisers zeigte, verhielt es sich in Venedig anders. So wie der oströmische Kaiser zugleich das religiöse Oberhaupt war, so war auch der Doge das religiöse Staatsoberhaupt der Republik. Komplexe und bürokratische byzantinische Modelle standen Pate für die Machtverhältnisse und die unergründlichen Dogenwahlen in Venedig.

Draußen gehe ich an der reich verzierten Fassade mit ihren hässlichen, aus dem 19. Jahrhundert stammenden Mosaiken in den Lünetten vorbei. An der rechten Ecke des Gebäudes ist die dunkelrote Porphyrskulptur der vier Tetrarchen, eine der vielen Skulpturen aus Konstantinopel, in die Fassade eingelassen. Zweimal umarmen sich hier zwei Kaiser brüderlich, als Freunde fürs Leben. Sind es Augustus und Caesar? Sind es die vier Tetrarchen, die einst das gesamte Römische Reich regierten? Sind es die Kaiser des Ostens und des Westens, die sich die Macht teilen? Der rechten Statue fehlt der rechte Fuß; wahrscheinlich ist er beim Herausmeißeln und Herausreißen abgebrochen. Ich habe diesen Fuß irgendwann im Archäologischen Museum in Istanbul wiederentdeckt, in einer staubigen Glasvitrine, mit einem Begleittext versehen. Darin erfährt man, dass es sich eigentlich um zwei getrennte Skulpturenpaare gehandelt habe, die an den beiden Säulen von Augustus und Caesar auf dem Philadelphion-Platz in Konstantinopel angebracht waren – dem Platz der brüderlichen

Liebe, mit der Christen einander zugetan sind, die Katholiken und die Orthodoxen. Die Skulpturen in der Fassade von San Marco und der fehlende Fuß in Istanbul sagen viel darüber aus, was die Venezianer angerichtet und in welchem Zustand sie Konstantinopel hinterlassen haben.

Im Hotel Danieli

Die Geburt der Oper.
Il combattimento di Tancredi e Clorinda

Religiöse Musik und Madrigale beherrschten das Leben Claudio Monteverdis in seiner Funktion als *maestro di cappella* von San Marco. Die Oper war für ihn nur ein sporadisches Betätigungsfeld, vor allem, weil für sie in der Patrizierrepublik nur wenige Kompositionsaufträge vergeben wurden. Sie war eher etwas für die aristokratischen Höfe auf dem Festland. Doch die venezianischen Patrizier und Adligen erkannten bald, wie unglaublich populär die auf sakralen Themen basierenden theatralischen Oratorien in Rom geworden waren. Die Kardinäle überboten sich dort mit großartigen Vorstellungen. Dahinter konnte und wollte man nicht zurückstehen. Monteverdi sollte in der Entwicklung der venezianischen Oper eine entscheidende Rolle spielen. Doch deren Geschichte beginnt nicht in einem Theater, sondern in einem Palazzo der Patrizierfamilie Mocenigo.

In Venedig den Weg zu finden, ist nicht einfach. Unzählige Male bin ich mit dem Vaporetto auf dem Canal Grande an den beiden benachbarten Palazzi der Patrizierfamilie Mocenigo vorbeigefahren: zwei großen weißen Gebäuden mit palladianischen Fassaden in der Biegung des Kanals. Bei dem neueren, aus dem 16. Jahrhundert stammenden Gebäude links schaue ich immer auf die Gedenktafel an der Fassade: „Lord Byron logierte 1818 in dieser casa nuova und schrieb dort an *Childe Harold's Pilgrimage*: ‚In the fall of Venice think of dyne.'"

Der rechte Komplex, die mittelalterliche *casa vecchia*, trägt keine Gedenktafel. Von einem Boot aus wirkt alles übersichtlich, doch versuchen Sie mal, beide Gebäude von der Landseite aus wiederzufinden.

An welcher Vaporetto-Haltestelle sollte man dafür wohl am besten aussteigen? In welcher kleinen, unscheinbaren Gasse liegt dann der Eingang zu diesem großen Komplex? Gasse um Gasse gehe ich in Richtung der Palazzi, aber meistens endet der Weg an einer Brandmauer oder am Ufer des Canal Grande, ohne dass ich einen eindeutigen Eingang gesehen hätte. Als ich am Ende einer Gasse einen Zaun und einen Garten sehe, weiß ich, dass ich in der Nähe bin. Hinter dem Zaun, durch das Grün der Bäume und Sträucher, ragen die beiden Rückfronten der Gebäude auf, die ich schon so oft von vorne gesehen habe. Es gibt etwa fünfundzwanzig Türklingeln, und nirgends ist der Name Mocenigo aufgeführt.

Der Pförtner steht hinter dem Zaun und unterhält sich mit ein paar Anwohnern. Ich warte, bis sie ihr Gespräch beendet haben, und erkläre ihm dann, warum ich hier bin. In der *casa vecchia* wurde meiner Meinung nach Anfang 1624, während des Karnevals, Monteverdis dramatisches Madrigal *Il combattimento di Tancredi e Clorinda (Der Kampf zwischen Tancredi und Clorinda)* zum ersten Mal aufgeführt, im Auftrag des Patriziers Girolamo Mocenigo. Dies muss wahrscheinlich im *portego* stattgefunden haben, im großen zentralen Saal des *piano nobile* des Palazzo. Ich bitte ihn darum, diesen Saal sehen zu dürfen. Der Mann schüttelt den Kopf und seine Frau schaut mich mitleidig an. „Das sind heute alles Privatwohnungen, da können wir nicht hinein. Außerdem sind wir gerade am Renovieren."

Es folgt noch eine weitere Enttäuschung. Ich habe nach dem Palazzo der Mocenigos gesucht, aber diese jahrhundertealte Patrizierfamilie ist weit verzweigt. Es gibt mehrere Paläste, den Palazzo Mocenigo bei San Stae, bei San Polo oder auf der Isola di Giudecca, oder den Palazzo Mocenigo-Gambara-Guetta bei San Trovaso. Nachdem ich einige Erkundigungen eingezogen habe, komme ich dahinter, dass ich eigentlich woanders hinmuss. Das heutige Hotel Danieli an der Riva degli Schiavoni war früher der Palazzo Dandolo-Gritti-Bernardo-Mocenigo, sein Name ist eine Aufzählung fast aller Familien, die hier gewohnt haben. 1840 starb der letzte Mocenigo, der in der ersten Etage wohnte. Woraufhin der Hotelbesitzer Guiseppe dal

Niel das Gebäude, das er bereits teilweise zu einem Hotel umgebaut hatte, ganz übernahm.

Das ist der Palazzo Mocenigo, in dem *Il combattimento* uraufgeführt wurde. Im großen Vestibül im Erdgeschoss des Hotels kann sich dies jedoch unmöglich ereignet haben. Überdies wurde es komplett umgebaut und den modernen Anforderungen angepasst. Eine große Steintreppe führt ins Obergeschoss, das *piano nobile*, wo in einem breiten Gang nur Zimmertüren zu sehen sind. Niemand kann mehr sagen, wo genau die Aufführung realisiert wurde, dennoch wurde 1624 innerhalb dieser Mauern ein entscheidendes Kapitel Operngeschichte geschrieben.

Am Karnevalsabend dieses Jahres 1624 wurden vor einem Publikum aus geladenen Gästen mehrere Madrigale gesungen und gespielt. Irgendwann betraten drei Darsteller den Saal. Zwei trugen eine Rüstung, der eine war zu Fuß, der andere zu Pferd – leider ist nicht bekannt, wie dieses Pferd dargestellt wurde. Der dritte trug gewöhnliche Kleidung. Monteverdi schrieb im Vorwort zu seiner Komposition: „Ihre Gesten und Schritte sollen derart sein, dass sie der Erzählung Ausdruck verleihen, nicht mehr und nicht weniger, wobei sie die Tempi, Schläge und Schritte sorgfältig beachten, während die Musiker dafür sorgen, dass ihre Töne erregend und zart sind; und der Erzähler wird seine Worte zur rechten Zeit so vortragen, dass sich eine Einheit zwischen Worten, Musik und Darstellung ergibt [...]." Der Erzähler begann die Geschichte vorzutragen: „Tancredi, dem es scheint, Clorinda sei ein Mann, will sich im Kampfe mit ihr messen."

Mit *Il combattimento* machte Monteverdi einen ebenso riesigen Sprung wie zuvor mit *L'Orfeo,* und wieder einmal war die musikalische Revolution von zweifacher Art: in Bezug auf die Themenwahl und in Bezug auf die Komposition. Neu war es, einen Auszug aus Tassos *Gerusalemme liberata* zu wählen und nicht ein Thema aus der Antike. *Il combattimento* war damit auch das erste Werk des Musiktheaters, in dem sich eine Konfrontation zwischen Ost und West, zwischen Orient und Okzident ereignete. Zu einem Zeitpunkt, als im 16. Jahrhundert die Osmanen Europa und auch die Republik

Venedig bedrohten, schrieb Tasso seinen teilweise politisch motivierten epischen Bericht über die Kreuzzüge. Der Realität der Raubzüge und Massaker setzte er die Ideologie des Rittertums und der Zivilisation entgegen – einer Zivilisation, in der Begegnung und vielleicht sogar Liebe zwischen Ost und West möglich war.

Clorinda ist eine orientalische Prinzessin, die in den westlichen Ritter Tancredi verliebt ist – eine Liebe, die von ihm erwidert wird. Eines Tages setzt ein orientalischer Ritter einen Wehrturm der Kreuzritter in Brand, woraufhin ihn Tancredi verfolgt. Nach einem gnadenlosen Zweikampf verwundet Tancredi den anderen Ritter tödlich. Dieser erbittet von ihm, noch getauft zu werden, bevor er stirbt. Als Trancedi den Helm des Feindes abnimmt, um ihn mit Wasser zu taufen, erkennt er, dass es seine geliebte Clorinda ist, die er tödlich verwundet hat.

Der Kampf zwischen Tancredi und Clorinda ist der Kampf zwischen zwei Menschen mit unterschiedlichem kulturellen Hintergrund, die aufgrund von Missverständnissen und Vorurteilen nicht zueinanderkommen können und sich sogar ungewollt gegenseitig vernichten. Das Werk ist Teil des achten Buches der Madrigale mit dem Titel: *Madrigali guerrieri et amorosi* (*Madrigale von Krieg und Liebe*), wobei das eine als Pendant zum anderen gesehen werden kann: Der Kampf steht auch für das Gefecht zwischen den beiden Geschlechtern, zwischen Mann und Frau.

Um diesen Kampf in Szene zu setzen, erfindet Monteverdi eine neue musikalische Technik: den *concitato genere* oder *stile concitato* (wörtlich: den „erregten Stil") mit sich schnell wiederholenden Noten sowie mit Stimmen und Instrumenten, die mit suggestiven martialischen Fanfaren, trampelnden Pferden und klirrenden Schwertern die Atmosphäre der Schlacht ausmalen. Das deklamatorische Rezitativ des Erzählers ist reichhaltig variiert, und die „erregten" Passagen wechseln sich mit solchen anderer Couleur ab, etwa einer feierlich getragenen Einleitung oder leidenschaftlichen lyrischen Ausbrüchen. In den wenigen Momenten, in denen die beiden Liebenden zu Wort kommen, erklingt fast schon ein wahrhaft lyrischer Gesang, der mit dem Rezitativ des Erzählers kontrastiert.

Der schönste Moment des Werkes, abgesehen von den Worten der sterbenden Clorinda am Ende, findet sich kurz vor Ausbruch der Schlacht. Mit seinem *concitato genere* baut Monteverdi die Spannung auf: „Beide ergreifen sie das scharf geschliffene Schwert, der Stolz ist geweckt, die Wut ist entfacht; schweren langsamen Schritts nähern sie sich einander wie zwei gereizte, wutschnaubende Stiere." In dem Moment, in dem jeder erwartet, dass sie aufeinander einzuschlagen beginnen, ändert der Komponist die Stimmung völlig. Plötzlich erklingen süße und schwüle Harmonien, voller Geheimnis. Er beschreibt hier die Nacht der Finsternis, die Zeit, in der sich das Gefecht vollziehen wird, die Nacht des Liebeskampfes: „Nacht, die du in deinem abgründigen Busen dieses große Geschehen dem Vergessen anheim gabst, lass es mich dem Dunkel entreißen und es erzählen, um künftigen Zeiten davon Kunde zu geben." Nach diesen Betrachtungen bricht der Kampf mit aller Gewalt los.

Im 21. Jahrhundert wirken Monteverdis Veränderungen nur wie kleine Schritte, doch seine „Erfindung" des *concitato genere* oder *stile concitato* fand vielfältige Nachahmer. Viele Neuerungen hat er als Erster eingeführt. In einer Welt, in der die neu geschaffene dramatische Musik auf die Emotionen mythologischer Gestalten abgestimmt war, kam es einer Revolution gleich, plötzlich in der Orchesterbegleitung das Getrappel von Hufen zu hören. Nicht nur *wie*, sondern vor allem *dass* Monteverdi dies komponiert hat, ist sein größter Verdienst. Mit *L'Orfeo* erfand er das Genre der Oper. Mit *Il combattimento* bot er den Schlüssel zum visuellen und suggestiven Komponieren, zum Malen mit Musik. Allein damit ist seine historische Bedeutung schon begründet, doch in der letzten Phase seines Lebens wird der Komponist einen weiteren großen Schritt wagen – der nicht nur die Geburt der Oper vollenden konnte, sondern auch das Genre für die nächsten vierhundert Jahre definieren sollte.

Scuola Grande di San Marco

Verführung und Liebe.
Monteverdi und die Bühnen Venedigs

Vom Hotel Danieli an der Riva degli Schiavoni gelangt man schnell durch kleine Gassen zum Platz an der Kirche Santi Giovanni e Paolo. Ich lasse das Kirchengebäude hinter mir und gehe zu den Reliefs der Löwen an der weißen Marmorfassade der Scuola Grande di San Marco. Statt entlang der Fondamenta dei Mendicanti bis zum nördlichen Rand der Stadt weiterzulaufen, betrete ich die Scuola. Dieses historische Gebäude, heute Teil eines Krankenhauses, war einer der Sitze der sechs venezianischen *scuole* oder Bruderschaften – Laienvereinigungen, die sich zu wohltätigen Zwecken zusammengeschlossen hatten und sich schon bald zu einer Art mächtiger Gilde entwickelten. Die Scuola San Marco unterhielt früher eine soziale Einrichtung, die den Bettlern von Venedig Unterkunft und Verpflegung gab.

In der großen Halle im Erdgeschoss bestimmen zwei lange Säulenreihen den Rhythmus der Architektur. In der oberen Halle ist eine Ausstellung medizinischer Geräte und literarischer Werke aus fünf Jahrhunderten zu sehen. In den Glasvitrinen liegen viele Sägen und Zangen, die grauenvolle Fantasien heraufbeschwören. Zahlreiche in Venedig gedruckte medizinische Abhandlungen vervollständigen die Sammlung. 1783 erschien hier *La ninfomania, o sia il furore uterino (Die Nymphomanie oder Die Abhandlung von der Mannstollheit)*. Wir sind hier schließlich in der Stadt der Verführung und der Liebe.

Im Erdgeschoss durchquere ich Raum für Raum, Flur für Flur den gesamten Komplex, um schließlich am letzten Teilstück der Fondamenta dei Mendicanti herauszukommen. Hier sind heute die Ambulanzboote festgemacht, und es gibt auch eine Anlegestelle für

Notfälle. Der Kai führt zu den Fondamente Nove. Dort öffnet sich ein weiter Blick auf die Lagune und die zypressenbewachsene Silhouette der gegenüberliegenden Insel San Michele, der Toteninsel, auf der die Venezianer ihre letzte Ruhestätte finden. In der Ferne sind die Apenninen zu sehen. Ich bin nicht an diesem Kai, um ein Vaporetto nach San Michele, Murano oder Burano zu nehmen. Mein Ziel ist der Kai selbst, denn an der Stelle, wo der Rio dei Mendicanti an den Fondamente Nove endet, stand einst das Teatro dei Santi Giovanni e Paolo. In ihm wurde 1640 *Il ritorno d'Ulisse in patria (Die Heimkehr des Odysseus)* und 1643 – in Monteverdis Todesjahr – seine *L'incoronazione di Poppea (Krönung der Poppea)* uraufgeführt.

Heute ist von diesem Theater nichts mehr erhalten. Ich vermute, dass es wie die meisten anderen in der Stadt abgebrannt ist oder vielleicht auch abgerissen wurde, um Platz für Wohnhäuser und Gewerbegebäude zu schaffen. Von den Fondamente Nove gehe ich durch eine Unterführung, eine *sottoportego*, in die Calle Berlendis. Hoch über der Straße heißt mich die weiße Wäsche zwischen den Fassaden willkommen. Heute steht hier der Palazzo Berlendis, der im 17. Jahrhundert am Ort des Theaters errichtet worden sein soll. Das kann nicht stimmen, denn das Theater hat länger als nur bis zur ersten Hälfte des 17. Jahrhunderts existiert. Wieder einmal habe ich mich in der vielschichtigen Historie dieser labyrinthischen Stadt verfangen. Nach einigen Nachforschungen finde ich heraus, dass die Patrizierfamilie Grimani 1635 an diesem Ort ein Sprechtheater aus Holz erbauen ließ, aber bereits 1638 ein neues Theater aus Stein in der Calle della Testa errichtete, etwa hundert Meter entfernt. Anstelle des hölzernen Theaterbaus – oder in seiner unmittelbaren Nähe – entstand hier der damals reich mit Stuck und Fresken verzierte Palazzo Berlendis, der heute in nüchterne Wohnungen unterteilt ist. Um den zahlreichen historischen Schichten dieses Ortes gerecht zu werden, sollte man erwähnen, dass sich auch Friedrich Nietzsche längere Zeit in diesem Palazzo aufhielt und dort mehrere Jahre an *Also sprach Zarathustra* arbeitete. Er wird hier über die Lagune und die Toteninsel geschaut haben und vielleicht schon seine für die Stadt so charakteristischen

Worte nachgedacht haben: „Wenn ich ein andres Wort für Musik suche, so finde ich immer nur das Wort Venedig."

Eine kleine Straße führt mich zur Calle della Testa, auch dort ist kein einziger Stein des Theaters mehr zu entdecken. Als große Ausnahme ist jedoch eine Skizze des Grundrisses des Komplexes erhalten geblieben. Man sieht das Auditorium mit neunundzwanzig Logen pro Stockwerk in Hufeisenform, der Querschnitt zeigt fünf Ränge übereinander. Was bedeutet, dass das Theater über fast einhundertfünfzig Logen verfügt haben muss, die jeweils leicht etwa fünf Personen aufnehmen konnten. Das macht etwa siebenhundertfünfzig Zuschauer in den Logen und dann noch einmal – grob geschätzt – etwa zweihundert Plätze im Parkett. Mit etwa tausend Personen pro Vorstellung war das Santi Giovanni e Paolo eines der größten Theater der Stadt.

Aufschlussreich ist die Hufeisenform. Wenn ich heute durch die Calle della Testa gehe, kann ich mir gut vorstellen, dass im Stadtzentrum keine große Baufläche zur Verfügung stand. Die Gasse ist kaum ein paar Meter breit, die Häuser ragen über sechs, manchmal sieben Stockwerke in die Höhe. Um den begrenzten Raum optimal nutzen zu können, musste das Publikum in mehreren Rängen mit Logen „gestapelt" werden. Dies stand im Gegensatz zur idealen Form des Theaters, die sich am griechisch-römischen Vorbild orientierte und von Andrea Palladio wieder aufgegriffen worden war. In Venedig gab es einfach nicht genug Platz für ein solch riesiges Amphitheater. Aus Platzmangel musste auch das Orchester *vor* der Bühne platziert werden, da auf der engen Bühne kein Platz für die Musiker war: die Geburtsstunde des Orchestergrabens. Das venezianische Beispiel sollte bis ins 20. Jahrhundert hinein zum Prototyp aller Opernhäuser werden. Danach bekam es eigentlich erst Ende des 19. Jahrhunderts Konkurrenz – vom Wagnerianischen Halbrund des Festspielhauses in Bayreuth, einem riesigen Amphitheater, das sich wiederum an griechischen und römischen Vorbildern und an Palladio orientierte.

Auf diesem faszinierenden venezianischen Plan ist auch der Kulissenaufbau zu sehen. Fünf Reihen hintereinander geschichteter

Kulissenteile auf jeder Seite sorgen für perspektivische Tiefe. Es sind auch vier Kulissenwände zu erkennen – Teile des Bühnenbildes, die vom Bühnenturm aus abgesenkt werden können. Ein Barocktheater mit allem, was dazugehört.

Das Teatro di Santi Giovanni e Paolo war nicht das erste Opernhaus in Venedig. Einige umherziehende Musiker aus Rom, darunter der Librettist und Theorbe-Spieler Benedetto Ferrari sowie der Komponist und Sänger Francesco Manelli, hatten 1637 das Teatro di San Cassiano von der Familie Tron gemietet. Sie ergänzten ihre eigene Truppe mit Musikern und Sängern aus Venedig, einige aus San Marco. Diese cleveren Unternehmer ließen zum ersten Mal in der Geschichte eine Oper – in diesem Fall die Oper *L'Andromeda* – öffentlich aufführen, für die jeder, arm oder reich, eine Eintrittskarte erwerben konnte. Reiche Bürger mieteten sich eine Nische oder Loge, weniger wohlhabende Bürger nahmen mit einem Stehplatz im Parkett vorlieb.

Vor dieser Zeit war die Oper eine exklusive Veranstaltung des Adels, des Klerus und des reichen Patriziats gewesen, zu der nur die Elite eingeladen wurde und von der es nur einmalige Aufführungen gab. In Venedig existierte kein wirklicher Adel wie andernorts in Italien und kein bedeutender Klerus wie in Rom. Doch die Patrizier begannen sich immer aristokratischer zu benehmen und versuchten auch durch kluge Eheschließungen Titel zu erwerben. Ihr Geist aber blieb republikanisch, ebenso wie der Geist der venezianischen Oper. Denn eine wohlhabende Patrizierfamilie ließ ein solches Theater zwar errichten, vermietete es anschließend aber an einen Impresario, der sich darum kümmern musste, es gewinnbringend zu führen. Auch andere reiche Familien bauten oder betrieben Theater, und die Oper wurde zu einer der Aktivitäten, in denen die Patrizier wirtschaftlich, politisch und sozial miteinander konkurrierten.

Die Grimanis besaßen zeitweise sogar mehrere Theater. Sie gaben den größten Teil ihres Geldes für dieses Hobby aus und erhöhten so ihren sozialen Status. Ihre Theater waren die größten und prunkvollsten der Stadt, sie konnten sich die teuersten Komponisten, Librettisten, Sänger und Musiker leisten und hatten das renommierteste Publikum. Im 17. Jahrhundert waren in Venedig manchmal sieben Opernhäuser gleichzeitig in Betrieb.

Glücklicherweise war *L'Andromeda* sofort ein öffentlicher Erfolg. Die Einwohner Venedigs, die in der *commedia dell'arte* bereits sehr versiert waren, genossen dieses unterhaltsame Musiktheater, das sich aller nur denkbaren Kunstgriffe bediente. Bald folgten neue Opern, etwa *La Delia* und *La maga fulminata* von Manelli und einige Werke von Francesco Cavalli. Unweit des Teatro Santi Giovanni e Paolo wurde 1641 das Teatro Novissimo errichtet. Es ist das erste Theater, das speziell für die Oper konzipiert wurde. Das Teatro di San Cassiano, in dem die erste öffentliche Opernaufführung stattfand, wurde ursprünglich 1580 für das Sprechtheater gebaut.

Das Teatro Novissimo wurde schon bald wieder abgerissen, doch zuvor mit einer der erfolgreichsten Opern des 17. Jahrhunderts eröffnet: *La finta pazza* von Francesco Sacrati. Monteverdis *Il ritorno d'Ulisse in patria (Die Heimkehr des Odysseus)* sollte drei Jahre später, 1640, im Santi Giovanni e Paolo uraufgeführt werden. Da Monteverdi als *maestro di cappella* von San Marco der Musiker mit dem höchsten Ansehen war, verstand es sich von selbst, dass er für den besten Impresario und das schönste Theater komponieren konnte.

Das tat er jedoch nicht ganz aus freien Stücken. Als 1637 die erste öffentliche Opernaufführung zu sehen war, zeigte sich Monteverdi davon nicht sonderlich beeindruckt. Er war bereits über siebzig Jahre alt, litt an verschiedenen Krankheiten, hatte nicht wieder geheiratet, war mittlerweile dem Klerus beigetreten und beschäftigte sich hauptsächlich mit religiöser Musik. Im Laufe der Jahre hatte er mehrere Opern wie *L'Orfeo* und *L'Arianna* geschrieben, hielt diese frivole und weltliche Kunstform nun aber sowohl hinsichtlich seines Status als auch hinsichtlich seiner geistigen Verfassung für unangemessen. Mit der heute verschollenen Oper *Adone* von 1639 hatte er behutsam den Weg zurückgefunden. Doch seine intellektuellen Freunde, vor allem die Librettisten Badoaro und Busenello, konnten es nicht ertragen, dass ein Genie wie Monteverdi, der zuvor mit seinem dramatischen

Werk einen tiefen Eindruck hinterlassen hatte, in dem Moment, in dem die Oper ihren großen Durchbruch erlebte, wieder in Schweigen verfallen sollte. Mit drei ebenso unterhaltsamen wie tiefgründigen Libretti gelang es ihnen, bei dem alten Komponisten doch noch Begeisterung für das venezianische *drama per musica* zu wecken.

Diese drei Libretti waren in zeitlicher Reihenfolge: Badoaros *Il ritorno d'Ulisse in patria* (1640, *Die Heimkehr des Odysseus*), Torciglianis *Le nozze d'Enea con Lavinia* (1641, *Die Hochzeit von Eneas mit Lavinia*) und Busenellos *L'incoronazione di Poppea* (1642, *Die Krönung der Poppea*). Leider ist die Partitur von *Le nozze* verloren gegangen, obwohl das Libretto überliefert wurde. Musikwissenschaftler durchforschen noch immer die Archive und Dachböden der venezianischen Palazzi in der Hoffnung, dieses Werk wiederzufinden. Jedenfalls hinterließ Monteverdi, als er 1643 starb, mit *Ulisse* und *Poppea* zwei Werke, die für die Oper des 17. Jahrhunderts wegweisend werden sollten, vor allem, weil er hier eine vokale Theatersprache entwickelte, die den emotionalen Reichtum seiner Figuren voll zur Geltung bringen konnte.

Bereits im frühen 17. Jahrhundert wurde darüber debattiert, wie in der Oper eigentlich gesungen werden sollte. Das ursprüngliche dramatische Rezitativ, das *recitar cantando*, galt von Anfang an als unbefriedigend, weil es ziemlich einförmig war und daher schnell langweilig wurde. Rinuccini, Peri, Caccini und der jüngere Monteverdi setzten daher alles daran, Langeweile zu vermeiden. Sie kombinierten den deklamatorischen Sprechgesang mit Liedern, kleinen Balletten, Chorgesängen und instrumentalen *ritornelli*. Doch das Rezitieren *und* die Frage, ob man singen sollte oder nicht, warf ein weiteres Problem auf: Für welche Rolle war es eigentlich angebracht zu singen, und wenn ja, auf welche Weise? Man kann sagen, dass von dieser ersten öffentlichen Oper aus dem Jahr 1637 bis etwa 1660 der großen Frage nachgegangen wurde, *ob*, wann und wie man in der Oper singen sollte – und was das emotional bedeutete. Die Antworten, die Monteverdi in *Ulisse und Poppea* formulierte, sollten Schule machen. Sie wurden von anderen

Komponisten, darunter dem Venezianer Francesco Cavalli, übernommen und weiterentwickelt.

Obwohl er wie in *L'Orfeo* einen Wechsel von Arioso, arienartigen Passagen, pastoralen Liedern und Elementen des Madrigalgesangs verwendet, liegt in *Ulisse* der Schwerpunkt deutlich auf dem *recitar cantando* und allen möglichen Variationen davon. Er macht den Löwenanteil der Partitur aus. Monteverdi erschuf ein vielfarbiges Spektrum, das von einfachen Rezitativen bis zu kleineren Arien reichte. Darüber hinaus musste er auch entscheiden, für welche Charaktere es angebracht war, eindeutig zu singen.

Die Geschichte des griechischen Helden Odysseus, der nach zwanzig Jahren aus dem Trojanischen Krieg nach Ithaka zurückkehrt und dort nach einem Wettstreit im Bogenschießen mit seiner treuen Penelope wiedervereint wird, bietet dazu ausreichend Anknüpfungspunkte. Den Göttern in der Geschichte und dem hohen Paar Odysseus und Penelope wird die erhabenste Musik zuerkannt, wohingegen das junge volkstümliche Liebespaar Melanto und Eurimaco ein wunderbares und heiteres Duett zum Besten gibt. In dieser größtenteils voll ausgesungenen Passage klingen Elemente italienischer Pastorallieder, tänzerischer Arien sowie auch mehrstimmiger Madrigale an. Obwohl es in ihrem Duett auch um die Leiden geht, die die Liebe mit sich bringt, denken diese jungen Leute ganz anders darüber als die tragische Penelope.

Für Penelope und Odysseus wäre dieser Gesangsstil schlichtweg unpassend. Auch für die Götter. Diese „sprechen" in einem äußerst kunstvollen deklamatorischen Rezitativ, in dem sich hier und da sogar Koloraturen finden – nicht in einem echten Gesangsrhythmus, sondern eher archaisch und ornamentiert, im sogenannten „cantar passaggiato". Ironie klingt in der Musik der drei Freier Anfinomo, Antinoo und Pisandro an. Ihr „Lieta soave gloria" („Lieblicher, süßer Ruhm") singen sie gemeinsam in einer klaren polyphonen Madrigalstruktur; aber die Liebestränen, die sie besingen, sind Krokodilstränen. Aus jeder Note ist die sarkastische Distanz herauszuhören. Dieses ganze Gefüge kontrastreicher Passagen bietet, gemeinsam mit den spaßigen Szenen des gefräßigen Iro, ein shakespearesches Wechselspiel zwischen dem Tragischen, Lyrischen und Komischen.

Schon zu Beginn seiner Oper zieht Monteverdi alle Register, um die emotionalen Variationen seines neuen Opernstils zu zeigen. Unmittelbar nach dem Prolog singt Penelope ihr Klagelied oder Lamento „Di misera regina …" („Ich unglückselige Königin …"). Der ideologische Gegensatz ist deutlich: Penelope ist das Vorbild ehelicher Treue, während die Untreue und Begierde der spartanischen Helena durch einen Krieg gerächt werden muss. Deshalb wartet Penelope nun schon seit zwanzig Jahren auf die Rückkehr ihres Mannes.

„Ogni partenza attende desiato ritorno, Tu sol del tuo tornar perdesti il giorno." („Jede Abreise verlangt eine Wiederkehr, nur du, Königin, hast – für immer – deinen Tag der Wiederkehr verloren."). Wie schön der Text hier doch geschrieben ist: „perdesti" ist nicht die übliche Vergangenheitsform von „verlieren" – wie in „du hast deinen Tag der Wiederkehr verloren" –, sondern das *passato remoto*, die ferne, weit zurückliegende, unumkehrbare und abgeschlossene Vergangenheitsform. In diesem Rezitativ variiert der Komponist ständig Rhythmus, Harmonie, Melodie, Zäsuren und Ausrufe.

Nach einer kurzen Unterbrechung, in der ihre Amme Ericlea verkündet, Penelopes Trauer zu teilen, schließt diese mit einer Passage über ihr qualvolles Schicksal an, da das Rad der Fortuna sie in alle Richtungen schleudere. Der Stil ihres Vortrages ist nicht mehr nur rezitativisch, sondern voller heftiger Emotionen, was sie dem *recitativo concitato* sehr nahe bringt, dem erregten Sprechgesang, den Monteverdi zwei Jahrzehnte zuvor in seinem *Combattimento di Tancredi e Clorinda* entwickelt hatte, um das erregte Hufgetrappel der Pferde und die Schwertkämpfe musikalisch darzustellen. Hier setzt er die gleiche naturalistische musikalische Formensprache ein, um Penelopes sich steigernden inneren Emotionen – ihrer mit brennendem Verlangen gemischten Verzweiflung – Ausdruck zu verleihen. Und alles endet immer mit dem schönen Arioso, dem fast rein gesungenen „Torna, deh torna Ulisse!" („Kehre heim, ach kehre heim, Odysseus!").

Nach einem zweiten Versuch Ericleas, ihr Trost zu spenden, bringt Penelope den Wunsch zum Ausdruck, das Meer möge sich irgendwann beruhigen, damit Odysseus heimkehren und sich der Sturm in ihrem Herzen legen könne. In ihrem „Torna al tranquillo il mare" („Über das Meer kehre die Ruhe wieder") entwickelt sich das Arioso zu einem echten Gesang, zu einer Art Arie. Es scheint, als nährte sich damit die Hoffnung auf ein gutes Ende. Aber als Penelope dann anschließend wieder zu einem eher rezitativischen Arioso zurückkehrt, hören wir, was sie wirklich im Sinn hat: Ihr ersehnter Frieden ist der des Todes. „E torna l'alma in cielo, E torna il corpo in polve." („Und es kehrt die Seele zum Himmel zurück, und der Körper kehrt zum Staube zurück."). Dies ist ein anderes „tornare" oder „ritornare" („umkehren" oder „zurückkehren") als die Heimkehr des Odysséus. Penelope kann aufgrund der Vergangenheit, die sie mit sich trägt, nun nicht mehr voll aussingen.

Danach fährt sie wieder in einem Arioso-Stil und im gleichen Passato-Remoto fort: „Tu sol del tuo tornar perdesti il giorno." („Du allein [Königin in einem sterblichen Körper] hast den Tag der Rückkehr verloren."). Penelope singt dies zu exakt derselben Melodie, zu der sie die Worte zuvor gesungen hat, aber jetzt in einem viel tragischeren Kontext, wodurch die Melodie noch trostloser klingt. Wenn dann die Schlussworte „Torna, deh torna Ulisse" wie ein Echo der gleichen Melodie ein letztes Mal erklingen, ist der Kreis, sowohl emotional als auch vokal, geschlossen.

Ihre Gesangspartie voll aussingen kann Penelope eigentlich erst am Ende der Oper, „Illustratevi o cieli" („Strahle heller, oh Himmel"), in C-Dur gemeinsam mit ihrem Odysseus. Den Kampf gegen die Zeit und das Schicksal hat sie nun definitiv gewonnen, aber mehr aufgrund von Standhaftigkeit – der zu Monteverdis Zeiten so gerühmten *constantia* – als aus Liebe.

Ulisse hatte ein dramaturgisches Problem, denn in dieser Oper gab es keine so schlechten oder unmoralischen Charaktere wie in Monteverdis etwas späterer *Poppea*. In *Ulisse* trägt die bürgerliche Ehe den Sieg davon. Seit den Anfängen des Theaters hatten aber immer die zweideutigen, moralisch fragwürdigen oder freizügigen Charaktere das Publikum am meisten fasziniert. Dramaturgisch gesehen ist ein Bösewicht einfach spannender als ein braver Held oder eine brave Heldin. Penelope verkörpert die sprichwörtliche Keuschheit und eheliche Treue, was ausgesprochen lobenswert ist, aber für gewöhnlich kaum ein theatralisches Feuerwerk entfacht. Badoaro und Monteverdi waren sich dieses Mankos bewusst. Zunächst einmal wusste jeder, dass Odysseus selbst kein moralischer Held war – in den zehn Jahren, die er umhergezogen war, hatte er sich begierig umgetan. Um die dramatische Spannung zu erhöhen, wird Penelope zudem mit den drei frivolen Freiern und mit der flammenden körperlichen Liebe von Melanto und Eurimaco konfrontiert. Doch der Librettist und der Komponist wendeten auch subtilere Kniffe an. Telemachus erzählt seiner Mutter von der verzehrenden Schönheit Helenas, die Paris' Verhalten erklärt: „Paride, è ver, morì, Paride ancor gioì ..." („Paris starb, das ist wahr, aber er hat die Freude gekannt ..."). Etwas, das die keusche Penelope natürlich vehement missbilligt.

Wer heute nach Venedigs historischen Theatern sucht, wird davon nur noch Reste finden. Von den Theatern Sant'Angelo, San Cassiano, San Samuele und San Moisè entdecke ich nach intensiver Suche lediglich Hinweise auf den Straßenschildern: Calle del Teatro, Fondamenta del Teatro Sant'Angelo, Campiello del Teatro, Ramo Secondo del Teatro, Calle de la Comedia, Calle del Teatro o de l' Opera, Salizada de la Chiesa o del Teatro, Corte del Teatro. Spuren gibt es, wohin man schaut, aber die konkrete Vergangenheit fehlt. So flüchtig eine Opernaufführung ist, so vergänglich sind auch die Gebäude, in denen einst Musik und Stimmen erklangen. Ich ziehe unzählige Male meine Runden um die Häuserblocks, ohne irgendwo eine Spur von Theaterarchitektur auszumachen, immer wieder lande ich in Sackgassen oder Unterführungen zu einem Kanal. Immer wieder dieser Geruch von verrottendem Holz, Katzenpisse und Brackwasser. Die dunkelste und engste Gasse, die einst zum Teatro San Samuele führte, die heutige Calle Malipiero, hieß in der Zeit, als Casanova am 2. April 1725 geboren wurde, noch Calle de la Comedia. Auch hier liegt historisch Schicht auf Schicht. Casanova soll nämlich nicht zuhause, also in dieser Gasse geboren worden sein, sondern im Teatro San Samuele, wo sein Vater Geiger im Orchester und seine Mutter Schauspielerin und Sängerin war. Die Gasse verläuft entlang des Palazzo Malipiero, in dem 1882 Gian Francesco Malipiero das Licht der Welt erblickte, der Komponist, der die erste wissenschaftliche Ausgabe aller Werke Monteverdis verantwortete. Ein paar Schritte weiter, in der Salizzada Malipiero, starb 1948 der Komponist Ermanno Wolf-Ferrari.

An den Theatern wird die historische Komplexität der Stadt besonders deutlich. Das Teatro Vendramin di San Salvatore, das heute Teatro Goldoni heißt, kommt wahrscheinlich den ursprünglichen Interieurs vergangener Zeiten am nächsten. Die heutige Fassade und die Foyers sind modern, in den 1960er Jahren erbaut, doch die Außenmauern stammen aus dem Jahr 1720. Und die Innenausstattung hat, wenngleich vielfach renoviert und umgestaltet, wohl die Atmosphäre der ersten Jahrhunderte zu bewahren gewusst. Im 18. Jahrhundert setzte der Bühnenautor Carlo Goldoni hier seine revolutionären Neuerungen durch, nachdem er aufgebracht und mit großem öffentlichem Aufsehen die Theater der Familie Grimani verlassen hatte.

Es gelingt mir nicht, einen Termin mit der Leitung des Theaters zu vereinbaren, so dass mir nichts anderes übrigbleibt, als mir eine Eintrittskarte für eine Vorstellung zu kaufen. An diesem Abend wird *Chi ha paura di Virginia Woolf? (Wer hat Angst vor Virginia Woolf?)* von Edward Albee aufgeführt. Wie erwartet ist das Auditorium exakt in den Dimensionen des 17. und 18. Jahrhunderts erhalten geblieben, ein intimes Interieur mit hufeisenförmigem Grundriss. Auch die Ränge haben die Schlichtheit eines historischen Theaters, die Holzwände sind sparsam verziert. Aber gerade diese Art der Dekorationen verrät deren Alter. Hier finden sich in den Reliefs der Ränge kein Klassizismus oder Barock, sondern neogotische Details von 1850. Überall sind die Spitzbögen der venezianischen Hochgotik zu sehen, gleichsam eine Fata Morgana der Ca' d'Oro. Die Entscheidung für die Neogotik lässt sich in jener Zeit auf die Ablehnung der Fremdherrschaft der

Habsburger zurückführen. Neoklassizismus und Neobarock galten als die Formensprache der Besatzer, die Neogotik mit orientalischen Einflüssen repräsentierte die venezianischen Palazzi und ihre unabhängige Glanzzeit.

Der Zuschauerraum des Theaters, der um die achthundert Personen fasst, ist an diesem Abend etwas mehr als zur Hälfte gefüllt. Atemlos und mucksmäuschenstill folgt das venezianische Publikum dem Stück, in dem sich zwei Ehepaare öffentlich bis aufs äußerste demütigen, um herauszufinden, dass sie unverbrüchlich miteinander verbunden sind und sich eigentlich von Herzen lieben.

Das Teatro San Moisè wurde 1640 mit einer Wiederaufführung von Monteverdis *L'Arianna* eröffnet – trotz dieser neuerlichen Aufführung gilt die Partitur der Oper nach wie vor als verschollen. Im selben Theater feierte Rossini Triumphe mit sechs seiner ersten Opern, die den Auftakt zu seiner internationalen Karriere bildeten. Später wurde das Gebäude zu einem Kino mit dem Namen Minerva umfunktioniert, nachdem 1896 hier zum ersten Mal eine öffentliche Vorführung dieses neuen Mediums in Italien stattgefunden hatte: mit einem Film der Brüder Lumière.

Das im 18. Jahrhundert von der Familie Grimani erbaute Teatro San Benedetto war damals das größte der Stadt. Heute sind von ihm nur noch die Außenmauern erhalten. Geraume Zeit betrieb man darin ebenfalls ein Kino. Nach einer langen Schließung wurde das Gebäude 2012 als Multifunktionssaal wiedereröffnet. Im Erdgeschoss findet man heute einen Supermarkt. Als dieses Theater Ende des 18. Jahrhunderts abbrannte, wurde ein Stück weiter stattdessen La Fenice erbaut.

Neben den Theatern Santi Giovanni e Paolo, San Benedetto und San Samuele besaßen die Grimani noch ein viertes Theater: das Teatro San Giovanni Grisostomo. Auch dieses Theater existiert nicht mehr, auf seinem Platz steht heute das Teatro Malibran, benannt nach der tragischen Sopranistin Maria Malibran, die hier einst auftrat und im Alter von nur 28 Jahren starb. Das Viertel, in dem das Gebäude liegt, ist berühmt, weil sich hier der einstige Wohnsitz der Familie von Marco Polo befand, das Ca' Milion. Die Umrisse der heutigen Außenmauern, die größtenteils aus der Zeit des alten Theaters stammen, vermitteln einen Eindruck von der Größe des ursprünglichen Komplexes.

Nach einigen Formalitäten und dem Einverständnis der Theaterleitung darf ich das Teatro Malibran betreten. Auch wenn ich kein Theater des 18. Jahrhunderts mehr erwartet hatte, bin ich doch überrascht, als ich mich mitten in einem Auditorium wiederfinde, das ganz im Jugendstil gestaltet ist. Venedig ist so ziemlich die letzte europäische Stadt, in der man Jugendstil erwarten würde. Vom Deckengemälde funkeln die viel zu kräftigen und unvenezianischen Rot-, Blau- und Orangetöne in den Zuschauerraum. Sich aufbäumende geflügelte Pferde, geritten von nackten, ekstatischen Gestalten, ziehen Kutschen durch die Luft. Heute scheint das niemanden mehr zu erstaunen. Es gehört einfach zur Ausstattung.

Auf der Bühne probt ein Chor Stücke aus Verdis *La traviata*. An diesem Tag klingt alles noch ein bisschen wackelig und schleppend, aber bald werden sie diese Oper auf die Bühne bringen. Der Repetitor Raffaele Centurioni schlurft von seinem Klavier zu mir herüber und beklagt sich wie alle Italiener über zu lange Arbeitstage und zu kurze Pausen – in dieser Hinsicht gleicht Venedig doch wieder dem Rest des Landes. Er erzählt von dem Theater und zeigt auf das Gesims über der Bühne. In seiner Mitte ein Porträt der eleganten, schönen Maria Malibran, mit einem goldenen Diadem im Haar. Links und rechts von ihr stehen Jahreszahlen in römischen Ziffern: 1677, das Jahr, in dem das Theater von den Grimanis erbaut wurde, und 1919, das Jahr, in dem es restauriert wurde.

Centurioni zufolge sind zwei andere Jahreszahlen von größerer Bedeutung. Im Jahr 1704 wurde hier die allererste komische Oper aufgeführt, *La fortuna per dote* von Carlo Francesco Pollarolo, ein Werk, in dem die heroische Oper radikal persifliert und ironisiert wird, und das die große Tradition der italienischen *opera buffa* einläutete. Diese Aufführung fand tatsächlich zwei Jahre vor der Oper *La Cilla* von Michelangelo Faggioli statt, die von den meisten Musikwissenschaftlern als die erste komische Oper angesehen wird. Für den gebürtigen Venezianer Centurioni ist damit bewiesen, dass die *buffa* nicht in Neapel, sondern in seiner Heimatstadt entstanden ist. Ebenso stolz ist er auf das zweite historische Ereignis in diesem Theater: 1709 wurde hier Händels *Agrippina* nach einem Libretto von Kardinal Vincenzo Grimani uraufgeführt, einem Sprössling der Patrizierfamilie.

Centurioni, der seinen Lebensunterhalt mit dem Einstudieren von Opern am Teatro Malibran und am Teatro La Fenice verdient, möchte mich mit einer noch viel wichtigeren venezianischen Tradition bekannt machen. Er begleitet mich nach draußen, und nach einem kurzen Spaziergang durch einige verwinkelte Gassen gehen wir in eine Bar. „Andemo bèver un *ombra*" („Es ist Zeit für einen *Schatten*"), sagt er und bestellt zwei Gläser Wein und einige *chiceti*, kleine Snacks wie Tintenfisch und Wurst. Wir verspeisen sie im Stehen, umgeben von einigen der wenigen Einwohner Venedigs, die noch geblieben sind. Die meisten Venezianer wohnen in Mestre, auf dem Festland. Einige wenige halten sich tapfer, trotz der Touristen und der astronomischen Immobilienpreise, doch für die jüngere Generation gibt es kaum eine andere Möglichkeit, als ihr Glück anderswo zu versuchen, auch wenn die Arbeitsbedingungen dort nicht viel besser sind.

Ein Porträt von Sabina Poppea, Schule von Fontainebleau, um 1550

Die liberale Republik Venedig
und die Dekadenz von
Nero und Poppea

Die Treppen zum ersten Stock der Biblioteca Marciana an der Piazzetta bergen ein Versprechen. Draußen auf dem Platz tobt der Tourismus, doch vor der klassischen Fassade des Gebäudes halten zwei riesige weiße Karyatiden, die *femenoni*, wie diese strengen Frauengestalten im Venezianischen genannt werden, die Touristen auf Abstand. Im Erdgeschoss, unter der Galerie, laufen die Geschäfte mit dem Amüsement auf vollen Touren. Aber im ersten Stock, wo sich das barocke Ideal von Ruhe, Rhythmus und Gleichmaß behaupten konnte, lassen die strengen Damen niemanden zu, der dort nicht hingehört. Die Piazzetta ist, vielleicht sogar noch mehr als die Piazza San Marco, das Zentrum der Stadt. Der Dogenpalast repräsentiert die weltliche Macht, San Marco die geistliche. Die Biblioteca repräsentiert Bildung, Kunst und Wissenschaft, Bereiche, in denen sich die Venezianer auszeichnen wollten. Für ihren geschäftlichen und finanziellen Gewinn wussten sie sowohl Künstler als auch Wissenschaftler geschickt einzusetzen. Erstere dienten ihrem sozialen Prestige in Italien und im Ausland. Letztere benötigten sie für ihre Gewerbstätigkeit und die Navigation ihrer Flotte auf den Weltmeeren. Die beiden mannshohen Globen von Willem und Joan Blaeu, die die Bibliothek besitzt – einen der Erdkugel und einen des Sternenhimmels –, verkörpern die Welten, über die Venedig herrschen wollte.

Die Treppe zur Beletage oder dem Piano nobile der Marciana fungiert als Reinigungsritual. Der vergoldete Stuck glänzt an den Wänden und Decken, während die warmen Farben der Gemälde in Tondos und Kassetten ihre Glut herabschimmern lassen. Am oberen Ende der Treppe befindet sich das große Vestibül, eine Welt voller

Stille und Konzentration. Der Architekt Jacopo Sansovino entwarf ein Interieur, das Antike, Renaissance und Barock miteinander verbindet. In der Mitte der verzierten Decke prangt eine von Tizian gemalte Allegorie der Weisheit. Ursprünglich sollten in diesem Saal Philosophen und Gelehrte den reichen Bürgern der Stadt öffentlichen Unterricht erteilen können. Im Jahr 1597 gestaltete der Architekt Vincenzo Scamozzi, ein Schüler und Mitarbeiter Palladios und Sansovinos, diesen Raum zu einem Museum um, das die Sammlung antiker Statuen der Familie Grimani beherbergte.

Ich schaue mich im Raum um und bewundere die klassischen architektonischen Formen. In den marmornen Nischen standen einst die Statuen, die heute in dem nahe gelegenen Archäologischen Museum untergebracht sind. Obwohl ich zum ersten Mal hier bin, kommt mir dieser Raum bekannt vor. Dann setzen sich die Erinnerungen plötzlich zu einem Bild zusammen.

Fasziniert von der Verbindung der Familie Grimani mit den verschiedenen Opernhäusern, hatte ich vor einiger Zeit den Palazzo Grimani a Santa Maria Formosa besucht. Der einst völlig verfallene Palast ist inzwischen renoviert worden und für die Öffentlichkeit zugänglich. Es ist einer der interessantesten der vielen Paläste der Familie. Mitte des 16. Jahrhunderts lebte hier ein kunstsinniger Spross der Familie, Kardinal Giovanni Grimani, der ihn in jenen Jahren errichten ließ. Nicht nur, um dort zu leben, sondern auch, um die große Antikensammlung zu beherbergen, die er zusammen mit seinem Onkel, Kardinal Domenico Grimani, aufgebaut hatte. Der Palast ist klassisch dekoriert, *alla romana,* wie man das damals nannte, und ist damit eines der frühesten Beispiele venezianischer Renaissance-Architektur. Kopien römischer Fresken, die in Rom, Pompeji und Herculaneum ausgegraben wurden, schmücken Wände und Decken.

Unter den vielen herrlich ausgestatteten und detailgenau restaurierten Räumen sticht einer besonders hervor: die *tribuna,* der Raum, in dem die Grimanis ihre kostbare Sammlung klassischer Skulpturen aufgestellt haben und der von dem Architekten Giovanni da Udine als ultimative Darstellung der römischen Kultur entworfen worden war. Kühler weiß-grauer und warmer ockerfarbener Marmor wechseln sich in Säulen, Kapitellen, Friesen und Konsolen ab. Das hohe quadratische Deckengewölbe ist mit Kassetten mit Rosenmotiven verziert und mit einer Kuppel versehen, die das milde Licht der Adria hineinfluten lässt. In der Mitte dieses Raumes schwebt an einem dünnen, nahezu unsichtbaren Draht eine römische Statue von Zeus, der in Gestalt eines Adlers Ganymed in den Olymp entführt. Domenico und Giovanni waren unorthodoxe Kardinäle, die die absolute Doktrin der Kirche in Frage stellten und sich dafür vor kirchlichen Tribunalen verteidigen mussten. Der Geist der Renaissance, den sie verbreiteten, materialisierte sich vollkommen und vollendet in diesem Raum mit dem schwebenden Ganymed.

Als die Skulpturensammlung nach dem Tod von Giovanni Grimani der Stadt vermacht wurde, entwarf Scamozzi eine Art Kopie dieser *tribuna* in der Biblioteca Marciana, und ebendieser Raum ist das Vestibül, in dem ich jetzt stehe. Hier weht der gleiche Geist der Renaissance. Den ursprünglichen Grund für den Bau der Bibliothek bildete eine außergewöhnliche Büchersammlung, die der Stadt Venedig einst übergeben wurde. Im 15. Jahrhundert war der byzantinische Kardinal Bessarion mit dem Ziel nach Italien gereist, die Byzantinische und die Römische Kirche wieder zu vereinen. Obgleich ihm dies nicht gelang, beschloss er, in Italien zu bleiben, mitsamt seiner großen Sammlung von Büchern und Manuskripten griechischer Autoren und Gelehrter. Die lateinischen Übersetzungen dieser Texte ermöglichten es den italienischen Gelehrten, die Ideenwelt der Antike kennenzulernen. Damit gaben sie einen entscheidenden Impuls zum Aufkommen des Humanismus und der Renaissance.

Zwischen Bessarion und der Entstehung der Oper besteht eine unmittelbare Verbindung. Seine humanistischen Ideen inspirierten Cosimo de' Medici zur Gründung einer neoplatonischen Akademie in Florence. In deren Zentrum stand die platonische Idee, dass der Mensch aus Materie, Seele und Geist besteht. Die Anwesenheit eines göttlichen Elements in Seele und Geist versetzt den Menschen in die

Lage, eine höhere geistige Wirklichkeit zu erreichen. Wenn jedem ein göttlicher Funke innewohnte, war es prinzipiell auch möglich, sich von den Doktrinen der Kirche zu distanzieren. Diese höhere geistige Ebene konnte nach Auffassung der Neoplatoniker unter anderem durch Philosophie und Kunst erlangt werden. Die neuerliche Aufführung griechischer Tragödien mit musikalischer Begleitung, die später in diesen Akademien ebenfalls erforscht wurde, sollte letztendlich zur Entstehung der Oper führen.

Cosimos Enkel Lorenzo de' Medici lud den Dichter Angelo Poliziano ein, Mitglied seiner Florentiner Akademie zu werden. Als sich Poliziano einige Zeit später an Franceso Gonzagas Hof in Mantua aufhielt, schrieb er um 1480 *La Fabula di Orfeo (Die Fabel des Orpheus)*, ein Werk, das als erstes säkulares Theaterstück der modernen Welt gilt. Dieses musikalische Bühnenwerk über Orpheus entwickelt sich zu einem zentralen Mythos der neoplatonischen Denker und Künstler. Denn obwohl Orpheus seiner menschlichen Unzulänglichkeit wegen seine irdische Geliebte Eurydike verliert, wird er von Apollon in das ewige Leben geführt – ebenso wie Ganymed von Zeus. Mehr als ein Jahrhundert später wird Monteverdi diesen Faden des Orpheus in ebendiesem Mantua mit seiner eigenen Oper wieder aufgreifen.

Ein zweiter Grund für die Bedeutsamkeit dieser venezianischen Bibliothek in der Entwicklung neuer Ideen in Europa war die Präsenz des ersten großen europäischen Druckers in der Stadt. Aldus Manutius redigierte, druckte und veröffentlichte von 1490 an fast die gesamte antike griechische und römische Literatur – ebenfalls inspiriert und versorgt von Bessarion und seinen Schülern. Die Gebäude, in denen sich diese Druckerei befand, sind heute noch auf dem Campo Sant'Agostin zu sehen. Damit war Venedig zum Epizentrum des Humanismus und der Renaissance im 16. Jahrhundert geworden.

Im Vestibül der Marciana erwartet mich der Bibliothekar Stefano Trovato mit zwei Manuskripten, um deren Einsichtnahme ich gebeten hatte: ein Manuskript der Oper *La Calisto* von Francesco Cavalli aus dem Jahr 1651 und ein Manuskript der *L'incoronazione di Poppea* aus dem Jahr 1642. Die Bücher liegen auf dem langen Holztisch im Saal bereit; ich werde gebeten, Platz zu nehmen. Während ich mich setze, verlässt Trovato den Saal, um den irischen Musikwissenschaftler David Bryant zu holen, mit dem ich ebenfalls verabredet bin. Bryant forscht an der Fondazione Cini, einem renommierten Forschungsinstitut, das in einem Klostergebäude auf der Isola di San Giorgio Maggiore untergebracht ist. Der Komponist Malipiero gehört zu den Gründern des Instituts. Für einen Moment bin ich ganz allein im Vestibül, an diesem langen, dunklen Holztisch in der Architektur der humanistischen Tribuna, mit den beiden Manuskripten, die noch verschlossen vor mir liegen. Ich brenne vor Neugierde, aber in dem Moment, in dem ich meine Hand langsam darauf zubewege, öffnet sich die Glastür wieder.

Gemeinsam mit Trovato betritt Bryant den Raum, ganz unvenezianisch in einem weiten Pullover und einer ausgebleichten beigefarbenen Hose. Ein paar dünne Haarsträhnen fallen über seine forschend blickenden Augen. Leicht gebeugt geht er auf mich zu, stellt sich vor und nimmt Platz. Ich sage ihm, wie sehr ich mich auf diesen Moment gefreut habe und dass ich es kaum erwarten kann, in die Welt von Cavalli und Monteverdi einzutreten. Er wirft mir einen Blick zu, den ich schon sehr bald als eine Mischung aus Mitleid, Sarkasmus und sogar leichtem Sadismus interpretieren muss. Er erklärt: „Die Partituren hier stammen aus der Sammlung Contarini, die 1839 über einen entfernten Nachkommen des Geschlechts in diese Bibliothek gelangt sind. Es handelt sich um etwa 175 Manuskripte von Opern und anderen Musikstücken, die im 17. Jahrhundert für ein Mitglied der Familie Contarini kopiert wurden, wahrscheinlich für den Gebrauch im Theater der Familie."

Das erste Buch hat ein Querformat. Seine Bindung hat sich gelockert, es müsste dringend restauriert werden. Ich öffne es und lese das handgeschriebene Titelblatt: *La Calisto – Prologo – Cavalli*. Francesco Cavalli war ein Schüler, Assistent und Nachfolger Monteverdis. Er schrieb *La Calisto* zusammen mit dem Librettisten Giovanni Faustini; die Premiere fand im Teatro Sant'Apollinare statt, das für seine geniale Bühnenmaschinerie und seinen raffinierten und trickreichen Bühnenzauber berühmt war. Die Geschichte handelt von Calisto, der Lieblingsnymphe der keuschen Diana, die Ovid in seinen *Metamorphosen* beschreibt. Jupiter entdeckt sie schlafend im Wald, nimmt die Gestalt von Diana an und vergewaltigt sie. Sie wird schwanger, und obwohl sie annimmt, dass Diana diese Schwangerschaft verursacht hat, versucht sie, ihre Schwangerschaft möglichst lange zu verbergen. Als Diana alles herausfindet, verbannt sie Calisto wütend aus ihrer Nähe: „Alle anderen hatten ihre Kleider bereits abgelegt, doch sie suchte es noch zu verzögern, bis ihr das Gewand entrissen wurde und mit ihrem nackten Leib auch ihr Sünde offenbar wurde! Erstarrt versuchte sie ihren Bauch immer noch mit den Händen zu bedecken, aber ‚Fort von hier! Beschmutze nicht dieses heilige Wasser!' – erklang nun Dianas Stimme, die ihr befahl, diesen Ort zu verlassen."

Juno, Jupiters Gattin, rächt sich, indem sie Calisto in einen Bären verwandelt: „Auf meine Rache kannst du zählen! Ich werde die Schönheit, die meinem Mann und dir, du falsches Kind, so viel Freude bereit hat, zerstören!" Schließlich setzt Jupiter sie als Sternbild des Großen Bären ans Firmament, auf dass sie ewig weiterlebe – ebenso wie es Apollon mit Orpheus und Zeus mit Ganymed getan haben.

Im Palazzo Grimani, in dem Monteverdi früher die Opern für das nahe gelegene Theater einstudierte, heißt einer der reich mit Stuck verzierten Räume *Il camerino di Callisto*. An der Decke dieses Raumes befinden sich fünf weiße Reliefs vor einem goldenen Hintergrund mit Szenen aus dem Calisto-Mythos. Giovanni da Udine, der Architekt und Ausstatter des Palazzo, hat sie um 1538 geschaffen. Im ersten Relief verführt Jupiter die Nymphe in Gestalt von Diana. Im zweiten versucht Calisto, ihren Bauch beim Baden zu verbergen. Im dritten verwandelt Juno sie in einen Bären. Im vierten Relief hält Arcas, der Sohn von Calisto und Jupiter, plötzlich während seiner Bärenjagd inne, ohne zu wissen, dass der Bär seine Mutter ist. Im letzten, zentralen Relief setzt Jupiter Calisto und ihren Sohn als Sternbild des Großen und Kleinen Bären ans Firmament.

Ich stelle mir vor, dass irgendwann Mitte des 17. Jahrhunderts einige Patrizier, Künstler und Gelehrte bei dem damaligen Giovanni Grimani zum Diner am Tisch saßen. Es ist eine Zusammenkunft der Accademia degli Icogniti, wie sich diese Gemeinschaft der „Unbekannten" nannte. Sie zogen es vor, unter sich zu bleiben, ohne fremde Gäste oder Frauen, die ihre gelehrten Gespräche, ihre libertären Ideen, ihre frivolen Scherze, ihre Misogynie und ihren Frauenhass doch nicht verstehen würden.

Wie dem auch sei: Ein wichtiges Mitglied der Accademia, Giulio Strozzi, Librettist von *La finta pazza*, hatte eine äußerst begabte uneheliche Tochter, Barbara Strozzi. Er plante für sie eine musikalische Karriere und gründete eigens für sie die Accademia degli Unisoni, um ihr die Möglichkeit zu geben, ihr Werk zu präsentieren. Barbara Strozzi wurde von Francesco Cavalli unterrichtet und entwickelte sich zu einer bedeutenden Komponistin.

Wie bei ihren Renaissance-Vorgängern in Florenz galt das Streben der Accademia der Emanzipation des Individuums und der Erneuerung der humanistischen Werte der klassischen Antike, unter anderem mit Hilfe des *dramma per musica*. Aber das Venedig des 17. Jahrhunderts ist anders als das Florenz des 15. und 16. Jahrhunderts. Die Venezianer waren pragmatischer als die Idealisten im Umkreis der Medici, und auch die Mentalität der libertären Handelsstadt Venedig war realistischer. Mittlerweile hatte es genug europäische Kriege, Seuchen und Konflikte gegeben, um etwas weniger hochgestimmt über den Handel und Wandel der Welt zu denken. Darüber hinaus hatte die katholische Kirche eine Offensive gegen den aus dem Humanismus hervorgegangenen Protestantismus gestartet. Die Männer im Salon der Grimanis gaben sich daher auch gern pessimistischer Skepsis und subtilem Immoralismus hin.

Der Grund für die Zusammenkunft im Palazzo könnte der Spielplan der Opernhäuser der Familie Grimani gewesen sein. Die neue Karnevalssaison stand vor der Tür, und es wurden neue Kompositionen benötigt. Das erwartete die Öffentlichkeit, und das wollten die

Besucher aus Europa. Der moussierende Wein aus dem Veneto war bereits reichlich geflossen, doch nun gab es dringende Angelegenheiten zu erledigen. Francesco Cavalli, dem Komponisten, Musiker, Sänger, vor allem aber Impresario, fiel die Aufgabe zu, ein spektakuläres neues Werk zu schaffen. Alle Augen waren auf ihn gerichtet, doch Cavalli blickte auf sein Gegenüber, den Literaten Giovanni Faustini. Dieser richtete seinen Blick leicht verzweifelt nach oben, auf einen unendlich fernen Punkt an der Decke. Nach einigen Sekunden nahm er diesen Punkt fest in den Blick, sein Auge fiel auf das zentrale Relief mit Jupiter und einem Bären an seiner Seite. Dann glitt sein Blick langsam über die vier Darstellungen, die darum herum gruppiert waren. Er senkte den Kopf, schaute alle einen Moment lang an und sagte dann leise: „La Calisto".

In diesen wenigen Sekunden hatte Faustini alles durchdacht. Eine Geschichte voller Lust und Verlangen, die perfekt in eine erotisierte Gesellschaft wie die des damaligen Venedigs passte. Die Denker der Renaissance hatten zu ihrer Zeit den Körper von der Religion befreit und der Liebe in ihrer lauteren und reinen Form eine befreiende Wirkung zuerkannt. Aber in Venedig wurden unter diesem wissenschaftlichen Credo Liebe *und* Lust, reine Erotik *und* lebendige Sexualität sofort in vollen Zügen erforscht. Venedig war die Stadt des Genusses, der Lebenskunst, der Promiskuität und des Ehebruchs als heimlicher gesellschaftlicher Norm. Die Kultur der ebenso leichtlebigen wie gebildeten Kurtisanen, die sich zum Kauf anboten, sollte auch ihren Einfluss auf die Oper und ihre Sujets geltend machen. Faustini hatte das alles im Sinn, sehr lange schon, aber nun hatte er eine Erzählung gefunden, in der er das ohne Umschweife zeigen konnte. Der lüsterne Jupiter und die sexbesessenen Satyrn sollten seine Botschaft, seine Ode an die Lust, in die Welt tragen. Mit Calistos suggestiven Liebesgefühlen für Diana würde er die Palette der sexuellen Möglichkeiten erweitern. Außerdem konnte er mit den Göttern, denen menschliche Eigenschaften wie Gier, Eifersucht, Untreue und Bosheit eigen waren, Gesellschaftskritik üben.

Wie unterhaltsam Calistos Geschichte auch sein mochte, die Nymphe selbst wurde darin geopfert. Die untergründige Furcht vor einer moralischen Abrechnung war auch in Venedig gegenwärtig. Ein Rest christlichen Schuldbewusstseins war noch präsent. Bei den Griechen und Römern konnte man nachlesen, was eine Phase der Dekadenz nach sich zog. War die Moral überwunden und der Körper befreit, zeigte sich, dass die Lust den Menschen übermannte, so wie bei Jupiter, der hemmungslos seine Triebe befriedigte. Der entfesselte Eros verwandelte sich in Bestialität. War dies das unausweichliche Ergebnis von zwei Jahrhunderten Humanismus und Renaissance? Die venezianische Oper stellte diese Problematik mit viel verführerischer Schönheit zur Diskussion. Liegt die Antwort auf dieses Problem nur in den Wechselfällen des Schicksals beschlossen? Im Prolog zur Oper erhebt sich die Frage, warum die geopferte Calisto als ewiges Sternbild am Himmel erscheint. Das Schicksal antwortet: „Mein Wille allein ist es. Frage mich nicht nach dem Grund dessen, was das Schicksal beendet und beschließt. All meine Beschlüsse sind auch den Göttern geheim." Den Göttern sind sie ein Geheimnis, doch der Mensch begann sich seiner möglichen inneren Abgründe vorsichtig bewusst zu werden.

Ich schaue an diesem Tisch in der Bibliothek auf das Manuskript von *La Calisto* und erkläre David Bryant, dass es für mich etwas Besonderes ist, ein solches historisches Dokument in Händen zu halten. Mir kommt es vor, als könnte ich Cavalli die Hand reichen. Bryant streift das Buch mit seinem wissenschaftlichen Blick: „Wissen Sie, ich sehe dieses Manuskript zum ersten Mal und habe es nie untersucht, aber schon die Titelseite weckt sofort meine Skepsis. An der Stelle, wo ‚Cavalli' steht, wurde etwas weggekratzt, bevor der Name darauf geschrieben wurde. Da schrillen bei mir sofort alle Alarmglocken. Das Manuskript muss also nicht unbedingt von Cavalli sein, aber" – fügt er ironisch lächelnd hinzu – „wahrscheinlich ist es doch der Fall."

„Wie Sie sehen, handelt es sich bei diesem Manuskript um eine Kopie, die auf dem Material beruht, das für eine Aufführung im Theater verwendet wurde. Es gibt darin zum Beispiel keinerlei Angaben darüber, welche Instrumente verwendet werden sollen. Warum nicht?

Weil diejenigen, die die Oper aufführten, genau wussten, welche Instrumente sie spielen sollten. Alles was sie brauchten, waren die Noten. Der entscheidende Moment einer Oper im Venedig im 17. Jahrhunderts ist die Aufführung selbst. Das Manuskript oder die Partitur ist bloß etwas Zusätzliches, ein Hilfsmittel. Obwohl sich die Opernhäuser im Besitz wohlhabender Patrizierfamilien wie den Contarinis und den Grimanis befanden, wurden sie von Impresarios geleitet. Diese versuchten, so ökonomisch wie möglich zu arbeiten, trotzdem gingen sie regelmäßig bankrott. Große Orchester und Chöre, wie sie noch in Monteverdis *L'Orfeo* eingesetzt wurden, waren unbezahlbar. Also reduzierte man die Besetzung. Chöre verschwanden gänzlich, und die Orchester wurden je nach verfügbarem Budget besetzt. Cavalli schrieb den größten Teil der Musik auf zwei Notensystemen, wie man hier sehen kann. Eines für die Singstimme, das andere für den Instrumentalbass. Hin und wieder begleiten zwei Violinen eine Arie. Das war alles. Alles andere war offen für Interpretation und Improvisation.

Wenn die Interpreten gut waren, erschufen sie ein großes Kunstwerk, wenn sie es nicht waren, brachten sie etwas hervor, was sich wesentlich weniger angenehm anhörte. Oft hing die künstlerische Qualität gar nicht so sehr vom Komponisten ab, sondern von der Art, wie das Werk aufgeführt wurde. Zu manchen Zeiten im 17. Jahrhundert gab es hier in der Stadt durchschnittlich mehr als sieben Opernhäuser, die alle in jeder Saison mit neuen Titeln aufwarten mussten. Das macht mindestens sieben neue Opern innerhalb eines Jahres. Rechnen Sie einfach aus, wie viele das zwischen 1637, dem Jahr der ersten öffentlichen Aufführung, und 1700 sind. Selbst wenn wir vorsichtig schätzen und davon ausgehen, dass oft nur sieben bis acht Theater wirklich aktiv waren, sprechen wir noch von einer enormen Produktion. Und dabei betrachten wir nur Venedig, während im Laufe des Jahrhunderts fast alle anderen italienischen Städte ebenfalls Opern zu produzieren begannen.

Venedig war eine Gesellschaft, in der mit Kunst und Opern Handel getrieben wurde. Stück um Stück, Tag für Tag, Jahr für Jahr. In einer solchen Kultur ist ein Kunstwerk ebenso viel wert wie das andere, weil jedes Kunstwerk ungefähr so ist wie das vorherige. In einer Zeit, in der man die besonderen Qualitäten des Kunstwerks dem Markt anheimgibt, macht es eigentlich kaum einen Unterschied aus, wer der Komponist ist. Und ja, wenn sich einer der Komponisten irgendwann besser verkauft als ein anderer, wird der ursprüngliche Name weggekratzt und der Namen desjenigen, der sich besser verkauft, darübergeschrieben. Wichtig, auch in künstlerischer Hinsicht, ist die Tatsache, dass die Partitur existiert und aufgeführt wurde. Auch wenn wir nie genau wissen werden, wie sich das abspielte."

Francesco Cavalli sollte mit seinem enormen Œuvre einen großen Einfluss auf die weitere Entwicklung der Oper im 17. Jahrhundert haben. In *La Calisto* singt Calisto das Lied „Piante ombrose" („Schattige Bäume"). Es ist eine einschmeichelnde, elegische Melodie. Aber mehr noch als in Monteverdis voll ausgesungenen Partien in *Ulisse* und *Poppea* scheint sich hier eine Form der Arie zu entwickeln. Das Lied ist eine isolierte musikalische Form und hat keine autonome Bedeutung wie ein Wiegenlied oder ein Volkslied. Es ist auch kein Lamento. Es geht um den gesungenen Ausdruck innerer Emotionen. Diese Form entwickelte Cavalli weiter. Zusammen mit den Einflüssen der neapolitanischen Oper entstand langsam aber sicher die eigentliche Arie, und Monteverdis humanistisches Programm, das auf dem Rezitativ basierte, verschwand.

Cavalli, der den Prinzipien der venezianischen Oper so treu wie möglich zu bleiben versuchte, sollte zudem entscheidenden Einfluss auf die Verbreitung des Genres im übrigen Europa haben. 1647 wurde in Paris mit der Premiere von Luigi Rossis *L'Orfeo* zum ersten Mal eine italienische Oper aufgeführt. Es war jedoch Cavalli, der wenig später der Entwicklung der französischen Barockoper zum Durchbruch verhelfen sollte. Als 1660 die Hochzeit Ludwigs XIV. mit Maria Theresia von Spanien vorbereitet wurde, lud Kardinal Mazarin seinen Landsmann ein, zu diesem Anlass eine Oper zu schreiben. In dem dafür eigens errichteten Théâtre des Tuileries, das viertausend Zuschauern Platz bot und über eine ausgeklügelte Bühnenmaschinerie verfügte, sollte die Oper *Ercole amante* aufgeführt werden, in der die antike Gestalt des Herkules als Allegorie auf Ludwig XIV. auftrat. Da der Zuschauerraum nicht rechtzeitig fertiggestellt wurde und die Oper technisch anspruchsvoll war, musste eine Notlösung gefunden werden. In Absprache mit Mazarin wählte Cavalli ein älteres venezianisches Werk, *Xerse*, das auf den persischen König Xerxes zurückging und 1654 verfasst worden war. Eine wunderschöne Arie daraus ist „Ombra mai fu", gesungen von einem Kastraten in der Rolle des Xerxes. Händel würde etwa achtzig Jahre später in London seine Oper *Serse (Xerxes)* zum selben Libretto schreiben. Auch darin spielte „Ombra mai fu" eine zentrale Rolle. Zu guter Letzt sollte im 20. Jahrhundert diese Arie zu einer Ikone der Barockmusik werden – dank Cavalli.

Cavallis *Xerse* musste den neuen Gegebenheiten angepasst werden. Die Aufführung fand 1660 in der relativ kleinen Salle d'Apollon im Louvre statt. Da Ludwig ein glühender Verehrer des Tanzes war und der ursprünglich aus Florenz stammende Komponist Jean-Baptiste Lully musikalisch den Ton angab, wurde *Xerse* an den französischen Stil angepasst. Die Akte wurden neu eingeteilt, die italienische Sprache wurde allerdings beibehalten. Zwischen die fünf statt drei Akte wurden von Lully selbst komponierte kurze Ballette eingefügt. Er benannte auch sich selbst als einzigen Komponisten des Projekts. Der todunglückliche Cavalli musste all dies geduldig ertragen. Darüber hinaus musste er fast zwei Jahre länger in Paris bleiben, um 1662 auch noch die Aufführung von *Ercole amante* zu ermöglichen. Und dies, obwohl er sich danach sehnte, in seine Lagunenstadt zurückzukehren.

Bei *Ercole amante* folgte Lully genau dem gleichen Prozedere. Die Ballette wurden nun umfangreicher und waren musikalisch von deutlich besserer Qualität als in *Xerse*. Mit diesen beiden Bearbeitungen von Cavalli erfand Lully, der selbst erst ganz am Anfang seiner kompositorischen Laufbahn stand, die französische *tragédie lyrique*, eine Oper mit Ballett, die die europäische Oper stark beeinflussen sollte. Cavalli kehrte 1662 missmutig nach Venedig zurück und schwor sich, keine einzige Note mehr für die Oper zu schreiben; aber daran hielt er sich nicht. Partituren des Komponisten waren in weiten Teilen Europas bekannt und sollten neben der französischen auch die deutsche und englische Oper beeinflussen, und damit auch das Werk von Henry Purcell.

Nach einem Jahr des Schweigens würden bis zu seinem Tod im Jahr 1676 noch sechs weitere Opern folgen. Die bemerkenswerteste ist *Eliogabalo*, die 1667 eigentlich im Theater Santi Giovanni e Paolo Premiere haben sollte. Ein Jahr darauf, 1668, wurde im Teatro San Salvatore eine Oper namens *Eliogabalo* aufgeführt. Allerdings trug diese nicht die Handschrift Cavallis, sondern die von Giovanni Antonio Boretti, nach einem weitgehend gleichen Libretto. Die Uraufführung von Cavallis Fassung fand erst 2004 im Brüsseler Opernhaus De Munt statt. Warum Cavallis Originalwerk von den Eigentümern des Theaters Santi Giovanni e Paolo, der Familie Grimani, abgelehnt wurde, ist nicht genau geklärt. Es gibt zwei Theorien. Die erste geht davon aus, dass Cavallis Musik als zu altmodisch galt: „mancante di briose ariette" („es mangelte ihr an lebhaften Arien"). Sein vorwiegend rezitativischer Stil sei zu altertümlich gewesen und es fehlte ihr an Arien im neapolitanischen Stil.

Dies könnte durchaus der Fall gewesen sein. Aber sollten die Grimanis, die Cavalli kannten, das nicht im Vorhinein gewusst haben? Die zweite Theorie ist interessanter. Das Libretto von *Eliogabalo* bezieht sich auf den historischen Kaiser Heliogabalus. Dieser war als dekadenter Jüngling von fünfzehn Jahren in Rom an die Macht gekommen und zeichnete sich durch Hochmut, Despotismus, Gewalt und sexuelle Freizügigkeit aus. Ein würdiger Nachfahre Neros. In dieser Oper vollzogen sich Dinge, die man selbst in der moralisch liberalen Republik Venedig nicht durchgehen lassen konnte, umso mehr, als sie auf aktuelle politische und religiöse Spannungen Bezug nahmen. Dass Heliogabalus einmal einen Senat beruft, der nur aus Frauen von zweifelhaftem Ruf besteht, war schon gewagt. Dass er sich in einer Rede als Frau verkleidet an diese Prostituierten wendet, ging jedoch zu weit. Das war nicht nur moralisch verwerflich, sondern schien auch eine Anspielung auf den venezianischen Brauch zu sein,

Ämter im Senat der Stadt für hohe Summen zu verkaufen. Obwohl die Grimanis die Oper und die libertäre venezianische Kultur liebten, sahen sie in alldem einen Angriff auf ihre eigene politische und religiöse Machtposition. Deshalb musste dieses liederliche Werk gestoppt werden. Cavalli und sein anonymer Librettist waren zu weit gegangen. In Borettis Neufassung wurden die drei Szenen im Frauensenat auf drei Zeilen zusammengestrichen. Eine weitere markante Anpassung betrifft das Ende: Heliogabalus wird nicht ermordet, wie bei Cavalli. Bei Boretti bereut er seine Missetaten und kann gemeinsam mit seinem moralisch überlegenen Kontrahenten Alessandro weiterhin friedlich regieren. Was auf jeden Fall weniger subversiv war als ein politischer Mord.

Cavalli hätte dieses Werk nicht ohne das Vorbild seines Lehrmeisters Monteverdi und dessen *L'incoronazione di Poppea* schreiben können. Ich schaue mir in der Biblioteca Marciana nun *Poppea* an, das zweite Manuskript auf dem Tisch. Ich traue mich kaum, den Band in Bryants Gegenwart aufzuschlagen. Dieses letzte Werk von Monteverdi ist eine der faszinierendsten Opern, auch wenn der Komponist bei seiner Entstehung bereits fünfundsiebzig Jahre alt und während der Arbeit daran oftmals krank war. In ihr laufen in vielerlei Hinsicht die Schaffenswege seiner Karriere zusammen. In ihr konnte er sowohl alle Errungenschaften seiner musikdramatischen Entwicklung als auch Neuerungen der venezianischen Oper jener Jahre verarbeiten.

Die Librettisten Badoaro und Busenello wollten ihn überreden, wieder für die Oper zu schreiben, weil sie mit der Qualität der Texte und der Musik, die die öffentliche Oper seit 1637 hervorgebracht hatte, unzufrieden waren. Mit Monteverdi als Komponist und ihnen selbst als Librettisten wollten sie das Genre auf ein höheres Niveau heben. Bodoaro sprach in Zusammenhang mit *Ulisse* bereits von „der gemalten Sonne" der gewöhnlichen Komponisten, die nur Effekte produzierten, im Gegensatz zur „echten Sonne", womit er sich auf Monteverdi und dessen Fähigkeit bezog, in der Musik wahre Emotionen zu erwecken. Aber warum machte Giovanni Busenello Monteverdi den Vorschlag, mit *Poppea* eine schockierende Geschichte über einen lasterhaften Kaiser und seine machthungrige und berechnende Mätresse, die nach Auffassung mancher einer tatsächlichen venezianischen Kurtisane nachempfunden war, zu wählen?

Ulisse ist das Eröffnungswerk einer Trilogie, deren Mittelteil *Enea* und deren Schlussteil *Poppea* bildet. Die Werke sind in erster Linie allesamt Erkundungen der Liebe, der ehelichen Treue und vor allem der Untreue – wobei Penelope, Lavinia und Octavia Vorbilder für *constantia* sind, was ganz im Einklang mit den Ideen der Renaissance stand. Constantia – Gleichmut oder Standhaftigkeit – galt als die höchste Tugend. Sie schützte den Menschen vor Schicksalsschlägen und den Tücken des Eros. Busenello und Bodoaro setzten als Mitglieder der Incogniti und rechtschaffene Venezianer Fragezeichen hinter diesen utopischen Glauben an die Tugend. Wahrscheinlich wählte Busenello deshalb auch – zum ersten Mal in der Operngeschichte – ein historisches Thema statt einer mythischen Erzählung. Er ging dabei nicht ganz so weit wie Faustini und Cavalli ein Jahrzehnt später in *La Calisto*, wo die Lust die alles versengende Triebfeder der ganzen Gemeinschaft war. Bei Busenello ist Lust unauflöslich mit Gewalt und Macht verbunden und ihnen gelegentlich untergeordnet. Aber ohne die Fragen, die Busenello und Monteverdi in *Poppea* aufwerfen, hätten *La Calisto* und *Eliogabalo* niemals geschrieben werden können; und die Richtung, die die Oper nach ihnen eingeschlagen hat, wäre eine ganz andere gewesen.

Antike Autoren haben den moralischen Verfall des römischen Kaiserhauses um Nero mit viel Gefühl für genüssliche und grausame Details festgehalten. Dazu gehört auch die Geschichte der Poppea. Die kürzeste Version könnte lauten: „Du willst mit mir ins Bett? Wie wirst du möglichst schnell deine Frau los und ich meinen Mann, damit ich dann die Position deiner Frau einnehmen kann?" Da es sich um einen römischen Kaiser handelte, gestaltete sich dieses „Einnehmen der Position" etwas komplexer – und damit auch fesselnder. Nero hatte einen Freund namens Otho, der ihm, was Dekadenz und Ausschweifung betraf, in nichts nachstand. Angeblich hatten die beiden auch eine sexuelle Beziehung miteinander. Um sich seiner Frau Octavia entledigen zu können, brachte Nero seine Kurtisane Poppea Sabina eine Weile bei Otho unter. Später verdächtigte Nero Otho jedoch, eine Affäre mit Poppea eingegangen zu sein. Auf Anraten von Seneca ließ er Otho vom Hof entfernen, zumal dieser auch Interesse am Thron zeigte. Um Octavia loszuwerden, beschuldigte Nero sie zu Unrecht der Unfruchtbarkeit. Nachdem es ihm nicht gelungen war, sie zu verbannen und erwürgen zu lassen, klagte er sie ebenfalls zu Unrecht des Ehebruchs an und vollzog die Scheidung – wonach er sie übrigens dann doch noch ermorden ließ.

Zwölf Tage nach der Scheidung heiratete er die etwas „gewöhnliche" Poppea und krönte sie zur Kaiserin. Poppea war wahrscheinlich die Frau, die er am meisten liebte, auch wenn diese Liebe nicht lange hielt. Drei Jahre nach ihrem Hochzeitstag trat er seine schwangere Frau so heftig, dass sie ihren Verletzungen erlag. Nach ihrem Tod ließ er Sporus, einen männlichen Sklaven, der ihr sehr ähnlich sah, kastrieren und heiratete diesen.

Der Handlungsverlauf der Oper ist etwas weniger schockierend als die wahre Geschichte und wurde durch fiktionale Details ergänzt, folgt aber in groben Zügen den historischen Geschehnissen. Eine der interessanten Figuren neben dem Kaiserpaar ist die Figur des Seneca, des Philosophen, Beraters und Erziehers des Kaisers. Als Philosoph ist Seneca vor allem als Stoiker bekannt, als ein Denker, der für die Constantia plädiert, für Standhaftigkeit in allen emotionalen Stürmen, die einen Menschen umtreiben können. Constantia führt zur Tugend, und diese ist die einzige Quelle der Glückseligkeit. Sie lässt sich nur erreichen, wenn man allen irdischen Gütern, Reichtum und Macht abschwört und sich nicht von Leidenschaften und Emotionen, weder von Freude noch von Verdruss, mitreißen lässt. Diese muss man stoisch mit fast übermenschlicher Unerschütterlichkeit ignorieren. Der Tod ist die letztendliche Erlösung von Schmerz und Schuld, der Weg in die Freiheit, ins Nichts. Für Seneca spielte ein weiteres Element eine große Rolle: die Freiheit des Individuums hinsichtlich der kaiserlichen Macht, oder besser gesagt, der kaiserlichen Willkür. Bei den Renaissancedenkern war Seneca sehr beliebt, weil sich in dieser Unabhängigkeit von den Wechselfällen des politischen Lebensschicksals die Autonomie des Individuums verbarg.

Seneca verkörperte die von ihm propagierte Constantia; er versuchte, ein ausgeglichenes und ethisch wahrhaftiges Leben zu führen. Die Ironie liegt nun allerdings darin, dass er als moralische Autorität zum Lehrer und geistigen Ziehvater des größten Tyrannen der römischen Geschichte wurde. Wenn es einen Menschen gab, der von Machtgier, Gewalt und irrationalen emotionalen Entscheidungen getrieben war, dann war es sicherlich Nero. Mit einem Traktat über die Güte (*De Clementia*) versuchte ihn Seneca noch zu korrigieren, aber es war zu spät. Der Philosoph begann sogar Tragödien zu schreiben, wahrscheinlich in einem letzten Versuch, Nero auf den Pfad der Tugend zu bringen. Wahrscheinlich hatte der Tyrann in einigen von ihnen mitgespielt. Seneca führte in diesen Theaterstücken vor Augen, wohin Irrationalität und Tyrannei im antiken Griechenland führten. Sein bevorzugtes Vorbild war Euripides, in dessen Stücken die Macht der Götter ausgespielt zu haben schien und der Mensch für seine Taten vollkommen verantwortlich geworden war. Mehrere klassische Quellen versäumen es im Übrigen nicht, Senecas Position selbst zu kritisieren – etwas, was der Page und die beiden Soldaten, die Nero in der Oper bewachen, ebenfalls tun würden. Seneca habe sich aus einem grenzenlosen Opportunismus heraus immer auf die Seite der Macht gestellt und große Besitztümer angehäuft. Seinen heroischen Selbstmord beging er, nachdem er von Nero verdächtigt worden war, an einem Staatsstreich beteiligt gewesen zu sein.

Poppea beginnt mit einem vielsagenden Prolog, in dem das Schicksal, die Tugend und die Liebe miteinander konkurrieren. Schicksal und Tugend streiten darüber, wer das Leben auf Erden lenkt. Beide sprechen sich gegenseitig Macht und Einfluss ab. Doch die Tugend ist überzeugt davon, dass sie recht hat: „Ich bin die wahre Leiter, auf der die Natur zum Himmel emporsteigt". Darin klingt die neuplatonische Idee an, dass der Mensch fähig sei, sein materielles Leben auf eine geistige Erfüllung hin zu entwickeln, dass der göttliche Funke im Menschen seine Erlösung bedeutet. Aber die Liebe in Gestalt des „leiblichen" Amors weiß, dass sie letztendlich siegt: „Heute noch werdet ihr beide, nachdem ich euch in einem einzigen Wettkampf besiegt habe, zugeben, dass sich die Welt meinen Weisungen fügt." Eben dies will die Geschichte von Nero und Poppea zeigen.

Monteverdi kann in diesem letzten Werk alle Facetten einer Emotion komponieren. Wenn Nero und Poppea nach einer ersten Liebesnacht voneinander Abschied nehmen, entwickelt sich zwischen ihnen ein subtiles Spiel von körperlicher Abhängigkeit und emotionalem Zweifel. „Tornerai?", fragt Poppea Nero wieder und wieder: „Kommst du wieder? Lässt du mich nicht im Stich? Entscheidest du dich schließlich nicht doch für deine Ehefrau Oktavia?" Aber sie weiß gleichzeitig, dass sie ihre Ansprüche zügeln muss, um ihn nicht zu verstimmen, und wechselt zwischen diesen und einem unwiderstehlich verführerischen Gesang hin und her. Ihre Stimme verzaubert Nero ebenso sehr wie ihr Körper.

Am Ende der Oper scheint alle Moral fein säuberlich aus dem Weg geräumt zu sein, und das Kaiserpaar kann die Geschicke nach seinem eigenen Gutdünken gestalten. Nero hat sich der Inkarnation der Tugend und seines schlechten Gewissens auf blutrünstige Weise entledigt. Der Philosoph Seneca, der ihn fortwährend kritisierte und es sogar wagte, ihm zu widersprechen, muss auf seinen Befehl hin Selbstmord begehen. Busenello verlegt diesen Selbstmord in der Oper gegenüber der historischen Wirklichkeit einige Jahre zurück. Zuvor hat Poppea Nero dazu gedrängt, Seneca aus dem Weg zu räumen, weil sie in ihm ein Hindernis für ihre Eheschließung sieht. Diese Selbstmordszene ist einer der eindrucksvollsten Momente in der Oper. Nachdem Seneca aufgetragen wird, sein Leben zu beenden, ergibt sich der Philosoph stoisch in sein Schicksal: „Freunde, die Stunde ist da, jene Tugend, die ich immer hochhielt, anzuwenden. Eine kurze Beklemmung ist der Todeskampf. Dann entweicht ein Seufzer der Brust, wie ein Pilger, der dort jahrelang als fremder Gast gehaust hat. Der Odem schwingt sich auf zum Olymp, wo die wahre Glückseligkeit wohnt."

Seine Verwandten und Freunde wollen ihn nicht gehen lassen und weigern sich zunächst, das Bad vorzubereiten, in dem er sich die Pulsadern durchschneiden wird: „Non morir, non morir, Seneca non ..." wird dreistimmig in chromatisch aufsteigender Linie gesungen und wirkt damit wie ein entferntes Echo des intimen mehrstimmigen Gesangs aus der *Marienvesper* oder auch eines Madrigals. Für diese Szene greift Monteverdi textlich und musikalisch eindeutig auf sein Madrigal „Si, ch'io vorrei morire" von 1603 zurück. Plötzlich ändert sich der Rhythmus, und das Orchester spielt ein munteres pastorales *ritornello*, woraufhin die Stimmen fast fröhlich einzusetzen scheinen: „Ich selbst will jedenfalls nicht sterben. Zu süß ist das Leben, zu heiter ist der Himmel. Alle Bitternis, alles Gift, schlussendlich wiegen sie leicht." Nach diesem spielerischen tänzerischen Mittelteil, in dem die Verwandten zu begreifen scheinen, dass sie selbst nicht sterben müssen, kehren sie wieder zu dem düsteren „Non morir Seneca ..." zurück.

Nach Senecas Selbstmord, der sich genau in der Mitte der Oper ereignet, ist der Weg frei für den totalen Sittenverfall Neros und seines Hofes. Dabei macht sich jeder die Hände schmutzig. Die verstoßene Octavia, zuvor ein Ausbund an Constantia, trägt Otho auf, Poppea zu ermorden, was er auch sogleich versucht. Poppea und Nero verlieren sich in ihrer sinnlichen Liebe, nachdem Poppea zur Kaiserin gekrönt wurde. Die Liebe, oder besser gesagt die Lust, hat über die Tugend und das Schicksal gesiegt. Die ehrgeizige Poppea lässt daran keinen Zweifel aufkommen.

Es gibt eine klassische römische Tragödie, *Octavia*, die lange Zeit Seneca zugeschrieben wurde. Er tritt dort – wie in der Oper *Poppea* – selbst als Figur auf, was Zweifel an der Authentizität der Tragödie aufkommen ließ. Heute geht man davon aus, dass das Werk von einem Zeitgenossen und Bewunderer Senecas geschrieben wurde. Die Thematik dieses Werkes ist der Thematik der Oper sehr ähnlich und diente als Inspirationsquelle für das Libretto. In dem Theaterstück fasst Seneca das moralische Problem von *Poppea* in ein paar kraftvollen Worten zusammen: „In der ganzen Welt wuchs der Hunger nach

Kriegsgewalt und Gold; und als ultimativer sinnbetörender Zerstörer wurde das Begehren geboren, dessen Macht und verhängnisvoller Wahnsinn immer größer wurde, je weiter die Zeit voranschritt. Nun fällt wie eine Sturzflut die geballte Last der Jahrhunderte währenden Sünde auf unsere Häupter. Wir werden von unserem eigenen unerträglichen Jahrhundert erdrückt, in dem uns das Verbrechen regiert, Gottlosigkeit um sich greift und uns gesetzlose Liebe zur Unzucht treibt. Das alles erobernde Begehren, dessen Hände sich schon lange an die Raubgier gewöhnt haben, plündert die grenzenlosen Reichtümer der Welt, um sie für billiges Geld zu verhökern."

Nero und Poppea verkörpern in der Oper dieses kranke Begehren, das Streben nach Lust und Macht, das der anonyme Verfasser beschrieben hat. In der Oper sagt Seneca: „Immer gewinnt die schlechtere Partei, wenn Gewalt sich der Vernunft widersetzt." Eigentlich kommt Poppea sogar noch schlechter weg als Nero, denn ein geisteskranker Tyrann ist ein Opfer seiner selbst. Das ist bei einer selbstbewussten Frau, die diesen Tyrannen sexuell abhängig macht, um Macht gewinnen zu können, weniger der Fall. Tacitus schreibt: „Viele Astrologen nahmen an den geheimen Versammlungen der Poppea teil und waren die übelsten Werkzeuge im Betrieb der kaiserlichen Ehe." An anderer Stelle sagt er: „Diese Frau besaß alles, nur keine Ehrbarkeit [...]. Sie suchte die Befriedigung ihrer Lüste da, wo sich ihr eigener Vorteil zeigte."

Am Ende seines Lebens widmete sich Monteverdi einer unmoralischen Geschichte, in der die Bösewichte glorreich siegen und in Lust schwelgen. Am Schluss der Oper, als die Konsuln und Tribune Poppea in einer großartigen prunkvollen Zeremonie zur Kaiserin gekrönt haben, wendet sich im Schlussduett „Pur ti miro, pur ti godo..." („Ich schaue dich an, ich begehre dich ...") der Blick ganz zurück auf die intime Körperlichkeit, die den ersten Abschied von Nero und Poppea zu Beginn der Oper kennzeichnete. In einer herzergreifenden, chromatisch absteigenden Basslinie gehen die beiden Liebenden am Ende vollständig ineinander auf. Die Welt scheint nicht mehr zu existieren. Menschliche, vernünftige, humanistische Werte landen in einer Abwärtsspirale, um langsam in einer ungezügelten Leidenschaft zu verglühen.

„Sehen Sie, wie schön diese Abschrift ist, sehen Sie irgendwelche Streichungen oder Korrekturen, Schreibfehler oder Veränderungen?" David Bryant, mit dem ich mich über das aufgeschlagene Manuskript der *Poppea* beuge, findet mittlerweile Vergnügen daran, mir in etwas ironisch gemeintem Ton Fragen zu stellen, die mich an meinem Wissen und meiner Sicherheit zweifeln lassen. Nein, ich sehe keine Streichungen. „Sehen Sie, wie sehr Monteverdis Handschrift hier der von Cavallis *La Calisto* gleicht." Ich bestätige das. „Sie ist mit der Handschrift von *La Calisto* verwandt, weil beide Manuskripte größtenteils von Cavallis Frau Maria verfasst wurden." Seiner Frau? Aber Bryant fährt in ernsthaftem Ton fort: „Cavallis Frau arbeitete regelmäßig mit ihrem Mann zusammen und fertigte zahlreiche Abschriften und Kopien an. Auf der Grundlage graphologischer Untersuchungen hat man feststellen können, dass der erste und dritte Akt von Maria Cavalli und der zweite von einer unbekannten Person geschrieben wurden. Dieses Manuskript ist keine Kompositionshandschrift, es ist nicht einmal von Monteverdi selbst. Was es genau ist und warum es erstellt wurde, wissen wir nicht."

Dann beschreibt Bryant die komplexen Zusammenhänge zwischen verschiedenen handgeschriebenen Partituren, mehreren Ausgaben des Librettos und einigen Szenarien mit Szenenbeschreibungen. So sind beispielsweise zwei Partituren überliefert. Diejenige in der Biblioteca Marciana, in der wir uns jetzt befinden, wurde 1888 von dem aufmerksamen Bibliothekar Taddeo Wiel entdeckt. Der Titel lautet *Nerone*, ein Komponist wird nicht genannt. Das zweite Manuskript wurde 1931 in Neapel von dem Bibliothekar Guido Gasperini am Conservatorio San Pietro a Majella gefunden. Seit 1888 herrscht über Authentizität, Chronologie, Funktion und vieles andere nur Verwirrung.

Ein Beispiel von vielen. Lange Zeit glaubte man, das neapolitanische Manuskript bildete die Grundlage für die historisch überlieferte Aufführung der *Poppea* im Jahre 1651 in Neapel, die dort von einem

Impresario aus Venedig einstudiert worden war. Untersuchungen ergaben jedoch, dass sowohl die venezianische als auch die neapolitanische Handschrift nicht mit der neapolitanischen Aufführung übereinstimmen. Ja mehr noch: Sie stimmen auch nicht mit der Uraufführung in Venedig im Jahr 1642 überein. Dies ergab ein Vergleich mit den veröffentlichten Librettos und den überlieferten Szenarien, in denen die Szenenfolge beschrieben wird. Die beiden Manuskripte, die sich ebenfalls wiederum voneinander unterscheiden, wurden beide nach einer Aufführung zusammengestellt, von der wir nicht wissen, wann sie stattgefunden hat. Vielleicht waren es zwei verschiedene Aufführungen. Sicher ist nur, dass sich dies alles nach Monteverdis Tod abspielte.

Bryant spürt, dass die offene Wunde meiner Verwirrung größer wird, und streut reichlich Salz hinein: „In der venezianischen Fassung wurden die instrumentalen Teile von Cavalli komponiert, und auch der ganze Prolog ist von seiner Hand. Da es nicht um die Uraufführung geht, wissen wir nicht, ob es sich um spätere Ergänzungen oder Änderungen handelt oder um einen authentischen Teil der Uraufführung von 1642, zu der auch Cavalli beigetragen haben muss. Weder Partituren noch Szenarien noch gedruckte Libretti geben exakt und zuverlässig Auskunft darüber, wie eine Aufführung tatsächlich ausgesehen hat."

Der Musikwissenschaftler schaut mich jetzt mit strahlenden Augen an: „Die Authentizität der *Poppea* als Komposition von Monteverdi ist wissenschaftlich stark in Zweifel gezogen worden. Eigentlich wissen wir fast sicher, dass die Oper in großen Teilen nicht von Monteverdi stammt. Es gibt keinen Grund für die Annahme, dass sie doch von seiner Hand sein könnte. In künstlerischer Hinsicht ist die Krönungsszene und das Schlussduett mit Poppea und Nerone von allen immer höchst geschätzt worden, mehr als der Rest der Oper, dennoch ist dieses Finale mit Sicherheit nicht vom größten Komponisten jener Tage, sondern von einem seiner Zeitgenossen."

Das von mir so geliebte „Pur ti miro, pur ti godo" ist nicht von Monteverdi? „Schauen Sie mal", sagt Bryant, „der Name ‚Monteverdi' wurde viel später auf die Rückseite eines späteren Bandes geschrieben, um ihn mit den anderen in der Contarini-Sammlung zu vereinheitlichen. Der Name taucht nirgendwo sonst im Manuskript auf. Die Melodie des Duetts stammt wahrscheinlich von Francesco Sacrati, einem seiner Zeitgenossen und Komponist von *La finta pazza*, der auch an den Grimani-Theatern gearbeitet hat. Das ist der aktuelle Stand der Forschung. Es könnte aber auch von Cavalli oder von Benedetto Ferrari oder von jemand anderem stammen, dessen Namen wir noch nicht kennen. Ebenso wenig wissen wir, ob Monteverdi die schlussendliche Verantwortung für das gesamte *Poppea*-Projekt trug oder ob andere ihm aus irgendeinem Grund das Ganze aus den Händen genommen haben, wonach Cavalli beispielsweise alles zusammengefügt hat."

Mir liegen Worte auf der Zunge wie „künstlerische Qualität", „stilistische Wiedererkennbarkeit", „konzeptionelle Einheit" und vieles andere mehr. Ein einziger Blick in Bryants Augen genügt, um sie wieder hinunterzuschlucken, so sehr bin ich davon überzeugt, dass er mich wieder mit einem unwiderlegbaren historisch-wissenschaftlichen Argument zum Schweigen bringen und mich für einen noch hoffnungsloseren Romantiker halten wird. Ich muss nun wohl mit dem Zweifel leben und mich von der angenehmen Vorstellung verabschieden, dass es das moderne künstlerische Genie auch im 17. Jahrhundert schon gegeben hatte. Es verhält sich ähnlich wie mit dem *Mann mit dem Goldhelm* von Rembrandt. Ein fantastisches Gemälde, aber als Bedenken geäußert wurden, dass es sich nicht um einen Rembrandt handeln könnte, veränderte sich damit auch das Gemälde selbst, was natürlich Unsinn ist. Die Welt will gedeutet und klassifiziert werden. Jede Veränderung, die der Wirklichkeit näherkommt, wirkt störend. Wir ziehen die Illusion dem Licht der Wahrheit vor.

Als ich mit einem etwas seltsamen Gefühl wieder die beeindruckende Treppe der Marciana hinabsteige, stelle ich fest, dass diese Treppe für mich plötzlich weniger beeindruckend geworden ist. Ich nehme den Lärm der flirrenden Menschenmenge auf der Piazzetta nicht mehr wahr; mich quält nur eine Frage: Warum bloß diese bösartige, zynische und schockierende Geschichte von *Poppea*, in der die reine Boshaftigkeit triumphiert, in der die moralische Autorität, Seneca, buchstäblich in den Tod getrieben wird und die verführerische, wollüstig-glückliche Ehe von Nero und Poppea jedem Sinn für Gerechtigkeit spottet?

Ein Punkt ist dabei wichtig. Die Männer der Incogniti kannten den weiteren historischen Verlauf, ebenso wie die venezianische Öffentlichkeit. Die schwangere Poppea wurde von Nero getötet. Kurz darauf beging der paranoide Diktator, gejagt von seinen Rivalen, zu denen auch Otho gehörte, Selbstmord. Rechtfertigt das eine musikdramatische Darstellung mit der göttlichsten Musik, die überzeugend darlegt, wie ungerecht die Welt ist? Uns sollte das heute nicht mehr überraschen, denn wir sind daran gewöhnt, der schockierenden nackten Wahrheit des Lebens ins Auge zu blicken. Aber im 17. Jahrhundert, in dem die Kunst eine ganz andere Funktion hatte und exemplarisch sein sollte, lagen die Dinge anders. Die Direktheit, die Härte der Geschichte ist beispiellos. Waren Monteverdi und die Incogniti bereits so modern, dass sie eine darwinistische Parabel über das *Survival of the fittest* schrieben, über Nietzsches *Wille zur Macht*? Das will ich gerne glauben, doch dann höre ich David Bryants Stimme in meinem Kopf; sie weist mich streng zurecht, weil ich ein historisches Kunstwerk aus der Perspektive des 21. Jahrhunderts interpretiere.

Ich versuche zunächst einmal, die Dinge aus seiner Perspektive mitzudenken. In Venedig gab es eine andere, pragmatischere Auffassung der humanistischen Werte als in Florenz und Mantua, wo das relativ brave Libretto für *L'Orfeo* entstanden ist. Tugend war im libertären Venedig kein wirklich unterhaltsames Thema. Die Incogniti standen dem stoischen Seneca skeptisch gegenüber. In der Oper macht sich der komische Page über dessen gewichtige Moralpredigten lustig, als er Octavia Mut machen will: „Madame, mit Verlaub: Ich muss meiner Wut Luft machen gegen den neunmalklugen Philosophen und Gotteslästerer! Er bringt mich zum Kochen, dieser Tüftler mit seinen hübschen Lehren. Ich kann nicht an mich halten, wenn er goldene

Reden verzapft und die Leute einseift. Er verkauft Hirngespinste, als seien sie Mysterien."

Abgesehen von einer gesunden Skepsis in Bezug auf das Gute im Menschen wird wohl auch noch ein anderer Faktor eine Rolle gespielt haben. Zweifellos sahen Monteverdi, Busenello und ihresgleichen alle moralischen Veränderungen in ihrer eigenen Lagunenstadt äußerst kritisch. Die Furcht vor Entgleisung, Dekadenz und Verfall wird in dieser Stadt, einem Zufluchtsort für Prostituierte und Kurtisanen, in der die Macht der Patrizier nahezu unbegrenzt war, auch eine Rolle gespielt haben. Vielleicht hatten sie den Eindruck, dass die wirtschaftliche Hegemonie Venedigs in Europa stark im Niedergang begriffen war und sich an die Atlantikküste – in die Republik der Vereinigten Niederlande und nach England – verlagert hatte. Wenn dem so wäre, könnte *Poppea* ein moralistischer Spiegel für das eigene Publikum gewesen sein.

Aber woher rührt diese Heftigkeit? Ein weiteres historisches Argument bietet eine mögliche Erklärung dafür. In der Geschichte Venedigs spielen Feindseligkeit und Konkurrenzdenken gegenüber Rom eine entscheidende Rolle. Das begann schon mit dem Raub der Gebeine des Heiligen Markus. Die byzantinische Struktur mit dem Dogen als geistlichem Oberhaupt verstärkte die Distanz zu Rom. Der Doge war der Papst von Venedig, und die Senatoren waren gewissermaßen Kardinäle. Die Tatsache, dass es in der Stadt so viele Kirchen mit alttestamentlichen Namen gibt – Moses, Hiob, Daniel, Samuel, Jeremia –, deutet auf eine vermeintlich vorchristliche Identität hin, wiederum in Unterscheidung vom römischen Katholizismus. Im 16. Jahrhundert begannen die Venezianer, sich „die neuen Römer" zu nennen, ein Diskurs, zu dem die Grimanis mit ihren klassischen Palästen voller Antiquitäten einen großen Beitrag leisteten. Um ihre Identität zu stärken, erfanden sie die Geschichte, dass die trojanischen Flüchtlinge mit Äneas nicht nur Rom, sondern auch Venedig gegründet hätten.

In der ersten Hälfte des 17. Jahrhunderts hatte diese Animosität gegenüber Rom den Siedepunkt erreicht. Die Republik war in der

Vergangenheit bereits mehrfach exkommuniziert worden, weil sie den Aufforderungen des Papstes nicht Folge geleistet hatte. Man hatte sich davon zwar in gewissen Maße beeindruckt gezeigt, doch das letzte Mal, im Jahr 1605, hatte die Stadt den päpstlichen Bann missachtet und sogar die von ihr so verachteten Jesuiten ausgewiesen. Venedig blieb so nicht nur eine Freistatt für Handel und Lust, sondern auch für Juden, Muslime und Protestanten sowie für libertäre Ideen, seien sie religiöser oder politischer Natur. Das war der Kirche ein Dorn im Auge.

Das rückt Monteverdis „Trilogie" in eine andere Perspektive. Mit dem griechischen Odysseus wird die Geschichte der republikanischen Tugenden erzählt, die Geschichte eines Helden, der in sein Heimatland und zu seiner treuen Frau zurückkehrt und die politische Ordnung wiederherstellt. Auch die verschollene Oper *Le nozze d'Enea con Lavinia* hatte einen klaren Bezug zu Venedig, wie sich aus den überlieferten Quellen ableiten lässt. Nach der Hochzeit von Eneas und Lavinia spricht der Gott der Ehe über die Ursprünge und den Ruhm Roms, um anschließend die Geburt Venedigs zu vermelden: „... ein Ereignis von gewiss nicht minderer Bedeutung, denn diese vornehme Stadt entstand zu einer Zeit, als Rom unter das Joch der Barbaren fiel ..." Die implizite Botschaft ist deutlich: Rom ist eigentlich immer noch barbarisch; obwohl es sich unter Äneas zu einer Republik entwickelte, geriet es während des Kaiserreichs in Verfall. Das Kaiserreich kann leicht als das päpstliche Rom interpretiert werden, während Venedig weiterhin die republikanische Werte hochhält.

Die Parallele lässt sich noch weiterführen. Die moralische Schwächung des nun christlich-römischen Reiches ermöglichte im 5. Jahrhundert eine Invasion der sogenannten „Barbaren", zu denen auch Attila zählte. Während dieser Invasionen wurde Venedig gegründet, weil die flüchtende Bevölkerung sich im Archipel vor den Feinden in Sicherheit zu bringen versuchte. Rom selbst wurde völlig überrannt und stand daher auf verlorenem Posten. So nutzten die Incogniti die Oper als politische Propaganda gegen Rom und zum Ruhme Venedigs – und Busenello und Monteverdi stimmten mit ein.

In Venedig diente die Oper nicht nur als Propagandamittel für die herrschende Klasse, sondern auch als Mittel der Kritik an dieser Klasse. Es gab eine Tradition, die nicht nur die Tugenden besang, sondern auch darauf hinwies, wie Regeln gebrochen wurden. Das große Vorbild war die griechische Tragödie mit ihrer starken Spannung zwischen Individuum und Gesellschaft. Diese Spannung stand auch an der Wiege der italienischen Oper. *Poppea* ist nicht nur Propagandamaterial für eine Republik auf der Suche nach ihrer Identität, sondern auch ein wichtiges Stadium auf der künstlerischen Suche nach dem Wesen des Menschen. Gerade durch diese komplexe Verflechtung von Propaganda, Gesellschaftskritik, Unterhaltung, sinnlicher Suggestion, moralischer Ambiguität und menschlicher Schwäche gelingt es Busenello und Monteverdi, ein hypermodernes Werk zu schaffen. Unter den wachsamen Augen eines stoischen Seneca, der scheiternden moralischen Autorität, schnuppern sie an den Blumen des Bösen. Die Macht des Eros ist unwiderstehlich; damit weisen sie der Zukunft der Oper für alle Zeit die Richtung.

Tintoretto, Die Kreuzigung (Ausschnitt), 1566, in der Scuola Grande di San Rocco

Maria, stabat mater.
Monteverdis Grab

Monteverdi starb am 29. November 1643. Der Trauergottesdienst fand in San Marco statt, anschließend wurde er nach draußen getragen, zum letzten Mal über die Piazzetta, vorbei am Dogenpalast und der Biblioteca Marciana, zu einer Gondel, die ihn zur Santa Maria Gloriosa dei Frari brachte. Nach einem zweiten Gottesdienst wurde er in dieser Kirche beigesetzt. Von der Piazzetta nehme ich ein Vaporetto bis zur Haltestelle San Tomà. In wenigen Minuten laufe ich zum Campo dei Frari mit der gleichnamigen Kirche, einem großen gotischen Gebäude und einer der Hauptkirchen der Stadt. Wer die Kirche durch den Haupteingang betritt, kann einen großartigen theatralischen Effekt erleben. Zunächst überwältigt mich der Eindruck des immensen Kirchenschiffs bis hin zum Chor. Ich lasse die dramatische Leere des Raumes auf mich wirken. Als ich langsam weitergehe, beginnt die Vorstellung.

Links das Grab von Antonio Canova, eine Pyramide mit einer dunklen, geheimnisvollen Türöffnung. Vor diesem Eingang zum Totenreich stehen trauernde Figuren mit gesenkten Häuptern neben einem geflügelten Löwen. Schlicht in ihrem Ausdruck, aber doch wirkungsvoll. Auf der gegenüberliegenden Seite ebenfalls ein Mausoleum, nun aber für Tizian. Das zentrale Feld in der Marmorfassade zeigt ein skulpturales Relief seiner *Mariä Himmelfahrt (Assunta)*, eine Präfiguration und ein monochromes Versprechen von etwas, das sich weiter im Inneren der Kirche erfüllen wird.

Ich gehe zum sonnendurchfluteten Hauptaltar. Nun habe ich, durch das hölzerne Chorgestühl, in dem die Franziskanermönche einst saßen, einen besseren Blick auf den Chor und das große Gemälde, das dort hängt: dieselbe *Mariä Himmelfahrt* von Tizian, jetzt in satten Farben. Es ist vielleicht das berühmteste Gemälde des Meisters, und viele Besucher haben schon leicht halluzinierend davor gestanden. Auch ich kann mich der Macht der Aufwärtsbewegung, die dieses Gemälde entfaltet, nicht entziehen. Hier hält die dramatische Handlung in die Malerei Einzug, denn die Dynamik, mit der die heilige Jungfrau in den Himmel entschwindet, ist nachfühlbar. Das zeigt sich im Entsetzen der Apostel, die unten zurückbleiben, an ihren hochgestreckten Armen, als sei sie ihnen gerade entglitten. Und das zeigt sich an den Engeln, die die Wolken aufwärts schieben, an Marias flatternden Gewändern und ihrem himmelwärts zu Gott gerichtetem Blick, der sie mit offenen Armen aufzufangen scheint, wie ein Vater sein Kind, das auf ihn zustürmt, um hochgehoben und herumgewirbelt zu werden.

Wer wissen will, was diesem Wirbel vorangegangen ist, braucht sich nur nach rechts zu wenden. In der angrenzenden Sakristei hängt der allerschönste Bellini: *Madonna mit Kind, mit musizierenden Engeln und vier Heiligen*. Er befindet sich nicht im sonnendurchfluteten Chor, sondern in einer halbdunklen Kapelle. Brachte Tizians Gemälde ultimative Bewegung zum Ausdruck, so vermittelt sich hier der Ausdruck ultimativer Stille. Das dreiteilige Tafelbild entstand nur zwanzig Jahre früher, 1488. Diese beiden Jahrzehnte machen den riesigen Entwicklungsschritt Tizians noch erstaunlicher. Bei Giovanni Bellini sorgen die schweigenden Heiligen auf den Seitentafeln dafür, dass selbst der redseligste Besucher in der Sakristei verstummt. Die beiden Engel am Fuße der Madonna musizieren, der eine spielt Laute, der andere Flöte, doch es ist gefrorene Musik. Am schönsten ist Marias sanfter Gesichtsausdruck, und der keck auf ihren Knien stehende Jesus. Unter dem Blau ihres Mantels ist das tiefe Rot ihres Kleides sichtbar, das mit dem Rot der Rückwand korrespondiert und mit dem goldenen Glanz des gemalten Kuppelgewölbes über ihr kontrastiert; einer Kuppel, die mich an die goldenen Mosaiken von San Marco erinnert.

Wer diese Reise zurück in die Malerei vollenden möchte, geht weiter in den nächsten Raum, in den das sanfte Licht des Kreuzgangs einfällt. Dort hängt über einer ziemlich hässlichen modernen Büste von Monteverdi eine *Madonna mit Kind zwischen zwei Heiligen und Francesco Dandolo und seiner Frau* von Paolo Veneziano, gemalt 1339, also deutlich früher als die beiden anderen Werke. Diese Tafel weist noch viele Merkmale der byzantinischen Malerei auf, aber die Farben, vor allem das Blau und das Rot, können nur aus Venedig stammen.

Zum eigentlichen Ziel meines Besuches kehre ich ins Kirchenschiff zurück. Ich gehe an Bellinis Triptychon vorbei und links von Tizians Gemälde in eine Seitenkapelle. Die dritte Kapelle ist die der Lombarden. Die Einwohner und Besucher aus dieser Gegend, die sich ihrer Geschäfte wegen oder aus sonstigen Gründen in Venedig aufhielten, hatten hier ihre eigene Gebetsstätte. Monteverdi, der im lombardischen Cremona geboren wurde, ist daher hier begraben. Durch die Gitter gibt es nicht viel zu sehen. Ein einfacher rechteckiger Bodenstein trägt seinen Namen: „Claudio Monteverdi IX.V.MDLXVII – XXIX.XI.MDCXLIII." In einer Ecke liegt eine vertrocknete Rose und in einer anderen ein Blumenstrauß in rotem Papier, an dem eine Karte befestigt ist, die ich aus dieser Entfernung nicht lesen kann. Links neben dem Stein steht ein Notenständer mit einer offenen Partitur; die größten Buchstaben auf dem Titelblatt kann ich erkennen: „Sanctissimae Virgini missa senis vocibus ac vesperae ...", eine Ausgabe der Marienvesper. Obwohl ich weiß, dass das hier untersagt ist, kann ich es nicht lassen, den Gedenkstein durch das geschlossene Gitter zu fotografieren. Ein Tourist weist mich zurecht. *Ein* Gedanke stört mich ein wenig. Es ist nie mit Sicherheit bewiesen worden, dass Monteverdi hier wirklich begraben ist, manche bezweifeln es. Für einen Moment erscheint das Grinsen von David Bryant vor meinen Augen.

Direkt hinter der Frari-Kirche, etwas versteckt, liegt die Scuola Grande di San Rocco. Wie die Scuola di San Marco war auch diese Erzbruderschaft des Heiligen Rochus eine Vereinigung von Laien, die sich in Frömmigkeit zusammenschlossen und wohltätige Arbeit verrichteten. Im Laufe der Zeit entstanden daraus mächtige Bürgergruppen, die immer größere Versammlungsräume bauen und von den besten Künstlern ausgestalten ließen. Die Scuola Grande di San Rocco ist zweifellos die schönste der Stadt. Das Gebäude wurde 1560 fertiggestellt, danach begann Tintoretto mit der Ausmalung des Innenraumes. Bis 1588 schuf er zahlreiche Gemälde. Die Zyklen sind überwältigend. Im Erdgeschoss, im Treppenhaus und im großen oberen Saal sind Szenen aus dem Alten und Neuen Testament zu sehen, alle in Tintorettos farbenprächtigem dramatischen Stil. Diese Dramatik hatte er sich nicht nur von Malerkollegen wie Tizian abgeschaut. Tintoretto war auch ein begeisterter Amateurmusiker, er malte Bühnenbilder für Theater und Oper und entwarf Theaterkostüme. Das hat Spuren in seiner Malerei hinterlassen.

Die Bruderschaften gaben auch Theaterstücke und Musik in Auftrag. Sie mussten mit Musikern und Sängern einen Beitrag zu den jährlichen Staatsprozessionen leisten; aus diesem Grund hatten sie eigene Musiker verpflichtet. So war der Komponist Giovanni Gabrieli lange Zeit als Organist für San Rocco tätig. Auch Monteverdi selbst erhielt von der Bruderschaft diverse Aufträge, die in diesen Räumen unter seiner Leitung aufgeführt wurden. Bei diesen Gelegenheiten wird er zuweilen zweifellos den Sala dell'Albergo, einen kleineren Raum neben dem großen Saal im Obergeschoss, betreten haben. Dort hängt Tintorettos beeindruckendstes Gemälde, es gilt als sein Meisterwerk: *Die Kreuzigung*. In der Mitte überragt Christus am Kreuz, umgeben von einem Strahlenkranz, alle Umstehenden. Um ihn ein Meer von Menschen inmitten einer in verfremdeter Farbigkeit gehaltenen Landschaft. Alle sind in Aktion, Männer auf Pferden, Soldaten, die das Kreuz eines der beiden Missetäter neben Christus mit Seilen hochziehen. Einer anderer gräbt bereits ein Grab.

Am auffälligsten ist eine Gruppe von Menschen, die sich unter dem Kreuz Christi versammelt hat. Ungeachtet ihrer zarten Farbunterschiede – weißgrau, cremefarben, rötlich und gelb – scheinen sie *einen* Organismus zu bilden. Ein Dreieck trauernder Körper, mit einigen Aposteln, Maria Magdalena, Josef von Arimathäa – alle zugleich zurückhaltend und expressiv, sich gegenseitig tröstend und unterstützend. Am bewegendsten ist die sitzende Frau in der unteren Mitte, mit einem hellen Rock und einem dunklen, sanft glänzenden Oberteil. Ihr Kopf ist vom Betrachter, von mir, abgekehrt, das Licht fällt auf einen Teil ihres Halses und ihrer Wange. Liebevoll wird sie von einer anderen Frau umarmt. Auch Monteverdi hat dies gesehen. Sein Blick wird darauf geruht haben, doch dann wird es entlang einer Reihe von Gesichtern leicht nach oben gewandert sein, hin zu einer stehenden Frauenfigur in Anthrazitgrau, deren Kopf aufwärts gewandt ist. *Maria, stabat mater.*

Der berühmteste aller Kastraten: Farinelli, gemalt von Jacopo Amigoni, um 1735

Händels *Agrippina*.
Vituosität und Kastratengesang

Was wird sich Kardinal Vincenzo Grimani wohl dabei gedacht haben, als er 1708 den jungen deutschen Komponisten Georg Friedrich Händel bat, auf der Grundlage eines von ihm selbst verfassten Librettos eine Oper zu schreiben – für eines der Theater seiner Familie, das Teatro Grimani di San Giovanni Grisostomo? Grimani hatte als Politiker nicht weniger Bedeutung als in seiner Rolle als Prälat. Er war venezianischer Botschafter in Rom und eine Zeitlang Vizekönig von Neapel. In internationalen politischen Angelegenheiten erwies er sich als erbitterter Gegner von Papst Clemens XI.

An verschiedenen italienischen Höfen war er inoffizieller Berater für Musik und Oper. Grimani hatte Händel in Rom bei einem befreundeten Kardinal als vielversprechenden Musiker kennengelernt. Händel war dort wahrscheinlich von dem Komponisten Alessandro Scarlatti eingeführt worden, der in Florenz, Neapel und Rom wirkte – in Städten, in denen sich der junge Deutsche in die neuesten Entwicklungen der italienischen Musik und Oper hatte vertiefen können.

Es mag sein, dass Grimani wie so viele seiner Zeitgenossen mit dem künstlerischen Niveau der Oper in seiner Heimatstadt unzufrieden war. Von der Furore, für die seine Vorfahren mitverantwortlich gewesen waren, von den Meisterwerken Monteverdis und Cavallis, hatte er nur noch ein Echo vernehmen können. Er war 1652 geboren, zu einer Zeit, in der sich die venezianische Oper langsam zu verändern begann. Das humanistische musikdramatische Programm Monteverdis wurde von einem Opernspektakel abgelöst, in dessen Zentrum vokale und visuelle Effekthascherei stand. Francesco Cavalli hatte so lange wie möglich an diesem humanistischen Programm festzuhalten versucht, gab aber schließlich immer öfter den Forderungen von Starsängern nach, die lange virtuose Arien einforderten. Innerhalb von fünfzig Jahren war die Oper zu reiner Unterhaltung geworden. Grimani konnte das nicht verhindern, selbst in seinen eigenen Theatern nicht. Doch er konnte für eine rühmliche Ausnahme sorgen, und als Verfasser eines literarischen Librettos zudem seiner eigenen Eitelkeit schmeicheln.

Händel war sich über den Zustand der venezianischen Oper im Klaren. Ein britischer Zeitgenosse beschreibt sie als „fantastische Unterhaltung [...]. Die Texte sind im Allgemeinen so virtuos schlecht wie die Musik gut ist." Man klagte über das geringe Niveau der Libretti: „Die Geschichten sind oft von berühmten griechischen oder römischen Vorbildern abgeleitet, was gelegentlich zu völlig lächerlichen Ergebnissen führt; wer kann es schon ertragen, einen raubeinigen alten Römer mit der Stimme eines Eunuchen fiepen zu hören." Auch Goethe hatte keine hohe Meinung von der Oper in der Stadt. In seiner *Italienischen Reise* schreibt er: „Gestern abend Oper zu St. Moses [...]; nicht recht erfreulich! Es fehlt dem Poëm, der Musik, den Sängern eine innere Energie, welche allein eine solche Darstellung auf den höchsten Punkt treiben kann. Man konnte von keinem Teil sagen, er sei schlecht; aber nur die zwei Frauen ließen sich's angelegen sein, nicht sowohl gut zu agieren als sich zu produzieren und zu gefallen. Das ist denn immer etwas. Es sind zwei schöne Figuren, gute Stimmen, artige, muntere, gätliche Persönchen. Unter den Männern dagegen keine Spur von innerer Gewalt und Lust, dem Publikum etwas aufzuheften, so wie keine entschieden glänzende Stimme. Das Ballett von elender Erfindung, ward im ganzen ausgepfiffen, einige treffliche Springer und Springerinnen jedoch, welche letztere sich es zur Pflicht rechneten, die Zuschauer mit jedem schönen Teil ihres Körpers bekannt zu machen, wurden weidlich beklatscht."

Händel sollte in Venedig mit diesen „fiependen Eunuchen", den Kastratensängern, einen entscheidenden Schritt in seiner Karriere machen. Er komponierte hier sogar auf Grimanis Libretto eine Oper über ein römisches Thema mit einem solchen Eunuchen in der Hauptrolle. Das Werk würde sich als Durchbruch für sein musikalisch-theatralisches Genie erweisen. Für das Thema seiner Oper zog Vincenzo Grimani seine Vorfahren zurate. Er lieferte Händel eine Geschichte über Kaiser Claudius, Kaiserin Agrippina, ihren Sohn Nero und die Kurtisane Poppea.

Damit begab er sich auf für Händel vertrautes Terrain. 1705 hatte der junge Komponist in Hamburg seine zweite Oper *Nero oder Die durch Blut und Mord erlangte Liebe* nach einem Libretto von Friedrich Christian Feustking aufgeführt, deren Musik leider verloren gegangen ist. Der vollständige Titel lässt keinen Raum für Missverständnisse über das Wesen dieser Komposition und ihren Zusammenhang mit der italienischen Oper jener Zeit. Da in Hamburg damals ein Kompetenz- und Richtungsstreit im Gange war, sah sich sein Komponistenkollege Reinhard Keiser genötigt, eine Antwort auf Händels Werk zu finden, nämlich die Oper *Die römische Unruhe* oder *Die edelmütige Octavia*. Einer der Streitpunkte bezog sich auf die historische und dramaturgische Glaubwürdigkeit des Librettos, wobei Keiser davon ausging, Händels Vorbild in dieser Hinsicht übertrumpft zu haben. Der Einfluss von Monteverdis *Poppea* hatte sich anscheinend nördlich der Alpen gefestigt. Wenn auch indirekt, denn Monteverdis Oper war nach 1651 in Vergessenheit geraten und wurde erst im 19. Jahrhundert wiederentdeckt. Dennoch hatte er den Ton gesetzt, und dieser wurde von anderen Komponisten weitergegeben. Dass Händel bei seinem Aufenthalt in Venedig Keisers Antwort auf seine Oper nicht vergessen hatte, belegt die Tatsache, dass er eine Kopie der Partitur auf seine Reise nach Italien mitgenommen hatte. Die Melodie der Bassbariton-Arie „Col raggio placido della speranza" („Ein sanfter Schimmer der Hoffnung") des Pallas in *Agrippina* übernahm er unmittelbar aus Kaisers *Octavia*.

Grimanis Libretto geht den historischen Ereignissen von Monteverdis *Poppea* voraus. *L'incoronazione di Nerone* hätte ihr Titel lauten können, aber der Name der Oper wurde *Agrippina*. Sie ist die Mutter von Nerone und die Gemahlin des Kaisers Claudio, und sie tut alles in ihrer Macht Stehende, um Nerone, ihren Sohn aus ihrer früheren

Ehe auf den Thron zu bringen. Als möglichem Nachfolger gibt Claudio vorerst seinem Favoriten Ottone den Vorzug. Eine Figur, die die Dinge komplizierter macht, ist die schöne Poppea, die sowohl Claudio als auch Nerone und Ottone den Kopf verdreht. Obwohl Agrippina glaubt, jeden – auch Poppea – manipulieren zu können, wird ihr Ehrgeiz, Nerone auf den Thron zu bringen, dennoch bemerkt. Am Ende der Oper entscheidet Claudio, dass Ottone Kaiser werden kann und Nerone nur Poppea als Geliebte bekommt. Doch die beiden Männer tauschen Macht gegen Liebe, so dass Nerone Kaiser wird und Ottone Poppea heiratet. Agrippina hat sich trotz ihrer gescheiterten Intrigen durchgesetzt, wenn auch auf bizarre Weise.

In dieser schwarzen Komödie setzt Grimani denselben Zynismus in Szene, den Busenello zuvor schon in *Poppea* gezeigt hatte. „Vor dem Willen zur Macht beugt sich das Recht", sagt Agrippina. Diese Lebensweisheit vermittelt sie Nerone, der sich in einer Arie voller Krokodilstränen über die Armen im Römischen Reich beklagt. Agrippina erteilt Poppea Lektionen im zynischen Spiel der Macht – Lektionen, die diese sich zu Herzen nimmt. Wie auch in Monteverdis *Poppea* erringen die Unmoralischen am Ende die Macht, doch hier sind nur die etwas weniger Unmoralischen der Liebe wert, was den Ausgang des Ganzen etwas weniger bitter erscheinen lässt als bei Monteverdi. Auch hier wurde als bekannt vorausgesetzt, wie die Geschichte ausgeht. Jeder wusste, dass Nero seine Mutter genauso rücksichtslos aus dem Weg räumen würde wie später Seneca, Octavia und Poppea. Diese implizite Botschaft diente als magerer Ausgleich für die fehlende Moral.

Trotz der Parallelen sind wesentliche Unterschiede zwischen Monteverdi und Händel festzustellen. Grimani fehlt die Subtilität von Busenello, der seinen Charakteren eine stärkere psychologische Vielschichtigkeit verleiht. Grimani verfolgte, ebenso wie Monteverdi und Busenello, mit seinem Text eine verborgene Agenda. Die Feindseligkeit zwischen Venedig und Rom war zu seiner Zeit kaum geringer als ein Jahrhundert zuvor. Er persifliert seinen großen Gegenspieler, Papst Clemens XI., in der Rolle des inkompetenten und sexgierigen Kaisers Claudius.

Um seine Tributpflichtigkeit gegenüber Busenello und Monteverdi zu demonstrieren, schreibt Grimani eine Parallelszene. Einer der schönsten Momente in *Poppea* ist die Schlafszene, in der Poppeas Amme wegen der Schwüle des Abends ihr ein Bett im Garten bereitet. Nachdem die Amme ein anrührendes Schlaflied gesungen hat, fällt die zukünftige Kaiserin unterm Sternenhimmel in den Schlaf. In derselben Nacht will der verletzte Ottone einen Anschlag auf Poppeas Leben verüben. Als er mit dem Schwert in der Hand das bildschöne Gesicht seiner schlafenden ehemaligen Geliebten betrachtet, fällt es ihm überaus schwer, sie zu töten. Dennoch will er zuschlagen, doch der Liebesgott Amor hält ihn im letzten Moment davon ab.

Etwas Ähnliches spielt sich in *Agrippina* ab. Agrippina hat versucht, Poppea davon zu überzeugen, dass Ottone ihr tatsächlich untreu ist und sie um des Thrones willen verstoßen hat. Poppea ist geneigt, dies zu glauben. Wenig später befindet sie sich in einem Garten, und als sie hört, wie sich Ottone nähert, gibt sie vor zu schlafen, um ihn belauschen zu können. Ottone ist krank vor Kummer, weil Poppea ihn der Untreue bezichtigt. Er sieht sie dort liegen: „Ihr schlummert, ihr geliebten Augen, und Frieden geniesst das Herz." Da tut Poppea so, als würde sie erwachen. Als sie weggehen will, bietet Ottone ihr sein Schwert an: Wenn er schuldig sei, dürfe sie ihn töten. So gelingt es ihm, sie von seiner Unschuld zu überzeugen. Selbst im Wortgebrauch nähert sich Grimani hier seinem Vorbild an: „Oh luci care" („Oh geliebte Sterne") lässt er Ottone sagen, als er Poppeas geschlossene Augen sieht. Busenello verwendet in dieser Szene den Ausdruck „care pupille" („geliebte Augen"). Es ist eine kleine Hommage an einen bewunderten Vorgänger.

Händel schrieb mit *Agrippina* ein Meisterwerk, obwohl er die Oper in drei Wochen komponierte und mehr als drei Viertel der Musik aus Zitaten besteht, die seinem eigenen oder anderen Werken entnommen sind – eine ökonomische Technik, die er sein ganzes Leben lang beibehielt. Gleichwohl war seine Musik revolutionär und löste 1709 in Venedig einen Schock aus. So deutet beispielsweise der zweite Teil der

Ouvertüre, ein wirbelndes Allegro mit Sechzehntelnoten, nur in *eine* Richtung: in die seines etwas älteren venezianischen Mitbürgers Antonio Vivaldi. Es gibt keine Belege für eine Begegnung zwischen den beiden Komponisten, aber es scheint sehr unwahrscheinlich, dass sie die Musik des jeweils anderen nicht gehört haben sollten. Vivaldi wird die Entwicklungen in konkurrierenden Opernhäusern, wie denen der Grimanis, aufmerksam verfolgt haben. Und auch Händel nahm am öffentlichen Leben der Stadt teil. Domenico Scarlatti, Alessandros Sohn, hörte während des Karnevals im Jahr 1709 einen maskierten Mann auf so hohem Niveau Cembalo spielen, dass er ausrief: „Das ist der Sachse oder der Teufel selbst …" Obwohl sich Vivaldi in etwas niedrigeren gesellschaftlichen Kreisen als Händel bewegte, könnten sie sich begegnet sein. Leider gibt es dazu keine Quellen.

Poppeas Schlussarie des ersten Aktes – „Se giunge un dispetto" („Wenn Verachtung das Herz kränkt") – klingt so, als vermute sie, dass Ottone ihre Liebe gegen die Kaiserherrschaft eintauschen werde. In wilden Koloraturen drückt dieser Sopran ihren Zorn und ihre Geringschätzung aus. Händel verwendet hier eine virtuose vokale Schreibweise, die der neapolitanischen Oper zu entstammen scheint. Noch innovativer für die venezianische Oper war die Verwendung des begleiteten Rezitativs. Eine Oper bestand hauptsächlich aus einem Wechsel von *secco*, also trockenen, von Cembalo und Basso continuo begleiteten Rezitativen einerseits und den Arien andererseits. Alessandro Scarlatti entwickelte als Erster das begleitete Rezitativ, bei dem die Rezitativstimme vom ganzen Orchester begleitet wird. Offenbar suchten sie in der Retrospektive erneut nach der Ausdruckskraft des ehemaligen *recitar cantando* von Monteverdi und den Seinen. Scarlatti gab der Begleitung damit eine größere und expressivere Rolle und steigerte so die emotionale und dramatische Ausdruckskraft. Weil man dabei nicht an ein streng melodisches Metrum und einen bestimmten Rhythmus gebunden war, konnte ein solch begleitetes Rezitativ gelegentlich expressiver sein als die nachfolgende Arie. Scarlatti gehörte übrigens ebenfalls zu den Komponisten, die von Händel für seine eigenen Werke geplündert wurden.

In *Agrippina* verwendet Händel diese neue Technik in einer Szene von Ottone, in der dieser sich über den Verlust sowohl des Thrones als auch seiner Poppea beklagt. Das Rezitativ beginnt mit den Worten „Otton, qual portentoso fulmine è questo?" („Ottone, welch ungeheuerlicher Schlag ist dies?") Voller Selbstvorwürfe und Selbstmitleid beschreibt er seinen beklagenswerten Zustand. Wilde chromatische und fast dissonante Streicherfiguren drücken seine Verzweiflung aus und wechseln sich mit verhalten-rhythmischen, ostinaten Passagen ab, die Zweifel widerspiegeln. Erst dann folgt die Arie: „Voi che udite il mio lamento ..." („Ihr, die ihr meine Klage vernehmt ...") Die zur Ruhe gekommenen Streicher erhalten nun eine obligate Begleitung von einer Oboe, die mit ihren langgestreckten Kantilenen ein Echo zur Singstimme bildet.

Obwohl Ottone ein bedeutender männlicher Charakter ist, wurde er bei der Uraufführung nicht von einem Kastraten, sondern von einer weiblichen Altistin in einer Hosenrolle gesungen. In der Besetzung von Rollen herrschte große Flexibilität. Für die Rolle des Ottone konnte man zwischen einem Kastraten, einem weiblichen Alt oder einem männlichen Sänger wählen, der mit Kopf- oder Falsettstimme singt – eine Technik, die der eines heutigen Countertenors nahekommt. Das Phänomen der Kastraten, denen man in der Pubertätszeit die Hoden entfernte, weil man vermutete, dass ihre schönen, ungebrochenen Knabenstimmen auf diese Weise erhalten blieben, hat seinen Ursprung in Rom. Da dort Frauen keine religiöse Musik singen durften, mussten die hohen Partien auf andere Weise besetzt werden. Das Experiment mit den Kastraten war künstlerisch so erfolgreich, dass der Stimmtyp außerhalb der Kirche auch in der Oper eingeführt wurde. Bald waren die virtuosen Stimmen mit ihrer ambivalenten Identität überall gefragt. Kastraten strichen die höchsten Gagen ein und waren Publikumsmagneten. Die sexuelle Ambiguität von Stimmtypus und Geschlecht verstärkte das sinnliche Innuendo der Barockoper. Ein Kastrat klingt weiblich und steht somit in einer mehrdeutigen Beziehung zur weiblichen Sopranistin. Eine Altistin, die eine männliche Rolle singt, steht in einer ähnlichen Beziehung zu einer weiblichen Partnerin.

Die beiden wichtigen Kastratenrollen in *Agrippina* waren Nerone und Narciso, ein Edelmann am kaiserlichen Hof. Ein stimmlicher Höhepunkt für die Titelrolle der Agrippina, einer lyrischen Koloratursopranistin, ist ihr eigenes Klagelied „Pensieri, voi mi tormentate ..." („Gedanken, ihr quält mich ..."). Auch hier findet sich die Oboenbegleitung, die ihren langgezogenen Tönen Farbe verleiht. Die Gewissensqualen werden in endlos erscheinenden Melismen gesungen. Diese Arie ist emotional so ausgesponnen und fragmentarisch aufgebaut, dass der Unterschied zwischen begleitetem Rezitativ und Arie verschwunden zu sein scheint.

Das Werk war ein enormer Publikumserfolg; es wurde siebenundzwanzigmal aufgeführt: ein Rekord. Bei der Premiere im Teatro San Giovanni Grisostomo rief das Publikum nach jeder Arie: „Viva il caro Sassone!" („Es lebe der geliebte Sachse!") Ein Zeitgenosse merkte an, dass der Komponist auch als Person geschätzt wurde: „Händel schien so beeindruckend und majestätisch wie Apollon zu sein, und die Damen waren keineswegs geneigt, sich so grausam und abweisend zu verhalten wie Daphne." Das Publikum „war von der Grandezza und dem Glanz seines Stils wie vom Blitz getroffen: Denn bis dahin hatten sie noch nie erlebt, dass alle Kräfte der Harmonie und der Modulation so stark gebündelt und so überzeugend kombiniert worden waren." Die musikalische Qualität wurde vollauf gewürdigt; Vincenzo Grimanis Mission, das Niveau der Oper zu heben, schien erfolgreich gewesen zu sein. Er selbst konnte diesen Erfolg nicht lange genießen, er starb ein Jahr nach den Aufführungen im Alter von siebenundfünfzig Jahren.

Gleichsam in letzter Sekunde hatte er zusammen mit dem jungen Händel der Oper des 18. Jahrhunderts eine Richtung gegeben, die so nur in Venedig entstehen konnte. Sie zeichnete sich durch eine gewisse Ironie gegenüber der Macht aus: der katholischen Kirche im Gewand des Römischen Reiches. Und sie reagierte mit Zynismus auf die opportunistischen Politiker. Doch die intensive Verstrickung dieser Machenschaften mit Liebe und körperlicher Lust konnte nur in Venedig so unverhüllt auf die Bühne gebracht werden. Die Oper zeigte moralisch verwerfliche Verhaltensweisen, gleichzeitig konnte jedoch das Publikum diese pragmatischen Entscheidungen genießen, die innerhalb des Geflechts aus Ambitionen und Sex ohne moralische Skrupel getroffen wurden. Händel konnte dieses sexuell aufgeladene Musiktheater später in das puritanische England importieren.

IL TEATRO ALLA MODA

O SIA

METODO sicuro, e facile per ben comporre, & esequire l'OPERE Italiane in Musica all'uso moderno,

BENEDETTO Nel quale **MARCELLO q. Agost**

Si danno Avvertimenti utili, e necessarij a Poeti, Compositori di Musica, Musici dell'uno, e dell'altro sesso, Impresarj, Suonatori, Ingegneri, e Pittori di Scene, Parti buffe, Sarti, Paggi, Comparse, Suggeritori, Copisti, Protettori, e MADRI di Virtuose, & altre Persone appartenenti al Teatro.

DEDICATO

DALL'AUTTORE DEL LIBRO AL COMPOSITORE DI ESSO.

Stampato ne BORGHI di BELISANIA per ALDIVIVA LICANTE, all'Insegna dell'ORSO in PEATA. Si vende nella STRADA del CORALLO alla PORTA del PALAZZO d'ORLANDO.

E si ristamperà ogn'anno con nuova aggiunta.

Benedetto Marcello, Il teatro alla moda (Titelseite), 1720. Der Geige spielende Musikant mit Engelsflügeln auf dem Ruder soll Vivaldi darstellen.

Frivoles Genie und fleißiger Arbeiter.
Vivaldi versus Marcello

Der einunddreißigjährige Antonio Vivaldi war zu der Zeit, als Händels *Agrippina* aufgeführt wurde, bereits einige Jahre als Musiklehrer tätig. Der talentierte Musiker und Komponist genoss einen gewissen Bekanntheitsgrad und hatte wahrscheinlich schon einige Opern komponiert. Die ersten Titel sind verloren gegangen. Im Jahr 1713, vier Jahre nach *Agrippina*, vollendete er *Ottone in villa*, seine erste erhaltene Oper. In ihr begegnen wir wieder demselben Ottone wie in den Opern Monteverdis und Händels. Das Werk basiert höchstwahrscheinlich auf einer anderen älteren Oper des Librettisten Francesco Maria Piccioli und des Komponisten Carlo Pallavicino mit dem Titel *Messalina* aus dem Jahr 1679, in der ebenfalls ein Kaiser Claudius auftrat.

1715 komponierte Vivaldi dann das Pasticcio *Nerone fatto cesare*, in der sowohl Nero als auch Seneca und Agrippina auftreten. Einige Zeitgenossen erwähnten dieses Werk unter dem Titel *Agrippina*. Vivaldi folgte einer Operntradition, die sich die dekadenteste Phase der römischen Geschichte zum Thema nahm. Die Stadt hatte offenbar nach wie vor eine Obsession für den moralischen Niedergang des päpstlichen Roms – ihres politischen und spirituellen Widersachers – und machte sich gewiss auch über ihre eigene schleichende Dekadenz Gedanken.

Obwohl man von einer Begegnung zwischen Händel und Vivaldi nicht sicher weiß, haben die beiden Komponisten *eines* gemeinsam: Sie erschufen ihr jeweils eigenes glaubwürdiges und dramaturgisch fundiertes Musiktheater, oft unabhängig von den Vorstellungen ihrer Auftraggeber. Diese waren in Venedig eher an vollen Sälen und damit an Auftrittsmöglichkeiten für virtuose Kastraten und Soprane interessiert. Händel und Vivaldis Opern ist es gelungen, sich unter diesen Bedingungen eine Spielfreude, Freiheit und Kreativität zu bewahren, die ihren Zeitgenossen oft fehlte. Für Vivaldi bedeutete dies eine bewusste Positionierung in Bezug auf die bestehenden Traditionen der Stadt. Obwohl Monteverdis und Cavallis Programm des rezitativisch fundierten Musikdramas im Laufe des 17. Jahrhunderts durch dürftige Libretti, lange Arien und ein üppiges gesangliches Feuerwerk ersetzt worden war, schien Vivaldi dennoch an der Bedeutung des Dramas festzuhalten, und seine musikalische Virtuosität hatte fast immer eine psychologische Funktion.

Händels und Vivaldis Eigensinn kommt auch in einem anderen Bereich zum Ausdruck. Im 17. Jahrhundert, als die italienische Oper ganz Europa erobert hatte, traten aus demselben Europa auch Gegenkräfte auf den Plan. Corneilles und Racines französisches klassizistisches Drama galt nun als Vorbild für die darstellenden Künste – und ebenso für die französische und italienische Oper. Einflussreiche Librettisten wie der Venezianer Apostolo Zeno und nach ihm der Römer Pietro Metastasio strebten nach der aristotelischen Einheit von Ort, Zeit und Handlung sowie nach einen nüchternen Sprachgebrauch in der Oper. Die barocke Vielgestaltigkeit sollte verbannt werden. Das Vermischen von komischen und seriösen Figuren wurde als unpassend empfunden. Doch gerade diese Konfrontation von niederen und hohen Charakteren hatte der venezianischen Oper des 17. Jahrhunderts so viel Charme verliehen. Ihre Trennung sollte zur Unterscheidung zwischen *opera seria* und *opera buffa* führen. Als erstrebenswert sah man vor allem die *opera seria* – die ernste Oper –, die aber innerhalb kürzester Zeit in ihren formellen Anforderungen erstarren sollte. In ihr war nämlich alles festgelegt: die Einteilung der Akte, die Zahl der Arien pro Figur, die erforderlichen Emotionen, die in den Arien anklingen sollten: Liebe, Kummer, Rachegelüste, Wut usw. Am folgeträchtigsten wirkte sich die strikte Trennung zwischen dem einfachen Rezitativ und der Arie aus. Alles, wofür Monteverdi jemals gestanden hatte – die farbenfrohe und dramatische Vermischung von singendem Rezitieren, begleitetem Rezitativ, Arioso und den reinen Gesangspartien –, war verlorengegangen.

Vivaldi und Händel nahmen diese Entwicklung wahr, griffen Elemente heraus, die ihnen zusagten, weigerten sich aber, ihren facettenreichen und spielerischen Stil aufzugeben. In England, wo es keine große Operntradition gab, hatte Händel freie Hand. Vivaldi, der sich inmitten all der neuen Entwicklungen befand, wurde aufgrund seines Festhaltens am dramatisch fundierten Rezitativ schon bald als altmodisch empfunden. Doch er versuchte immer wieder aufs Neue zu retten, was noch zu retten war.

Im Jahre 1722 erschien in Venedig ein anonymes Pamphlet mit dem Titel Il teatro alla moda (*Das neumodische Theater*), bei dem es sich laut Titelblatt um ein Handbuch für das Tun und Treiben in einem Opernhaus handelte, mit nützlichen Tipps für die Primadonna, die Mutter der Primadonna, den Intendanten, den Komponisten, den Requisiteur und selbst den Kantinenchef und den lebenden Bären, der auf die Bühne geführt wird. Über die Mütter der Primadonnen ist zu lesen: „Wenn die eine oder andere Sängerin mehr Applaus erntet als ihre eigene Tochter, greift sie diese und ihre Mutter in der Garderobe an und schimpft: ‚Nehmen Sie sich bloß in Acht, Frau Giuliana. Nur weil Ihre Tochter so viel Beifall bekommen hat, brauchen Sie sich noch längst nichts einzubilden! Jeder weiß doch, was dahintersteckt: Meine Tochter besitzt nun mal keine Dukaten oder silberne Schnupftabakdosen, die sie dem Dirigenten und dem Librettisten hätte zuschanzen können. Deshalb hat sie eine so fürchterliche Partie bekommen. Wenn sie die beiden zum Essen eingeladen hätte oder beiden eine Uhr oder ein selbstbesticktes Halsband mit passenden Manschetten geschenkt hätte, würde auch sie nun besser dastehen!"

Der entwürdigende Streit zwischen den beiden Damen erstreckt sich noch über viele Absätze. Die Passage über den Librettisten eröffnet der anonyme Verfasser mit der folgenden Mitteilung: „Zunächst einmal darf der moderne Librettist die antiken lateinischen und griechischen Autoren ausdrücklich weder gelesen haben noch in Zukunft jemals lesen, da die alten Griechen und Römer sich selbst auch nie für die Moderne interessiert haben." Amüsant ist die Interpretation der aristotelischen Einheit von Ort, Zeit und Handlung: „Ort: in irgendeinem Theater, Zeit: von zwei Uhr nachts bis sechs Uhr morgens, Handlung: der Untergang des Intendanten."

Der Autor dieser Satire wurde schnell bekannt; es stellte sich heraus, dass es sich um den Komponisten Benedetto Marcello handelte. *Il teatro alla moda*, dessen Manuskript sich in der Biblioteca Marciana befindet, ist ein Persiflage auf den Opernbetrieb in seiner Stadt. Laut Marcello und einigen seiner Zeitgenossen war das gute Theater wegen der volkstümlichen *commedia dell'arte* und der verwerflichen venezianischen Oper im Niedergang begriffen. Letztere war ihrer Auffassung nach „eine skandalöse Dienerin einer noch skandalöseren Musik". Die Oper war amoralisch, künstlerisch nicht vollwertig, ihr mangelte es an Nationalbewusstsein und sie war in Bezug auf die Musik völlig irrational. Sie war ein Monster, das aus hundert Ungereimtheiten bestand.

Ungeachtet seiner heftigen Worte hatte Marcello weitgehend recht. Qualitativ hatte sich die venezianische Oper im Laufe des 17. Jahrhunderts nicht verbessert. Die Sängerinnen und Sänger rückten immer stärker in den Vordergrund, und man machte zunehmend von überwältigenden Effekten, farbenfrohen Kostümen und Bühnenbildern sowie allem möglichen Bühnenzauber Gebrauch. Hinzu kam das ungebührliche Verhalten von Künstlern und Publikum. Die gelangweilten Adels- und Patrizierfamilien in ihren Logen warfen mit Orangenschalen auf die Besucher im Parkett. Daneben beschäftigten sie sich hauptsächlich mit Schnupftabak, Wein und Kartenspiel, um lediglich bei den Koloraturen eines berühmten Kastraten oder einer Sopranistin einen Blick auf die Bühne zu werfen. Was allerdings nur möglich war, wenn die Vorhänge einer Loge geöffnet blieben. Wegen amouröser Affären hielt man sie des Öfteren aber geschlossen.

Auch die Künstler verhielten sich nicht immer professionell. Komponisten und Librettisten lieferten Fließbandarbeit, Intendanten wollten mit möglichst geringen Kosten möglichst viel Geld verdienen,

Solisten und Musiker waren oft mittelmäßig. Bereits im 17. Jahrhundert existierte die *aria di baulo*, die „Koffer-Arie". Dies waren Lieblingsarien von Sängern, die in jeder beliebigen Oper gesungen werden konnten. Im gleichen Koffer befand sich übrigens auch das Kostüm, das nach Ansicht des Solisten oder der Solistin am besten zu ihm oder ihr passte und bei jeder beliebigen Aufführung getragen wurde.

Benedetto Marcello spottete genüsslich über diesen künstlerischen Niedergang, doch seine Motive waren etwas undurchsichtig. Er war Rechtsanwalt und stammte aus einer wohlhabenden Patrizierfamilie. Gemeinsam mit seinem Bruder Allessandro, der nicht nur Komponist, sondern auch Dichter, Mathematiker und Philosoph war, wohnte er in dem prachtvollen Palazzo Marcello am Canal Grande, neben dem Palazzo Vendramin-Calergi. Benedetto war Mitglied der venezianischen Regierung und zeitweilig Gouverneur der Republik. Angesichts seiner Herkunft musste er mit seiner Kunst kein Geld verdienen. Kein *nobile dilettante* (*vornehmer Amateur*) sein zu wollen, sondern mit dem Komponieren Geld verdienen zu wollen, wurde von den Menschen seines Standes als minderwertig erachtet. Da er dennoch vom Theater fasziniert war und es verbessern wollte, nahm er seine Zuflucht zu den „verborgenen" Opern, den sogenannten *serenatas*: Vokalwerke, die auf den Libretti seriöser Dichter wie Vincenzo Cassani oder Antonio Conti basierten, mit Titeln wie *Calisto in orsa* und *Arianna abandonnata*. Bekannt wurde er für seine ernste Musik: religiöse Kompositionen, Kantaten und Instrumentalwerke.

Da öffentliche Auftritte in höheren Kreisen nicht die gängige Praxis waren, fanden die meisten Konzerte in kleineren Gesellschaften in den Palazzi statt. Der niederländische Komponist, Musiker und Sänger Jan Alensoon reiste im 18. Jahrhundert durch Italien, um musikalische Erfahrungen zu sammeln und Noten zusammenzutragen. In der Zeit vom 8. Februar bis zum 8. März 1724 besuchte er Venedig und war oft Gast in Musiksalons und Opernhäusern. Regelmäßig kam er in den Palazzo Marcello, um Benedetto zu treffen, Musik zu hören oder selbst zu musizieren: „Dieser Herr ist ein venezianischer Edelmann und sehr renommierter Musikkomponist." Alensoon begegnete dort zahlreichen Musikern und Sängern, aber er sang auch seine eigene Musik, wobei ihn Marcello am Cembalo begleitete. Er beeindruckte den Italiener mit seiner großen, drei Oktaven umfassenden Tessitur: „Herr Benedetto Marcello begleitete mich auf dem Cembalo. Er war sehr überrascht, mich so mit der Stimme springen zu hören." Über Vivaldi findet sich in diesem Reisetagebuch keine Bemerkung. Und das, obwohl Alensoon die Opern von Porta, Giacomelli und Albinoni im schicken Grimani-Theater San Giovanni Grisostomo und im Teatro San Moisè gesehen hatte, das von der Familie Giustiniani gegründet worden war und in dem Vivaldi schon eine Weile zuvor Fuß gefasst hatte.

Von wunderbarer Reinheit sind Marcellos Psalmenvertonungen, die unter dem Titel *Estro poetico-armonico* zusammengestellt wurden und entfernt an die frühbarocke Schlichtheit von Monteverdis Madrigalen erinnern. Vier Stimmen – Sopran, Alt, Tenor, Bass – und ein Basso continuo mit Cello, Orgel, Cembalo und Laute winden musikalische Linien um die poetischen Psalmentexte, die von dem Patrizier und Venezianer Girolamo Giustiniani frei ins Italienische übersetzt wurden. Psalm 11, David flieht vor Saul: „Bei Gott finde ich Zuflucht. Wie könnt ihr dann zu mir sagen: Flieht in eure Berge wie Vögel? Denn siehe, die Gottlosen spannen den Bogen, sie legen ihren Pfeil auf die Sehne, um die Menschen redlichen Herzens im Dunkeln zu treffen. Wenn die Fundamente zerstört sind, was kann der Gerechte dann tun?" Bei jeder Wendung des Satzes verändern sich Melodie, Rhythmus und Harmonie, so dass alle Aspekte der Bedeutung des Textes glasklar und nachvollziehbar werden.

Marcellos künstlerisches Credo der Einfachheit und Kontemplation ist deutlich, aber wer *Il teatro alla moda* sorgfältig liest, dem fällt auf, dass einige Passagen manchen seiner Mitbürger auf den Leib geschrieben sind. Besonders einen Venezianer hatte er im Visier: Antonio Vivaldi. In diesen Jahren war Vivaldi am Teatro Sant'Angelo, wo seine Opern aufgeführt wurden, als musikalischer Leiter tätig. Damit verband sich bereits ein Standesunterschied zu Marcello. Das Sant'Angelo war ein einfaches Theater, in dem Aufführungen mit eher volkstümlichem Charakter und geringen Mitteln realisiert wurden, im Gegensatz zu den berühmten Theatern der Grimanis und der Marcellos selbst. Eine zusätzliche Komplikation bestand darin, dass die Marcellos, die das Sant'Angelo im 17. Jahrhundert bauen ließen, es aber irgendwann verloren hatten, auf juristischem Wege wieder in seinen Besitz kommen wollten, was ihnen nicht gelang.

Ein Stich ziert die Titelseite von *Il teatro alla moda*. Er zeigt ein kleines Boot, auf dessen Heck ein Mann mit Flügeln Geige spielt. Gemeint ist Vivaldi. Die anderen Gestalten in dem Boot sollen wohl auf die Eigentümer des Theaters verweisen. Das Büchlein wäre, wenn man dem Titelblatt glauben dürfte, bei „Aldiviva Licante" gedruckt worden, einem offensichtlichen Anagramm auf Vivaldis Namen. Außerdem sei es im Palazzo Orlando in der Strada del Corallo käuflich zu erwerben. Vivaldi hatte 1714 sowohl *Orlando finto pazzo* als auch eine erste Fassung von *Orlando furioso* für das Sant'Angelo komponiert.

Dass das Werk gegen Vivaldi gerichtet war, wird in der Satire selbst an mehreren Stellen ersichtlich. In den Instruktionen für Komponisten schrieb Marcello Folgendes: „Wenn [der Komponist] selbst Cembalist ist, muss er die spezifischen Eigenschaften der verschiedenen Streich- und Blasinstrumente gleichermaßen außer Acht lassen. Spielt der Komponist jedoch ein Streichinstrument, muss er sich selbst weismachen, dass er auch ohne Cembalo-Erfahrung sehr gut auf eine moderne Weise komponieren kann und keine weiteren Anstrengungen unternehmen muss, um sich Kenntnisse über dieses Instrument anzueignen."

Es folgen weitere indirekte Vorwürfe gegen den Geigenvirtuosen Vivaldi, der mit seinen vielen Sechzehntel- und Zweiunddreißigstelnoten nur „Aufsehen erregen will statt Wohlklang zu erzeugen". Marcello schreibt über Vivaldis Gesangsstil: „Sollte der moderne Komponist die eine oder andere Sängerin für seine Oper instruieren wollen, so sorge er mit unzähligen Verzierungen und Koloraturen dafür, sie eine undeutliche Diktion zu lehren, damit gewährleistet sei, dass kein einziges Wort mehr zu verstehen ist. So kommt die Musik zur Entfaltung und ihre Schönheit wird besser erfasst."

Was hatte Marcello gegen Vivaldi? So ziemlich alles. Vivaldi stammte aus einer mittellosen Familie, arbeitete nie für San Marco, war Geigenlehrer an einem Mädcheninstitut, musste äußerst hart für seinen Lebensunterhalt arbeiten und schrieb zu viele Opern für zu einfache Theater. Daneben spielte natürlich auch schlichtweg beruflicher Neid eine Rolle. Bereits um 1720 war Vivaldi mit seiner Musik sehr erfolgreich, die er als kluger Geschäftsmann auch selbst verkaufte – unter anderem an ausländische Liebhaber zu einem stark überhöhten Preis. Er erhielt nicht nur Aufträge für Opern in Venedig, sondern auch im übrigen Italien. Er entwickelte sich zu einem international anerkannten Komponisten, seine Musik wurde unter anderem in Amsterdam veröffentlicht – etwa 1725 die erfolgreichen *Vier Jahreszeiten*. Marcello, der einen harmonischen und melodischen Reichtum anstrebte, befand die rhythmisch eingängigen Melodien Vivaldis als zu schlicht und zu einfach.

In der Geschichte der venezianischen Musik sind Marcello und Vivaldi bis heute zwei Gegenpole geblieben. Es ist bezeichnend, dass das Konservatorium der Stadt nach Marcello und nicht nach ihrem berühmtesten musikalischen Sohn benannt ist. Seit der Wiederentdeckung von Vivaldis Instrumentalmusik zu Beginn des 20. Jahrhunderts ist Marcellos Ruhm eines sanften Todes gestorben. Die Wiederentdeckung von Vivaldis Opern im letzten Viertel des vergangenen Jahrhunderts scheint Marcello, der einst als „Michelangelo der Musik" bezeichnet wurde, schließlich den Todesstoß versetzt zu haben. Es verhielt sich ähnlich wie mit Salieri und Mozart: Der fleißige Arbeiter zog gegenüber dem vermeintlich frivolen Genie den Kürzeren.

Taufbecken von Antonio Vivaldi in der Kirche San Giovanni Battista in Bragora

Vivaldi, die Musik und die Schutzlosen.
Das *ospedale della pietà*

Von der Piazzetta gehe ich die Riva degli Schiavoni hinauf, am breiten Kai des Bacino San Marco entlang, um dann links in eine Gasse zur San Giovanni Battista in Bragora abzubiegen, einer einfachen Kirche auf einem abgelegenen Platz. Was sofort ins Auge springt, ist das Altargemälde im Chor mit seinen stimmungsvollen Farben, seinem blauen Himmel voller geflügelter Engelsköpfe und seiner Darstellung von Christus, der von Johannes getauft wird. Auf dieser Tafel aus dem Jahr 1494 zeigt Cima da Conegliano eine schöne Verschmelzung eines byzantinischen Motivs, einer flämischen Komposition und einer venezianischen Farbpalette. Christus steht im Jordan, rechts hält Johannes in einem Mantel aus Kamelhaar einen Becher mit Taufwasser über seinen Kopf und auf der anderen Seite stehen drei Engel am Ufer, die Jesu trockene Kleider bereithalten. Faszinierend ist der Wasserstand im Jordan, knapp über den Knöcheln Christi. Die Linie der Wasseroberfläche zieht sich wie eine Horizontale durch das Gemälde, als hätte man in den Fluss vertikal eine Glasplatte gestellt, durch die man hindurchsehen kann. In dieser Kirche wurde am 6. Mai 1678 Antonio Vivaldi getauft, er war als Mitglied dieser Gemeinde geboren worden. In der Nähe des Taufbeckens vorne links liegen Blumen, die eine aus Frankreich gebürtige Venezianerin hier täglich vorbeibringt. Ich frage den alten Küster, wann sie kommt. Er zuckt mit den Schultern. Hat es Sinn zu warten? Er gibt eine ausweichende Antwort. Zum Trost zeigt er mir das originale Taufbecken und den Taufschein: „Antonio Lucio, Sohn des Giovanni Battista, Musiker, Sohn des verstorbenen Agostino Vivaldi, und seiner Gattin Camilla, Tochter des verstorbenen Camillo Calicchio, geboren am 4. März dieses Jahres, an welchem er wegen bestehender Todesgefahr von der Gevatterin Hebamme Margarita Veronese zu Hause das Taufwasser erhielt, wurde heute in diese Kirche gebracht; ich der Pfarrer Giacomo Fornacieri nahm die heiligen Exorcismen und die Salbung vor."

Vivaldi war bei der Geburt so krank und schwach, dass man befürchtete, er würde schnell sterben, daher führte die Hebamme sogar eine Nottaufe durch. Dieser Vorfall wird immer als Omen für Vivaldis schlechten Gesundheitszustand angesehen. Er litt offenbar an Asthma, was es ihm nach seiner Priesterweihe unmöglich machte, die Messe zu lesen – ein Umstand, der für seine musikalischen Ambitionen wohl förderlich war. Der größte Teil von Vivaldis Leben spielte sich im Umkreis dieser Taufkirche ab. Hier verlebte er seine Kindheit und hier erhielt er seinen ersten Musikunterricht von seinem Vater, einem Geiger im Orchester der nur einen Steinwurf entfernten Basilica di San Marco.

Von San Giovanni Battista aus gehe ich in wenigen Schritten zurück zur Riva degli Schiavoni mit der auffälligen Fassade der Chiesa della Pietà. In dieser Kirche und dem zugehörigen Institut war Vivaldi von 1703 bis fast zum Ende seines Lebens mit einigen Unterbrechungen als Komponist, Musiker und Musiklehrer tätig. Hier fanden im 18. Jahrhundert die Konzerte der Mädchen statt, die unter seiner Obhut spielten und sangen. Diplomaten, Aristokraten, Schriftsteller und Künstler, die Venedig besuchten, versuchten einem Konzert dieser *Putten* oder „Engel" beizuwohnen, vor allem weil sie sich dank der intensiven Ausbildung durch Musiker und Komponisten zu den besten Musikensembles Europas entwickelt hatten.

In der Eingangshalle sehe ich die ersten einfachen Anzeichen für ein Vivaldi-Marketing. Eine Dame hinter einem Tisch sitzt neben einem Schild mit dem vollständigen Namen ihres Auftraggebers: „Istituto provinciale per l'infanzia ‚Santa Maria della Pietà' Chiesa di Santa Maria della Visitazione (vulgo della Pietà)." Kurzum, die Pietà, wie die Kirche im Volksmund genannt wird, ist immer noch eine Institution, die sich um die Jugend kümmert. Auf dem Tisch der Dame liegen Postkarten mit einer Abbildung des Innenraums der Kirche und eines Porträts von Vivaldi. Ein anonymer Maler hat es irgendwann im 18. Jahrhundert gemalt, man vermutet, dass es sich um Vivaldi handelt. Das Original hängt heute in Bologna.

Auf der Leinwand ist ein ziemlich neutral schauender junger Mann mit einer grauen Perücke zu sehen, in seiner linken Hand hält er eine Geige. Vor ihm liegen Notenblätter, in seiner rechten Hand hält er einen Federkiel – alles deutet auf einen Komponisten hin. Die Neutralität des Blickes könnte auf das begrenzte Talent des Malers hindeuten, aber auch der idealisierenden Sicht auf den Dargestellten geschuldet sein. Oder sollte der junge Musiker wirklich so glatt und ausdruckslos gewesen sein? Handelt es sich hier um das visuelle Äquivalent des ständigen Vorwurfs der Oberflächlichkeit an die Adresse des Komponisten? Es war Strawinsky oder Dallapiccola, der behauptete, Vivaldi habe sechshundert Mal das gleiche Konzert komponiert. Als kleinen Protest gegen dieses Urteil kaufe ich bei der Dame die Karte, erfahre dann aber von ihr, dass das kleine Museum hinter der Kirche mit einer Reihe von Gemälden aus dem 18. Jahrhundert geschlossen sei.

Schade, denn das ist der einzige verbliebene Teil des Kirchenkomplexes, den Vivaldi tatsächlich gekannt hat. Die heutige Kirche befindet sich unmittelbar neben dem Standort der ursprünglichen Pietà und wurde erst einige Jahre nach dem Tod des Komponisten erbaut. Mit dem Bau wurde 1645 begonnen. Es gibt hier also kaum noch etwas, was mit Vivaldi in Verbindung steht, aber die heutigen Venezianer lassen das lieber etwas im Unklaren. Die Gedenktafel außen an der Fassade erwähnt stolz, dass der Innenraum auf der Basis akustischer Ratschläge des Komponisten erbaut worden ist, sein Sterbejahr wird dabei nicht erwähnt. Dass er solche Ratschläge gegeben haben könnte, ist nicht unwahrscheinlich. Venezianische Kirchenräume wurden schon länger auch im Hinblick auf Musikaufführungen konstruiert. Als im 18. Jahrhundert die Stadt immer mehr Besucher aus musikalischen Gründen anzog, wurde dem beim Neubau von Kirchen sicherlich besondere Aufmerksamkeit gewidmet. Das prachtvolle ovale Kirchenschiff der heutigen Pietà wurde als Konzertsaal konzipiert und mit einem großen Deckenfresko von Tiepolo, *Der Triumph des Glaubens*, gekrönt. Die Jungfrau steht auf einer Erdkugel, während sie vom Gottvater gekrönt wird. Aus den dahintreibenden Wolkenpartien erscheinen zwei ätherische Engel mit singenden und musizierenden Engelsscharen in ihrem Gefolge, die auf Geigen, Oboen, Trommeln und Theorben spielen. Den musizierenden Mädchen verdankt die Pietà nun einmal ihren Ruhm.

Unzählig sind die Berichte der Augen- und Ohrenzeugen zu den Konzerten und Oratorien, die in der Kirche aufgeführt wurden. Der Bericht von Rousseau, der 1743 die alte Pietà besuchte, gibt einen Einblick in deren Zauber: „In der Kirche einer jeden dieser vier Scuole gelangen an allen Sonntagen während der Vesper Motetten mit großem Chor und großem Orchester zur Aufführung, die von den größten, meist italienischen Meistern komponiert und geleitet und auf vergitterten Tribünen ausschließlich von Mädchen gesungen werden, von denen das älteste noch nicht zwanzig Jahre zählt. Ich kann mir nichts so Liebliches, nichts so Ergreifendes wie diese Musik vorstellen. [...] Sogar die Opernsänger kamen hin, um sich an diesen vorzüglichen Mustern wahrer Gesangskunst zu bilden. Mich ärgerten nur diese verdammten Gitter, die zwar die Töne hindurchließen, meinen Augen aber all die Engel an Schönheit verbargen, deren Kehlen sie entströmten."

Damit gab sich Rousseau nicht zufrieden. „Als ich eines Tages bei Herrn Le Blond ähnliches äußerte, sagte er zu mir: ‚Wenn Sie so neugierig sind, diese kleinen Mädchen zu sehen, so ist es ein leichtes, Ihnen diesen Wunsch zu erfüllen. Ich bin einer der Verwalter des Hauses.' [...] Beim Eintritt in den Saal, der die so begierig ersehnten Schönheiten umschloss, fühlte ich einen Liebesschauer, wie ich ihn nie wieder in meinem Leben empfunden habe. Herr Le Blond stellte mir nun nacheinander all die berühmten Sängerinnen vor, deren Stimme und Namen mir bisher allein bekannt waren. ‚Kommen Sie, Sophie ...' Sie war entsetzlich hässlich. ‚Kommen Sie, Katherina ...'

Sie war einäugig. ‚Kommen Sie, Bettina ...' Die Blattern hatten ihr Gesicht zerfressen. [...] Ich war trostlos. [...] Ich sagte mir: Ohne Seele kann man so nicht singen; sie müssen also Seele besitzen. Schließlich änderte sich meine Art, sie zu sehen, so völlig, dass ich fast verliebt in all diese kleinen, garstigen Hexen fortging. [...] Schließlich beruhigte ich mich jedoch und fuhr fort, ihren Gesang hinreißend zu finden, und ihre Stimmen schminkten ihre Gesichter so gut, dass ich sie, solange sie sangen, meinen Augen zum Trotz ausnehmend schön fand."

In der heutigen Pietà kann ich auf beiden Seiten der Kirche noch immer die Gitter sehen, hinter denen die Mädchen sangen. Die Form zweier gegenüberliegender Balkone war ein fernes Echo der beiden Ambonen im San Marco, und auch im 18. Jahrhundert schrieben Komponisten antiphonische Musik, in der sich zwei Chöre abwechselten und aufeinander reagierten.

Der Grund dafür, dass die Mädchen nicht schön waren, lag in der Natur des Instituts. Die Pietà war eines der vier *ospedali* in der Stadt, der karitativen Einrichtungen für Waisen und vernachlässigte, außereheliche oder mittellose Kinder. Die Pietà war ursprünglich das Hospital der *esposti*, der Schutzlosen, also umherstreunender und in anderer Weise vernachlässigter Kinder. Da nicht alle musikalisch begabt waren, teilte man die Kinder in zwei Gruppen auf: in *figlie di comun* (gewöhnliche Mädchen) und *figlie di coro* (Mädchen, die eine musikalische Ausbildung erhielten).

Die Jungen wurden in separaten Einrichtungen hauptsächlich für die Arbeit in den zahlreichen Werften ausgebildet. Zur Zeit Vivaldis gab es in der Pietà im Durchschnitt etwa dreißig musikalische Mädchen, von denen zwanzig Gesangs- und zehn Instrumentalunterricht erhielten. Wenn sie sehr begabt waren, durften sie bleiben, um die anderen zu unterrichten, womit sie allerdings ihr weltliches Leben aufgaben und unverheiratet blieben. Vivaldi war zunächst als Geigenlehrer in der Pietà tätig, später wurde er zum musikalischen Leiter des Instituts befördert. Trotz seiner Arbeit für die Oper und seiner Reisen in andere Städte war und blieb diese Anstellung seine finanzielle und soziale Grundlage in der Stadt.

Neben der Pietà dienten noch drei weitere Ospedali als Konservatorien. Aufgrund ihres großen Erfolgs schickten auch wohlhabende Familien ihre Töchter später zeitweilig in diese Institutionen, um ihnen eine solide musikalische Ausbildung zu ermöglichen. Auf der gegenüberliegenden Seite des Canal Grande, an der Fondamenta Zattere, liegt das Ospedale degli Incurabili, eine Einrichtung für unheilbar Kranke, in der Komponisten wie Hasse, Porpora, Galuppi und Jommelli arbeiteten. Von seinem einstigen musikalischen Glanz ist wenig geblieben. Die Kirche wurde abgerissen, und in den erhaltenen Gebäuden hat sich die Kunstakademie von Venedig angesiedelt. Der große Innenhof mit seinen Kolonnaden ist für die Öffentlichkeit zugänglich, und die Studenten haben sich in dieser kühleren Jahreszeit an der Sonnenseite der Arkaden niedergelassen. Joseph Brodsky schrieb in diesem Viertel seine zuerst auf Italienisch erschienene Novelle *Fondamenta degli Incurabili (Ufer der Verlorenen)*, eine Liebeserklärung an Venedig: „So verstummen die Orchester. Diese Stadt ist ganz wie Luft – sie sucht den Ton vorm Ersterben zu retten; gleich Schülerpulten tragen die Paläste, drastisch: düstere Verstecke."

Auf der Nordseite der Stadt, zwischen der Kirche Santi Giovanni e Paolo und den Fondamente Nove, lag das Ospedale dei Mendicanti, eine karikative Einrichtung für Mittellose, die bis in die 1960er Jahre als Krankenhaus genutzt wurde und heute als medizinisches Zentrum in der Innenstadt dient. Dahinter wurde ein neues Krankenhaus errichtet. Auch hier ist von den früheren Aktivitäten wenig erhalten geblieben.

Das kleinste, aber am besten erhaltene Ospedale, das Ospedaletto, finde ich ein Stück entfernt, auf der anderen Seite von Santi Giovanni e Paolo, in der schmalen *salizzada* hinter der Kirche. Die monströse Barockfassade von Santa Maria dei Derelitti des Architekten Baldassare Longhena aus dem Jahr 1670 steht in einem krassen Kontrast zum strengen palladianischen Interieur der Kirche, die ein Jahrhundert zuvor, 1575, erbaut worden war. Hinter dieser protzigen Giebelwand befinden sich die zurückhaltenden Innenräume des alten Ospedaletto dei Derelitti, der Einrichtung für behinderte Waisenkinder.

Diesen Komplex, in dem heute ein Altersheim untergebracht ist, kann man nicht ohne Weiteres betreten. Es ist eine telefonische oder schriftliche Anmeldung erforderlich, wonach man ihn mit einer Gruppe gegen das Entgelt von sechzig Euro besuchen kann. Meine Gruppe besteht aus einer einzigen Person, aus mir, so dass ich gegen Zahlung von sechzig Euro eine private Führung eines vor mir her schlurfenden, mürrischen Pförtners bekomme. Alles, was er während dieser Tour tut, ist, mit einem riesigen Bündel rostiger brauner Schlüssel alte Türen vor mir zu öffnen und sie hinter mir zu schließen.

In der Kirche sehe ich wieder Gitter, hinter denen die Mädchen sangen. Das Hauptgebäude war früher halb Krankenhaus und halb Waisenhaus. Meine Besichtigungstour führt mich weiter durch einen langen Korridor zu einem Treppenhaus. Dort schaue ich zu einer graziösen, ovalen Wendeltreppe hinauf, die *l'ampia scala* genannt wird: „die breite Treppe".

„Sardi", sagt der Pförtner matt. Damit meint er die Architekten: Antonio und Giuseppe Sardi. Im ersten Stock öffnet er unter einigem Aufhebens eine hölzerne Doppeltür, und dann stehe ich mitten in der *Sala della Musica*, dem Grund, warum ich diesen Komplex besuchen wollte. Dieser intime Musiksaal wurde um 1777 eingerichtet, um ausländischen Gästen und ausgewählten Gruppen aus Adel und Bürgertum die Möglichkeit zu geben, den Gesängen der Mädchen zu lauschen. Die Dekoration steht im Zeichen der Musik. Mein Führer wird plötzlich gesprächig: „Guarana e Mengozzi Colonna" nennt er die für die Fresken und illusionistischen Architekturdarstellungen verantwortlichen Maler.

In den vier Ecken stellen Grisaillen jeweils Ruhm, Eitelkeit, Musik und Zeit dar – all diese Eigenschaften weisen uns auf die Kürze des irdischen Daseins hin, auf Dinge, die wie im Flug vorbeiziehen. Die Eitelkeit des musikalischen Ruhmes wird von der Zeit überwältigt werden, die alles aufzehrt. Wie kurz dieses Leben ist, lässt sich auch an der Geschichte des Saals selbst ablesen. Bis 1771 befand sich hier eine Küche des Ospedaletto. In jenem Jahr entschied man sich, sie in einen Musiksaal umzugestalten; 1777 wurde er fertiggestellt. Zwanzig Jahre darauf, im Jahr 1797, ging die Republik Venedig zugrunde und die Ospedali wurden aufgelöst. Ein Jahr zuvor, 1796, fand hier ein letztes Konzert statt, 1808 verließen die letzten Mädchen das Institut. Erst seitdem die UNESCO den Raum 1999 restauriert hat, kann er wieder besichtigt werden.

Auf einer der kurzen Seitenwände ist, in einem Trompe-l'oeil aus Treppen und Säulen, Apollon als Gott der Musen, mit einem Geigenbogen in seinen Händen, dargestellt. Rechts hinter ihm steht Pasquale Anfossi, der Priester und Komponist, der die Mädchen in den 1770er Jahren unterrichtete. Um die beiden Männer herum sieht man die musizierenden Schülerinnen, die *Putten*. Anfossi schrieb ungefähr sechzig Opern, darunter *L'americana in Olanda*, die 1778 im Teatro San Samuele uraufgeführt wurde. Er komponierte auch etwa fünfundzwanzig Oratorien und zahlreiche Instrumentalwerke. Den Höhepunkt des Saals bildet das Deckenfresko *Il Trionfo della Musica*. Mädchen mit Tympanon, Zither, Flöte, Cello und Mandoline scharen sich auch hier um Apollon, der sie in einem Wolkenhimmel mit Inspiration beseelt.

Die berühmteste *putta*, die das Ospedaletto hervorgebracht hat, ist zweifellos Caterina Gabrielli. Der englische Musikkenner und Komponist Charles Burney, der im 18. Jahrhundert ein Tagebuch über seine musikalischen Reisen durch Europa verfasste, hörte sie singen. Sie machte in Antonio Sacchinis *Didone* einen überwältigenden Eindruck auf ihn: „Nichts könnte edler sein als ihr Auftritt. Sie schien sofort über ihre Feinde zu triumphieren und wusste die, die ihr nachstellten, zu erobern." Er hielt sie für die intelligenteste und am besten ausgebildete *„virtuosa"*, die er je gehört hatte. Auf stimmlichem Niveau war sie seiner Meinung nach allerdings umstritten, da ihre Stimme für die Oper zu klein wäre. In Venedig hörte Burney im Ospedaletto auch Francesca Gabrielli, wahrscheinlich eine Schwester von Caterina, die sie später auf ihren Triumphzügen als Sängerin durch Europa begleitete.

Ich frage meinen Führer, ob die musizierenden Mädchen für die Herren hier sichtbar waren? Er deutet auf eine Tür in der Ecke. Ich trete hindurch, gehe über eine schmale Holztreppe nach oben und gelange so in ein dämmriges, schmales Zwischengeschoss, das rund um den Saal verläuft. An einigen Stellen dringt Licht hinein, von dort aus kann ich durch ein Holzgitter in den Saal schauen. In diesem engen, düsteren Raum musizierten die Mädchen, aus Gründen der Sittlichkeit ebenso unsichtbar wie in der Kirche. Wieder im Saal – der Führer ermahnt mich plötzlich auf Englisch, aber mit einem starken Akzent: „Close the door please!" – schaue ich nach oben in die Ecken und sehe, dass die Gitter, die mir vorher nicht aufgefallen waren, auf dieser Seite prachtvoll mit Goldfarbe verziert sind. Ich sehe auch, dass sich in einigen Ecken keine Gitter befinden, sondern dass diese, der Symmetrie der Dekoration wegen, dort als Trompe-l'oeil gemalt sind. Auf einem dieser illusionistischen Darstellungen lugen zwei Mädchen neugierig durch die goldenen Gitter in den Raum, vielleicht auf der Suche nach einem attraktiven Besucher. Die Herren durften die Damen zwar nicht sehen, doch wenn jemand einen Ehepartner suchte, ließ sich immer etwas arrangieren.

Neben Caterina und Francesca Gabrielli stoße ich auf zwei weitere besondere Putten der Ospedali. Eine von ihnen scheint sogar noch unter den Lebenden zu sein. Die Amerikanerin Nicky White, die seit Jahrzehnten in Venedig lebt, würde sich wohl als die Reinkarnation von Vivaldis Schülerinnen betrachten. Als *orfanella* (Waisenkind) des Komponisten hält sie sein Andenken in Ehren, indem sie täglich die Pietà besucht. Doch bei der Dame hinter dem Tisch im Vorraum stoße ich auf ebenso große Skepsis wie beim Küster von San Giovanni Battista, was die Möglichkeit angeht, sie zu treffen.

Die andere berühmte Putta war Anna Girò, eine von Vivaldis Schülerinnen. Wahrscheinlich hieß sie ursprünglich Giraud und war die Tochter eines französischen Barbiers aus Mantua. Anna war jedenfalls eine talentierte Sängerin, die innerhalb der Mauern der Pietà zu einer vielversprechenden Solistin heranwuchs – ihr Spitzname war zunächst Annina della Pietà (die Annina der Pietà). Vivaldi muss sie etwa 1724 kennengelernt haben und in diesem Jahr zog sie gemeinsam mit ihrer älteren Schwester auch bei ihm ein. Spekulationen über die Beziehung zwischen dem Priester-Komponisten und seiner Gesangsschülerin gibt es reichlich, die Spannweite reicht von einem rein künstlerischen bis zu einem amourösen Verhältnis. Schon bald nannte man sie L'Annina del Prete Rosso (die Annina des roten Priesters). Wie Vivaldi den Spitznamen „roter Priester" bekam, ist unbekannt. Seine roten Haare oder sein roter klerikaler Habit werden als naheliegendste Erklärungen angeführt. Jedenfalls trat Anna ab 1724 im Theater und ab 1727 in seinen Opern auf.

Seit dieser Zeit schrieb Vivaldi zahlreiche Partien speziell für ihre Alt-Mezzo-Stimme. Sie dürfte, als sie für ihn aufzutreten anfing, höchstens siebzehn Jahre alt gewesen sein – ihr genaues Geburtsdatum ist unbekannt. In den Jahren 1718 bis 1725 arbeitete Vivaldi häufig außerhalb Venedigs, hauptsächlich in Florenz, Mantua, Rom, Vicenza und Mailand. Als er 1726 in die Lagunenstadt zurückkehrte, konnte er wieder in der Pietà und am Teatro Sant'Angelo wirken. Dort sollte im Herbst des folgenden Jahres eines seiner größten Meisterwerke zur Aufführung kommen: die Oper *Orlando furioso* mit einer Glanzrolle für seine Anna Girò.

Raum in der Casa Goldoni. Mit Marionetten aus dem Besitz der Familie Grimani wird das Theater des 18. Jahrhunderts rekonstruiert.

Ein ganz moderner Antiheld.
Vivaldis *Orlando furioso*

Durch einige Gässchen in der Nähe der Strada Nova und entlang des Palazzo Marcello gehe ich in Richtung Bahnhof, um den Zug nach Treviso zu nehmen. Santa Lucia, der Bahnhof von Venedig, ist eine der seltenen architektonischen Enttäuschungen, die die Stadt zu bieten hat – ebenso wie die Parkplätze und Parkhäuser am Piazzale Roma. Obwohl nach den eleganten modernistischen Prinzipien errichtet, nach denen fast jeder italienische Bahnhof unweigerlich gestaltet ist, erscheinen die Formen hier wie eine grobschlächtige Rationalisierung. Inmitten der venezianischen Kanäle, Kirchen und Paläste wirkt er billig und hässlich. Er ist gleichsam ein Vorposten des Festlands – mit den trostlosen Straßen, neuen Wohnsiedlungen und Industriegebieten der *terra ferma*. Der Bau der Eisenbahnbrücke zwischen der Stadt und dem Festland im 19. Jahrhundert bedeutete den endgültigen Durchbruch zur unentrinnbaren Moderne, die die Stadt eroberte. Während mein Zug langsam über die Brücke gleitet, schaue ich hinaus auf die Lagune. Etwas weiter entfernt stehen einige Fischer im kniehohen Wasser. So untief und so verletzlich ist also diese fundamentale Trennung zwischen Stadt und Land.

In Treviso treffe ich mich mit Andrea Marcon, dem Dirigenten des Venice Baroque Orchestra. Das nicht mit den vielen anderen Ensembles in der Stadt zu verwechseln ist: Virtuosi di Venezia, Musici Veneziani, Interpreti Veneziani, Collegium Ducale, Ensemble Antonio Vivaldi. Sie locken Touristen in die Kirchen und führen dann jeweils an einem Abend *Die vier Jahreszeiten* und am nächsten Abend Arien von Vivaldi auf. Und zwar jeden Abend, 365 Tage im Jahr.

Musik von der Stange. Was würde der Geist von Benedetto Marcello davon halten? Würde er sich künstlerisch im Recht oder gerade im Unrecht sehen? Was sagt die Würdigung der Massen für wenige Werke eines Komponisten über seine künstlerische Bedeutung aus? Das ist in Venedig *la musica alla moda*. Wird der wiederentdeckte Vivaldi bald wieder vergessen sein? Und der vergessene Marcello wiederentdeckt werden?

Das Venice Baroque Orchestra ist hingegen ein international renommiertes Ensemble, das sich authentischen Aufführungen Vivaldis und seiner Zeitgenossen widmet. Marcon hat sich zu einem Spezialisten entwickelt und dirigiert Konzerte und Opernaufführungen in ganz Europa. Im Gegensatz zur historischen Reputation Venedigs und dem ununterbrochenen Strom der *Jahreszeiten* gibt es laut Marcon keine Kultur für Barockmusik in der Stadt: „Am Konservatorium war es unmöglich, Cembalo zu studieren. Als Reaktion auf die akademische Welt habe ich mit siebzehn Jahren mein erstes Instrument buchstäblich selbst gebaut, mit einem Zuckermann-Bausatz aus Amerika, denn nicht einmal der war in Italien zu bekommen. Was Subventionen angeht, kann ich mich kurzfassen, denn die gibt es kaum. Die Opernhäuser haben ihre eigenen Orchester und warten nicht gerade auf teure Barock-Ensembles. Ein weiteres Problem ist die Musikerziehung. Ich habe in der Schule mit dreizehn Jahren Noten lesen gelernt, aber das ist schon seit Jahren nicht mehr üblich. Wenn sich nicht etwas Grundlegendes ändert, wird Italien bald kein Musik- und Opernland mehr sein."

Trotz dieser düsteren Prognose hat Marcon eher ein fröhliches Wesen. Mit seinem schütteren Haar und einem Dreitagebart ist er der Prototyp des italienischen intellektuellen Musikers. Nachdem er mich am Bahnhof abgeholt hat, laufen wir zu Fuß ins Zentrum von Treviso. Doch bevor wir uns in einem der Straßencafés niederlassen, zeigt er mir das alte Theater. Das Interieur stammt aus dem 19. Jahrhundert und ist gebaut in den Proportionen und auf der Grundfläche des Vorgängers aus dem 18. Jahrhundert. Marcon erzählt, dass Vivaldi hier verschiedentlich Aufführungen seiner Opern begleitet hat. Er war regelmäßiger Gast in Treviso. Im Café stelle ich ihm dann meine Kernfrage: Wie lässt sich der Erfolg von Vivaldis Opern, insbesondere der seines *Orlando furioso*, erklären?

Um diese letzte Frage beantworten zu können, muss man sich Marcons Ansicht nach zunächst mit dem Thema dieser Oper befassen: „Ludovico Ariostos *Orlando furioso* ist eines der bedeutendsten Bücher der italienischen Kultur. Ich schätze dieses Werk seit meiner Kindheit. Wie alle Italiener bin ich damit aufgewachsen. Als Kind wird man von Rittern, Prinzessinnen, fliegenden Ungeheuern und magischen Geschehnissen in den Bann gezogen, und später beflügeln natürlich die Liebesgeschichten die Fantasie. Seit seiner Veröffentlichung im 16. Jahrhundert hat das Werk für unsere Kultur eine entscheidende Rolle gespielt. Persönlichkeiten wie Casanova und Da Ponte sind stark von Ariosto beeinflusst, das libertäre Denken hat unter anderem bei ihm einen Ursprung. Vivaldi war nicht der erste, der dieses Werk für die Oper verwendete. Monteverdi hat aus einem ähnlichen Werk, aus *Gerusalemme liberata* von Tasso, für sein *Combattimento* geschöpft. Aber bei Vivaldi erhält diese Thematik eine enorme Wucht."

Im siebten Buch von *Orlando furioso* betritt der Ritter Ruggiero das Inselreich der Zauberin Alcina. Unmittelbar nachdem er sie als die schönste und anmutigste Frau der Welt bezeichnet hat, verliebt sich Ruggiero in sie. Er vergisst seine ursprüngliche Geliebte Bradamante: „Und glatt aus seinem Herzen ist verschwunden, die schöne Jungfrau, der es sonst geweiht. Alcina hat von alten Liebeswunden, durch Zauberkraft es ganz und gar befreit." Dies zeigt, über welche besonderen Kräfte sie verfügt. Ruggiero war nicht der erste Mann, der sich in ihren Netzen verstrickte. Im gesamten *Orlando furioso* geht es um Liebe, Verführung, Lust und die Genüsse der Liebe, aber auch um die Schmerzen, Frustrationen und Abgründe, die damit verbunden sind. Dies ist einer der modernen Aspekte bei Ariosto, der seine Helden und Heldinnen in eine Art existenzialistisches Universum stellt, in ein erotisches *Survival of the fittest*.

Das geht auch aus den expliziten Verweisen auf Sexualität hervor, die in der Renaissance dem Leser die Schamesröte ins Gesicht getrieben haben müssen. Alcina tritt in Ruggieros Schlafzimmer ein: „[Er] springt aus dem Bett, umarmt sie voller Freude und kann nicht warten, bis sie sich entkleide." Ariosto schürt das Feuer noch stärker: „Sonst war ein Hemd das einz'ge, was sie schmückte, das blendend weiß war und auf's höchste fein. [...] Der feine, dünne Schleier blieb allein, der mehr nicht birgt der Schönheit ganze Fülle, als Ros' und Lilie birgt des Glases Hülle. Kein Efeu kann den Baum so eng umwinden, um den er seine Wurzeln eingeneigt, als sich die beiden Liebenden verbinden, die mit Entzücken, Mund an Mund gebeugt ..."

Die Geschichte von Ruggiero und Alcina ist nur ein kleiner Teil von Ariostos Epos. Die Hauptfigur ist der Titelheld Orlando, Paladin Karls des Großen, der zusammen mit dem Kaiser gegen die Muslime in Spanien kämpft. Orlando raubt seine unerwiderte Liebe zur schönen Angelica den Verstand. Die Tatsache, dass sie einen anderen Geliebten hat, Medoro, treibt ihn buchstäblich in den Wahnsinn. Er wird sie schließlich aufgeben müssen, aber nicht bevor Alcinas wollüstiges Reich ebenfalls zerstört ist.

Obwohl sich Ariosto auf mittelalterliche Vorbilder stützt, führt er mit Orlando einen Renaissance-Charakter ein, eine moderne und wiedererkennbare Figur mit nur allzu menschlichen Zügen. Er formuliert ein neues Lebensgefühl, das bereits Merkmale der Individualisierung und der daraus resultierenden existenziellen Einsamkeit aufweist. Orlando muss viele persönliche Frustrationen erdulden, um sein Ziel letztlich doch nicht zu erreichen. Er revoltiert gegen sein Schicksal, und das macht ihn wahnsinnig. Erst als er anerkennt, dass die Realität ihm Widerstand bietet, und er die unvermeidlichen Schicksalsschläge akzeptiert, kann er einen gewissen Seelenfrieden finden. Mit Orlando entsteht der moderne Antiheld.

Mit Alcina führt Ariosto ebenfalls einen modernen Charakter ein. Sie ist von Macht, Lust, Frustration, Eifersucht und Rache getrieben. Auf den ersten Blick scheint sie eine Verführerin zu sein, die Männer nur zu ihrem eigenen Vergnügen erobert. Doch ihr Gefühlsleben ist vielschichtig, ihr unersättliches Verlangen nach immer wieder neuer Liebe weist tragische Züge auf.

Ariosto charakterisiert Orlando als treuen Liebhaber, der sich wider besseres Wissen ganz auf *eine* Frau, auf Angelica, konzentriert. Doch in Vivaldis Opernfassung des Librettos von Grazio Braccioli steht bei Alcina alles im Zeichen von Begierde, Verrat, Untreue und Rache. Die körperliche Liebe dominiert, das Territorium der Lust wird vollständig erkundet und damit auch das Leiden an dieser Lust.

Marcon gibt zu bedenken, dass die Oper im 18. Jahrhundert ein Spiegel für den Erotizismus dieser Kultur war: „Venedig war eine liberale Stadt, in der Literatur, Malerei und Oper in voller Blüte standen. Für die Kunst war es eine magische Stadt. Ein besonderes Element dieser sinnlichen Kultur ist das Verwirrspiel um die Geschlechter. Die Kastraten sangen die männlichen Heldenrollen, hatten aber eine Frauenstimme und einen ‚unmännlichen' Körper. Andere Männerrollen wurden von Altistinnen gesungen. In *Orlando furioso* gibt es eine Mezzosopranistin, die eine Frauenrolle singt, sich aber einen großen Teil der Oper als Mann verkleidet. Die weibliche Protagonistin Alcina verliebt sich in ‚ihn', was für die unerlässliche sexuelle Zweideutigkeit und Erregtheit sorgt."

Vivaldi schrieb 1714 *Orlando finto pazzo*. Außerdem hatte er im selben Jahr an einem *Orlando*-Projekt eines Komponistenkollegen mitgearbeitet. Da er sich mit dem Thema gut auskannte, wählte er etwa dreizehn Jahre später das Libretto, das Braccioli für diesen Kollegen verfasst hatte, für seine neue Fassung. *Orlando furioso* wurde in und für Venedig geschrieben. Braccioli verschärfte die Konfrontation zwischen den beiden gegensätzlichen Charakteren Orlando und Alcina. Er hat auch als erster diese beiden Figuren in *einer* Oper zusammengebracht. Orlando steht für die totale Hingabe an eine einzige Geliebte und für unerschütterliche Treue, Alcina für ultimative sexuelle Freiheit, erotischen Hedonismus und Ehebruch. Orlando jagt frustriert seiner unerreichbaren geliebten Angelica hinterher, die in fast sadistischer Weise mit seinen Gefühlen spielt. Alcina erfreut sich vieler Liebhaber. Es scheint, als hätten uns Vivaldi und Braccioli mit ihrer Oper die Gelegenheit geben wollen, selbst von diesen Früchten zu kosten. Sie wussten, dass die Venezianer am liebsten ihre geheimen Freuden genossen. Alcinas Insel der Lust lag nicht allzu weit von der Lagunenstadt entfernt.

Diese Herangehensweise war allerdings mit einer Komplikation verbunden. Wie frei die Stadt auch war, letztendlich musste doch der Anschein von Ordnung und Regel aufrechterhalten werden – sei es nun aus religiösen oder politisch-gesellschaftlichen Gründen. Um die Ordnung waren die Venezianer weniger besorgt als um die Regel. So wie man wusste, dass Nero seine Poppea töten und Hand an sich selbst legen würde, verstand es sich auch von selbst, dass Alcina die Bühne nicht ungestraft verlassen würde. Doch die Moral erklingt immer weiter aus dem Hintergrund.

Am Ende von *Orlando furioso* wird Alcinas Verführungskunst von Orlandos Standhaftigkeit übertrumpft. Ihr sinnliches Reich bricht durch sein Zutun zusammen. Doch durch die Gegenüberstellung der Charaktere von Orlando und Alcina dringen Vivaldi und Braccioli tiefer in die emotionalen Konsequenzen beider Verhalten ein. In ihrer Entwicklung zeigt sich eine Übereinstimmung. Obwohl ihre ursprünglichen Einstellungen konträr sind, scheint sich Alcina irgendwann auf die gleiche emotionale Art zu verlieben wie Orlando. Sie begegnet einem Mann – Ruggiero –, der sie tiefer berührt als jeder seiner Vorgänger. Die beiden Protagonisten werden von ihren biologischen Trieben nach Liebe oder Lust aus der Normalität des Lebens geworfen. Für beide endet die Oper mit leeren Händen: für Alcina ohne Ruggiero, für Orlando ohne Angelica.

Trotz dieser modernen Konstellation ist die Dramaturgie von *Orlando furioso* Marcons Auffassung nach nicht besonders gelungen: „Händel ist auf diesem Gebiet eindeutig der Überlegene. Er verwendet auch größere musikalische Kontraste sowohl zwischen den Arien als auch innerhalb der einzelnen Arien. Vivaldi ist der venezianischen Kunst viel stärker verbunden. Schauen Sie sich die Gemälde von Tiepolo, Canaletto und Piazzetta an, und Sie werden sehen, dass sie zwar durch vielerlei Farben gekennzeichnet, aber allesamt in Pastelltönen gehalten sind, genau wie die Porträts von Rosalba Carriera, die so zart wirken. Vivaldi ist leichter als Händel. Vivaldi ging es um die *sprezzatura*, um die Kunst, zu verbergen, dass hier Kunst geschaffen wird. Es soll gewissermaßen der Eindruck erweckt werden, als würde man ein Glas Prosecco trinken. Das Leben ist schon schwer genug, warum sich also abquälen? Es klingt paradox, aber Vivaldis Tiefe liegt in seiner *profondità orizontale*, in der harmonischen Horizontalität und den langen Linien seiner Melodien, und weniger in vertikalen Harmonien. Er war Geiger, kein Cembalist wie Händel und Bach. Seine langen Phrasen sind von rhythmischen Linien geprägt. Sie werden quasi zu musikalischen Wellen, die sich in gewisser Weise mit der *minimal music* des 20. Jahrhunderts vergleichen lassen."

Orlando furioso ist und bleibt laut Marcon Vivaldis beste Oper: „Er ist auf der Höhe seines Könnens, und es ist nicht erstaunlich, dass das Werk unmittelbar nach *Die vier Jahreszeiten* entstanden ist. Das Geheimnis liegt in der Proportionierung der Akte, in der musikalisch-theatralischen Aufteilung der Handlung über das ganze Stück hinweg. Das lässt sich an der Länge und Qualität der Rezitative ablesen. Sie bilden das Herzstück einer Vivaldi-Oper und sind aus Sicht der gesamten Aufführung von größerer Bedeutung als die Arien, denn diese halten die Handlung an und bilden Momente der Reflexion, der Ruhe, der ästhetisch-emotionalen – und nicht der dramatischen – Bewegung. In den Rezitativen erfindet Vivaldi allerlei Neuheiten, die die Handlung ankurbeln und die Spannung steigern. Den wahnsinnigen Orlando lässt er beispielsweise auf Französisch singen, was seinen verwirrten Zustand unterstreicht. Diese Verlebendigung hat der Komponist mit Absicht gewählt. In Venedig gab es ein intelligentes Publikum, und die Scherze und Andeutungen in einem Libretto wurden von allen ebenso verstanden wie dessen Doppelbödigkeit.

Am wichtigsten ist das begleitete Rezitativ, bei dem das ganze Orchester die rezitierenden Stimmen unterstützt. Vivaldi nutzt diese Form auf besondere Weise. Im zweiten und dritten Akt gibt es Momente, in denen Orlandos Wahnsinn nacheinander aufscheint, sich steigert und entgleist. Diese Sequenz illustriert der Komponist musikalisch mit einem Wechsel von gesprochenem Text, Secco-Rezitativ, Rezitativ mit suggestiver Orchesterbegleitung, Arioso und echtem Gesang bis hin zu Geschrei. Das erzeugt ein expressives Klangbild und vermittelt ein scharfes Bild von Orlandos verwirrter Psyche.

Damit blickt Vivaldi paradoxerweise gleichzeitig in die Vergangenheit und in die Zukunft. Die Betonung des Textes und des Dramas galt im Venedig des Jahres 1727 als altmodisch, da es in und außerhalb der Stadt, insbesondere in Neapel, eine Vielzahl neuer Entwicklungen gegeben hatte. Man legte größeren Nachdruck auf die Arien und achtete weniger auf die dramatische Glaubwürdigkeit. Mit seiner Konzentration auf das Rezitativ setzte Vivaldi die venezianische Operntradition fort, die mit Monteverdi ihren Anfang genommen hatte. Rückblickend ist es jedoch genau dieses Element, das *Orlando furioso* für uns zu einer derart interessanten Oper macht. Vivaldis Zeitgenossen konzentrierten sich auf Äußerlichkeiten, hatten Erfolg, sind aber heute unbekannt. Vivaldi und Händel glaubten weiterhin an die Oper als Drama und überstanden so die Zeit.

Auf paradoxe Weise ist diese Entwicklung auch für mich als Dirigent interessant, denn in diesen Rezitativen, im *recitar cantando*, besteht eine musikalische und rhythmische Freiheit, die einen Dirigenten eigentlich überflüssig macht. Dieses Spielerische, das sich im Laufe des 18. Jahrhunderts immer mehr formalisiert hat, verleiht Vivaldis Oper eine enorme evokative Kraft."

Alcina hat einige herrliche Arien in der Oper, aber *Orlando furiosos* Meisterstück ist die Arie, die Ruggiero, der wichtigste Kastrat in diesem Werk, am Ende des ersten Aktes singt. Ruggiero, gerade in Alcinas Reich angekommen, ist von ihr mit einem Liebestrank betört worden. Vivaldi hat eine poetische Arie voller sanfter Streicherklänge und mit einem ebenso sanft- wie schwermütigen Part für die begleitende Flöte geschrieben: „Sol da te, mio dolce amore / questo core / avrà pace, avrà conforto. / Le tue vaghe luci belle / son le stelle, / onde amor mi guida in porto." („Nur du, meine Geliebte, wirst diesem Herzen Frieden und Trost schenken. Deine wunderschönen Augen sind die Sterne, mit denen die Liebe mir den Hafen weist.")

Der Text scheint eine Liebesträumerei zu sein, aber wegen des melancholischen Untertons kann das *porto* am Ende des Textes auch auf einen anderen Hafen, eine andere Zuflucht hindeuten, zu der die Liebe führt: zur Zuflucht des Todes, die Alcina am Ende der Oper suchen wird. Für Alcina ist Ruggieros Arie ein alter, verblasster venezianischer Spiegel, in dem sie sich selbst lieber nicht betrachten möchte.

Marcon zufolge hat Vivaldi nicht gerade ein ruhiges Leben geführt. Er komponierte schneller als sein Kopist kopieren konnte. Er war ein Vulkan. Aber aus allen Dokumenten geht auch hervor, dass er nie glücklich, nie zufrieden war. Marcon: „Sein Charakter war sein Schicksal, vielleicht auch sein Verhängnis." Für den Charakter des Komponisten haben wir einen scharfen Beobachter: den Dramatiker Carlo Goldoni, der mehrmals mit ihm zusammengearbeitet hat.

Goldoni war der Autor, der die spezifische doppelzüngige Kultur der Lagunenstadt zu seiner Zeit am besten zum Ausdruck brachte. Er war ein jüngerer Zeitgenosse Vivaldis. Als Dramatiker und Librettist deckte er die tieferliegenden Mechanismen der menschlichen Schwächen und der Sinnenwelt mit einem enormen Gespür für Humor auf. Goldoni war in der venezianischen *commedia dell'arte* verwurzelt, dem improvisierten Theater voller Stereotypen wie dem betrogenen Ehemann, dem reichen alten Mann, der ein junges Mädchen heiraten will, usw. Aus dieser karikaturistischen Form des Schauspiels, das in Masken aufgeführt wurde, entwickelte Goldoni in der ersten Hälfte des 18. Jahrhunderts ein satirisches Drama, in dem er die sozialen Mechanismen der venezianischen Gesellschaft schonungslos filetierte. Damit legte er eine Grundlage für das moderne Theater.

Eines seiner amüsantesten Stücke ist *Der Impresario von Smyrna*, eine Komödie aus dem Jahr 1760, in der er den Opernbetrieb aufs Korn nimmt. Zwei Impresarios behaupten in Venedig jeweils unabhängig voneinander, ein Opernensemble für einen türkischen Kaufmann aus Smyrna zusammenstellen zu wollen, um es in der Türkei zu etablieren. Die Sänger und Sängerinnen, Librettisten und Komponisten, Bühnenbildner und andere Techniker kämpfen erbittert um die

Gunst der Impresarios, die ihnen die tollsten Versprechungen machen. Der türkische Kaufmann Ali versteht selbst nicht viel von der Oper, scheint aber reich zu sein und hat ein besonders gutes Auge für weibliche Schönheit. Der unablässige Streit zwischen den Primadonnen und den Kastratensängern und die exorbitanten finanziellen Forderungen veranlassen ihn schließlich dazu, unbemerkt zu verschwinden. Er hinterlässt zwar eine gewisse Geldsumme, um in Venedig ein Ensemble zu gründen, doch auch das führt zu endlosen Streitigkeiten.

In der Umgebung des Campo San Polo steht das Haus, in dem Carlo Goldoni wahrscheinlich geboren wurde – er selbst erwähnt in seinen Memoiren die Calle dei Nomboli, ohne genauere Ortsangaben. Der kleine Innenhof mit seinen rosa verputzten Wänden hat eine Außentreppe, die in den ersten Stock führt. Goldonis Geburtshaus ist heute das Institut für Theaterwissenschaft, es beherbergt eine Bibliothek und ein Archiv. Bis auf einige Drucke und ein paar alte Ausgaben findet sich hier von Goldoni selbst nur wenig. Beeindruckender ist der Stadtplan, auf dem sich mit Holzklötzchen die Theater der Stadt platzieren lassen – zu Goldonis Zeiten waren es fünfzehn. Glanzpunkt der Sammlung ist das Puppentheater mit verschiedenen Marionetten aus dem Besitz der Familie Grimani.

Im Jahr 1735 wurde Vivaldi von den Grimanis beauftragt, eine neue Oper zu liefern, die um Christi Himmelfahrt im Teatro San Samuele aufgeführt werden sollte. Man entschied sich für ein vorhandenes Libretto, *Griselda* von Apostolo Zeno, aber weil Vivaldi Anpassungen und Änderungen forderte, wurde – ohne zuvor Rücksprache mit dem Komponisten gehalten zu haben – Goldoni beauftragt, ihm dabei zu helfen.

Im Namen der Grimanis meldete sich der Dramatiker eines schönen Tages bei Vivaldi. Dieser wollte dem seiner Meinung nach unerfahrenen jungen Mann die Tür weisen. Da man zu dieser Zeit auch einen neuen Direktor für das Teatro San Giovanni Grisostomo suchte, setzte Goldoni jedoch alles daran, die Grimanis zu beeindrucken und ließ sich nicht abweisen. Daraufhin entschloss sich Vivaldi, ihn auf die Probe zu stellen. Er legte ihm den Text einer gefühlvollen Cantabile-

Arie aus *Griselda* vor und erzählte ihm, dass sein geliebtes Fräulein Annina derartige Arien nicht schätzen würde – Goldoni zufolge, weil sie nicht imstande war, sie zu singen. Vivaldi wollte an dieser Stelle eine Arie, die Leidenschaft ausdrückt, ohne pathetisch zu werden. Da Goldoni das Material nicht mit nach Hause nehmen durfte, schlug er vor, gleich an Ort und Stelle eine neue Arie zu schreiben. Vivaldi stimmte ungläubig zu. Goldoni machte sich an die Arbeit, während der Komponist aus seinem Brevier rezitierte. Als Goldoni fertig war, las Vivaldi den Text, warf das Brevier in eine Ecke und rief seine Annina. Als diese mit ihrer Schwester Paolina hereinkam, rief Vivaldi unzählige Male: „Er hat das hier getan!" Er umarmte und gratulierte Goldoni, und sie wurden Freunde, die fortan regelmäßig zusammenarbeiteten. Die Liebe beruhte nicht ganz auf Gegenseitigkeit, denn Goldoni bezeichnete Vivaldi als exzellenten Geiger, aber mittelmäßigen Komponisten, obwohl er dessen Erfolge nicht leugnen konnte.

Diese Geschichte ist bezeichnend für Vivaldis spontanen, heißblütigen Charakter. 1740, als er schon über sechzig Jahre alt war, verließ er Venedig wieder, weil er seiner Ansicht nach nicht gebührend gewürdigt wurde oder dachte, anderswo mehr verdienen zu können. Auf dem Weg nach Wien legte er einen Zwischenhalt in Graz ein, wohin seine Annina ein Jahr zuvor schon wegen diverser Engagements gereist war. Es war das letzte Mal, dass er sie sehen sollte. Im Juni 1741 führte ihn seine Reise nach Wien, wo er einen Monat später an einer Infektion starb und auch begraben wurde. In Wien hatte er in einem Gasthaus genächtigt, an dessen Stelle später, direkt neben der Wiener Staatsoper, das Hotel Sacher errichtet wurde. Eine Gedenktafel neben der Tür des Hotels erinnert heute an den unglückseligen italienischen Gast.

Mit Vivaldi starb das spielerische, sinnliche, spontane Musiktheater, das Venedig hundertfünfzig Jahre gekannt und mit dem es ganz Europa infiziert hatte. Andere Städte und Länder trugen die Fackel weiter, aber nie wieder sollte eine so besondere Kombination aus musikalischer Brillanz, libertärer Freude und menschlicher Einsicht bestehen. Mit Vivaldi starben die Pastelltöne, es starb die Zartheit.

Ridotto im Palazzo Dandolo in San Moisè
(Gemälde von A. Guardi, Ausschnitt), 1746

Casanova und Mozart.
Zügellosigkeit und Glücksspiel im Ridotto

Von der Kirche aus überquere ich die Piazza San Marco in Längsrichtung, um über die Kolonnade an der Querseite in den Stadtteil San Moisè zu gelangen. Ich suche nach dem ultimativen Symbol des venezianischen Libertinismus des 18. Jahrhunderts, dem Ort, an dem sich dieses sinnliche Leben in der Öffentlichkeit abspielte: dem *ridotto pubblico*. Ein Ridotto ist buchstäblich ein Ort, an dem man sich „reduziert", in dem Sinne, dass man sich absondert oder zurückzieht. Seit 1282 wurde in der Stadt der Begriff für Orte verwendet, an denen sich Patrizier, Abenteurer, Reisende und Prostituierte zusammenfanden, um zu spielen, sich sexuellen Genüssen hinzugeben oder soziale und politische Bande zu knüpfen. Auch die Foyers in den Theatern wurden später *ridotti* genannt.

Um das ungezügelte Glücksspiel in der Stadt einigermaßen unter Kontrolle zu bekommen – und sicherlich auch um an den Gewinnen teilzuhaben –, öffnete der Patrizier Marco Dandolo auf Wunsch des Stadtrates bereits 1638 seinen Palazzo im Stadtteil San Moisè in der Nähe des Canal Grande für die Öffentlichkeit. Zunächst wurden dort Karten, Glücks- und Lotteriespiele, wie Biribi und Basetta, gespielt. Der Palazzo war damit das erste Spielkasino in Europa, was natürlich die Aufmerksamkeit reicher In- und Ausländer und der üblichen Glückssucher auf sich zog. Dieser Ridotto entwickelte sich zu einem Ort, an dem sich zur Karnevalszeit, die vom 26. Dezember bis zum Aschermittwoch andauerte, reiche Venezianer und aristokratische europäische Besucher trafen. Dabei waren sie maskiert, und diese Masken trugen sie in dieser Zeit auch auf der Straße. Die Maske sorgte für Anonymität, Spannung, zufällige Begegnungen, ungestrafte

Flirts und Zügellosigkeit. Auch die Anonymität beim Glücksspiel war damit gewährleistet. Der Ridotto war offiziell für jedermann zugänglich, doch die Kleidungsvorschriften waren dergestalt, dass nur die höheren Klassen zugelassen wurden. Die Maskerade sorgte für ein endloses Roulette im Glücksspiel, im Liebesspiel, oder in beidem zugleich.

Es war kein Zufall, dass der Ridotto ein Jahr nach der Eröffnung des ersten öffentlichen Opernhauses entstand, dem 1637 eröffneten Teatro San Cassiano. Nachdem die Venezianer die Masken und Kostüme auf der Bühne bestaunen konnten, setzten sie das theatralische Schauspiel mühelos mit sich selbst in der Hauptrolle fort. Das Theater San Moisè beispielsweise lag nahe beim Ridotto, auch wenn es sich nicht im Besitz der Familie Dandolo, sondern in dem der Grimanis befand.

Ein geheimes Rendezvous mit einem oder einer maskierten Geliebten in der Opernloge des San Moisè-Theaters fand seinen ultimativen Abschluss am Spieltisch, vor den Augen der Öffentlichkeit. Die ganze Existenz wurde Teil einer großen Inszenierung, die den Unterschied zwischen dem realen und dem gespielten Leben so ineinanderfließen ließ, wie die zahlreichen Spiegel in den Interieurs eine Reflexion auf den Glanz des Lebens darstellten. Wie die gläsernen Kronleuchter vervielfachte sich tausendfach in einer fiktiven Widerspiegelung die Glut des Lebens.

Künstler des 18. Jahrhunderts wie Pietro Longhi und Antonio Guardi haben diese Welt gemalt. Auf Guardis Interieur des Ridotto sehen wir Frauen, die weite weiße Satinkleider mit einem leichten Cape und einem schwarzen Spitzenschultertuch darüber tragen, die beide bis zum Kopf hinaufreichen. Unter einem ebenso schwarzen Hut tragen sie weiße Masken, die Augen und Nase bedecken. Die Männer wirken in ihren braunen und beigen Mänteln etwas weniger elegant. Vom zentralen Saal aus, dessen Wände mit Leder und Gemälden verkleidet sind, sind mehrere kleinere Nebenräume sichtbar, in denen sich ebenfalls maskierte Männer in diffusem Licht um Spieltische scharen.

Longhi malte zur gleichen Zeit ein Detail desselben Raumes. Frontal im Vordergrund wieder eine maskierte Dame in Weiß und Schwarz. Hinter ihr ein Herr in Schwarz, der ihr den Hof macht. An einem Tisch hinter diesem Paar sitzen Männer und Frauen. Sie sind eifrig mit Karten, Münzen und Geldsäckchen beschäftigt. Einige unmaskierte Männer scheinen sich mit der Beute aus dem Staub zu machen, während die um ihre Barschaft erleichterten Aristokraten bei den unbekannten Kurtisanen Trost suchen. Ein weiteres Gemälde finde ich später in der Sammlung des Palazzo Querini Stampalia. Es stammt von Gabriele Bella, der eine Generation jünger ist als Longhi und Guardi. Er malt den *nuovo ridotto,* wie er 1768 in demselben Komplex mit ganz neuen Stuckdekorationen von Maccaruzzi und Fresken von Guarana eingerichtet wurde. Die Besucher sind jetzt hauptsächlich in Schwarz und Blau gekleidet, das Weiß ist offenbar verschwunden. Der Hauptsaal sieht viel größer aus als auf den vorherigen Bildern. Nach diesem Saal bin ich nun im Stadtteil San Moisè auf der Suche.

Zunächst gehe ich natürlich in die Calle del Ridotto, doch dort finde ich nirgendwo einen möglichen Eingang, nur teure Geschäfte und an ihrem Ende den unvermeidlichen Kai. Ich frage einen Ladenbesitzer, der mir erklärt, dass ich in die angrenzende Straße, die Calle Vallaresso, gehen und dort das Hotel Monaco e Grand Canal aufsuchen müsse.

Das Hotel befindet sich im Gebäude des ehemaligen Palazzo Dandolo. Durch die teils historische, teils moderne Lobby gehe ich zur Rezeption. Auf meine Bitte hin, einen Blick auf den Ridotto werfen zu dürfen, verschwindet der Angestellte für einige Sekunden in einen anderen Raum. Er kommt mit einem großen, grauhaarigen Kollegen in moderner Livree zurück, der mich lächelnd anblickt und mir, ohne irgendetwas zu sagen oder zu fragen, eine große Mappe mit historischen Informationen und Karten in die Hand drückt. Danach geleitet er mich freundlicherweise zu einer hohen, geraden Treppe in der Halle, wo er, noch immer ohne ein Wort zu verlieren, mit dem

Arm nach oben weist. Ich gehe davon aus, dass er mich begleitet, um nach dem Rechten zu sehen, aber dann winkt er mich ein zweites Mal milde lächelnd und schweigend nach oben. Ich danke ihm und gehe die Treppe hinauf.

Links und rechts kündigen die Rokoko-Ornamente bereits an, was mich erwartet. Oben angekommen, öffne ich die Doppeltür aus Nussbaumholz und finde mich inmitten von Bellas Gemälde, in dem völlig intakten großen Saal des Ridotto wieder. Die in Pastelltönen bemalten Täfelungen mit Pilastern stützen eine umlaufende Empore samt Balustrade. Die zarten Gelb-, Ocker-, Blau- und Grautöne werden von goldenen Rändern akzentuiert. Inmitten der großen Decke das Oval mit Guaranas Fresko, mit einem ätherischen Wolkenhimmel, in dem ich Merkur, den Gott des Handels, des Profits, der Reisenden und der Diebe, ausmachen kann, umgeben von Putten und zwei Musen, wahrscheinlich den Musen der Musik und der Poesie. Was nicht überrascht, denn ein Teil der Gewinnsumme dieses Spielsaals wurde zur Finanzierung von Opernproduktionen verwendet.

Noch immer befindet sich an der langen Seitenwand unter einem Muschelmotiv eine Nische mit Rokoko-Wandverzierungen, wie sie auf Gemälden des 18. Jahrhunderts zu sehen sind. Über das glänzende Parkett schlendere ich zu den verschiedenen Seitenräumen, von denen einer mit frischen weißen, gelben und grünen Stuckdekorationen voller Blätter- und Blumenformen geschmückt ist; mir kommt es vor, als würde ich einen erstarrten Garten betreten. *Gefrorene Musik*. Überall noch die alten, verblassten und bräunlich beschlagenen Spiegel, in die drei Menschen geblickt haben, deren Leben und Werk sich untrennbar miteinander verbinden würde: der Librettist Lorenzo da Ponte, der Verführer Giacomo Casanova und der Komponist Wolfgang Amadeus Mozart. Die Kultur des Ridotto, des Theaters und der venezianischen Verführung brachte sie schließlich zusammen.

Mozart war 1771 während des Karnevals vom 11. Februar bis 12. März in der Stadt, er war damals fünfzehn Jahre alt. Sein Vater, der ihn begleitete, war davon überzeugt, dass sein talentierter Sohn seine

Ausbildung in Italien abschließen könnte. Viel hat dieser Besuch jedoch nicht gebracht, denn im Gegensatz zu den Triumphen, die er bei Auftritten in anderen italienischen Städten feierte, empfingen ihn die Venezianer besonders kühl. Der lange Tross von Virtuosen, die ihre Stadt ununterbrochen besucht hatte, hatte sie blasiert werden lassen. Darüber hinaus hatte Mozart Pech. Er erhielt einen Opernauftrag für das Teatro San Benedetto, doch das Gebäude brannte 1774 bis auf die Grundmauern nieder.

Gemeinsam mit seinem Vater wohnte Mozart in einer Wohnung an der Calle Barcaroli, zu Fuß keine fünf Minuten vom Ridotto entfernt. Eine Gedenktafel an der Fassade erinnert daran. Auf der anderen Seite des Canal Grande, in der Nähe der Kirche Santa Maria della Salute, verbrachte der zweiundzwanzigjährige Lorenzo da Ponte dieselben Wintertage des Jahres 1771 in einem Heim für Katechumenen. Von armer jüdischer Herkunft wollte er Katholik werden und wurde als Katechumene auf die Taufe vorbereitet. Er träumte von einer kirchlichen Karriere, um so der Armut entfliehen zu können. Im Seminar in Portogruaro, außerhalb von Venedig, begann er anschließend seine Vorbereitung auf das Priestertum. Nach seiner Weihe 1773 zog er nach Venedig. Doch anstatt ein ordentlicher Priester zu werden, begann er dort ein Leben voller Liebe und Lust. Zugleich öffneten sich ihm die Türen der literarischen Kreise. Bei einer solchen literarischen Zusammenkunft begegnete er 1777 Casanova. Sie wurden gute Freunde und teilten ihre intellektuellen und amourösen Erfahrungen.

Niemand hat den venezianischen Libertinismus so sehr verkörpert wie Giacomo Casanova: „Die sinnlichen Genüsse zu kultivieren, bildete die Hauptbeschäftigung meines ganzen Lebens; niemals hat es für mich etwas Wichtigeres gegeben." Das war buchstäblich sein Wahlspruch. Seine Herkunft und seine Jugend in der Stadt zeigen auch die Verflechtung von Kunst und Leben. Er war Sohn eines Musikers und einer Schauspielerin, die beide im Teatro San Samuele des Patriziers Carlo Grimani arbeiteten. Sie wohnten in einer Gasse neben dem Gebäude, in dem Giacomo 1725 geboren wurde.

Obwohl andere behaupten, dass er im Theater selbst geboren worden sei. Verschiedene Quellen berichten, dass sein Vater nicht sein wahrer Erzeuger war: Giacomo soll ein Sohn von Michele Grimani gewesen sein, der auch der Vater von Carlo Grimani war. Micheles Bruder Chiari Grimani wurde zudem Giacomos Vormund, und er bestätigte Micheles Vaterschaft. Chiari Grimani versuchte mehrmals, Casanova auf den richtigen Weg zu bringen. Doch diese Versuche waren vergebens; der Libertin geriet immer wieder in dubiose finanzielle Schwierigkeiten.

Casanova hat den Ruf eines skrupellosen Frauenhelden. Nichts könnte weiter von der Wahrheit entfernt sein. Der mechanische Liebhaber, den Federico Fellini in seinem Film in Gestalt von Donald Sutherland zeichnet, sagt mehr über das Italien der 1970er Jahre aus als über die erotische venezianische Kultur zweihundert Jahre zuvor. In seinen Memoiren zeigt sich Casanova als aufmerksamer, eleganter, einfühlsamer Liebhaber, dessen sexuelle Lust vor allem dadurch gesteigert wurde, dass er anderen Genuss bereitete. In seinen Schriften schönt er die Realität natürlich, aber wer sein eigenes Leben über Tausende von Seiten beschreibt, kann sich nicht dauerhaft verbergen. In gewissen Momenten schimmert sein wahrer Charakter zwischen den Zeilen hindurch – offenbar einer von unwiderstehlicher Eleganz.

Als Casanova nach achtzehn Jahren Verbannung 1782 noch einige kurze Besuche nach Venedig führten, geriet er in Konflikt mit Carlo Grimani, bei denen es natürlich um Geld ging. Aus seiner Wut heraus behauptete Casanova, dass auch sein „Halbbruder" Carlo ein Bastard sei. „Alle sagen, ich sei ein Bastard, aber Carlo Grimani ist es auch. Mit dem Unterschied, dass ich mehr Anspruch auf den Namen Grimani habe als er." Nachdem er noch eine Schmähschrift über die Grimanis und den venezianischen Adel veröffentlicht hatte, folgte seine letzte und definitive Verbannung aus Venedig, nicht aber bevor die Familie Grimani, zumindest nach Ansicht einiger Musikhistoriker, süße Rache an ihm genommen hatte. Diese Rache vollzog sich in Gestalt einer Oper: *Don Giovanni*.

Giovanni Bertati ist als Librettist der komischen Oper *Il matrimonio segreto* von Cimarosa aus dem Jahr 1792 in die Geschichte eingegangen. Er war der Sohn des Aufsehers von Martellago, einem Familienbesitz der Grimanis außerhalb Venedigs, und der Familie für die Finanzierung seines Studiums am Priesterseminar von Treviso zu Dank verpflichtet. Da die Grimanis die wichtigsten Theater der Stadt besaßen, hatte diese Dankbarkeit für ihn als ambitioniertem Librettisten große Vorteile.

Casanovas Pamphlet gegen Carlo Grimani und den venezianischen Adel war nicht unbemerkt geblieben. Die Türen des Palazzo Grimani waren für ihn für alle Zeit verschlossen. Seine einzigen Einkünfte – aus der Spionage für die Inquisitoren der Republik – gingen verloren. Grimani organisierte eine Verleumdungskampagne gegen Casanova, die ihren Höhepunkt in einer Oper im Teatro San Benedetto fand. Sie sollte Casanovas Ruf für immer ruinieren. Giovanni Bertati erhielt 1783 den Auftrag, das Libretto für eine pamphletistische Oper zu schreiben, und er entschied sich, wahrscheinlich in Absprache mit der Familie Grimani, für eine Adaption von *El burlador de Sevilla o convidado de piedra („Don Juan oder der Verführer von Sevilla und der steinerne Gast")* des Spaniers Tirso de Molina. Der Komponist sollte Francesco Bianchi sein, der am Teatro San Benedetto arbeitete. Neben De Molina wird auch eine venezianische Bühnenfassung für Inspiration gesorgt haben. 1738 hatte nämlich der Theatermann Carlo Goldoni bereits seinen *Don Giovanni Tenorio, ossia il dissoluto* (*Don Giovanni Tenorio oder Der Wüstling*) aufgeführt. Das Thema lag in der Luft.

Die Grimanis haben mit der Oper wohl deutlich machen wollen, wie skandalös das Verhalten Casanovas gewesen war. Er verführte die Ehefrauen und Töchter der Patrizier und untergrub mit seiner Kritik die Gesellschaftsordnung. Bianchis Oper wurde allerdings nicht aufgeführt. Die Gründe dafür sind unklar, wahrscheinlich hatte die Musik nicht das angestrebte Niveau und die erhoffte Wirkung. Die Grimanis beschlossen, sich nach einem anderen Komponisten umzusehen. Die Wahl fiel auf Giuseppe Gazzaniga, der sich zu diesem

Zeitpunkt auf dem Höhepunkt seiner Karriere befand. Da er verschiedene Engagements an anderen Theatern in Europa hatte, ruhte das Projekt für mehrere Jahre, bis es 1787 wieder aufgenommen wurde.

Um aus dem gewagten spanischen Theaterstück des 17. Jahrhunderts die lokale Opernsatire *Don Giovanni Tenorio* zu machen, hatte Bertati die Erzählung vereinfacht. Er verlegte die Handlung nach Venedig, und der Protagonist war weniger ein unwiderstehlicher Verführer als vielmehr ein Bösewicht, dem zur Befriedigung seiner sexuellen Begierden jedes Mittel recht war – auch Gewalt. Der aristokratische Don Juan hatte im Original einen verführerisch dämonischen Charakter. Er setzte sein Seelenheil für ein aufregendes Leben aufs Spiel und brach damit auf fast heroische Weise die kirchlichen Regeln. Don Juan war theologisch subversiv. Der Don Giovanni von Bertati ist eher ein bürgerlicher Hochstapler und Betrüger, ein Exhibitionist und egoistischer Sittenstrolch.

Bertati verwandelte die verführten Frauen in Opfer, die lieblos ausgenutzt wurden. Das traf bei Casanova, der immer behauptete, auf die Zustimmung der Frauen und ihr Vergnügen Wert zu legen, einen wunden Punkt. Eine tiefe Kränkung stellt daher auch der umfangreiche internationale Katalog von Eroberungen dar, die Pasquariello, Don Giovannis Diener, aufzählt. Bei Da Ponte und Mozart wird diese Figur bald „Leporello" genannt werden. Dieser Begriff wiederum diente dann in späterer Zeit zur Bezeichnung für eine im Zickzack gefaltete Liste, die ihrerseits auf das Opernrequisit zurückgeht, das Pasquariello in dieser Szene präsentiert. Eine Katalog-Arie war schon seit einiger Zeit Teil der Oper des 18. Jahrhunderts, doch die amouröse Katalog-Arie war eine Erfindung Bertatis, denn bei Tirso de Molina kommt diese nicht vor. Bei ihm gab es nur einen unschuldigen Lakaien, der Don Juan an die Folgen seines Handelns erinnert.

Pasquariello ist Zeuge des Missbrauchs, er hasst Don Giovanni und versucht, der Öffentlichkeit seine Lebenseinstellung zu erklären: Er unterscheide sich von allen anderen Menschen durch die Grenzenlosigkeit seiner Begierden. Darin hätten sich viele Männer im Publikum in gewisser Form noch wiedererkannt, und das wäre nicht direkt ein Grund für moralische Verurteilung gewesen. Schlimmer war jedoch, dass Don Giovanni Frauen ohne Ansehen der Person und des Standes verführte. Die Tatsache, dass es ihm gleich war, ob sie alt oder jung, hässlich oder schön waren, ob es reiche Damen, Kammerzofen oder Bauernmädchen waren, machte ihn zu jemandem, der ein verabscheuungswürdiges Verhalten an den Tag legte. Die Liste degradierte den Verführer und beleidigte die Frauen. Pasquariello verbuchte diese Schandtaten.

Bertati wollte nicht allein Casanova anprangern, sondern den zügellosen Lebensstil im Allgemeinen kritisieren. Das war eine Botschaft, an der die Patrizier, für die er arbeitete, Gefallen finden konnten. Er führte vor Augen, dass Don Giovannis grenzenlose Leidenschaft nicht nur eine Bedrohung der Ehre, sondern auch der Gemeinschaft darstellte. Sie konnte die gesellschaftliche Ordnung untergraben und Chaos verursachen. Explizit kommt diese Idee in einer der letzten Szenen seines Librettos zur Sprache, in der Pasquariello Venedig für seine bürgerliche Ordnung, die Güte seiner Regierung und die Anständigkeit seiner Frauen lobt. Casanova drohte, die Stabilität der patrizischen Oligarchie zu erschüttern, und das gefährdete die wirtschaftliche Macht.

Am 5. Februar 1787 wurde *Don Giovanni Tenorio* von Giovanni Bertati und Giuseppe Gazzaniga im Teatro San Moisè in Anwesenheit der Familie Grimani uraufgeführt. „La gran bestia è il mio padrone ...", singt Pasquariello im Eröffnungsteil der Oper: „Mein Herr ist eine große Bestie." Diese Arie macht sofort klar, warum Gazzanigas Version keine große Furore machte. Am Text liegt es nicht, der ist subversiv genug – mit der moralischen Missbilligung einer Herrschaft, bei der auch die Grimanis selbst die Stirn gerunzelt haben könnten. Aber die musikalische Begleitung klingt hier flau und zahm. Die Kraft der Worte findet im Orchester keinen Widerhall. Es ist eine belanglose Arienbegleitung in einer komischen Oper.

In der anschließenden Szene, in der Don Giovanni Donna Anna bedrängt, erhöht sich die Temperatur. Mehr noch im Duell zwischen Don Giovanni und dem Commendatore, doch die schnelleren Läufe und dynamischen Kontraste werden nicht von melodischem Erfindungsreichtum getragen. Was Bertati und Gazzaniga besser glückt, ist die Katalog-Arie des Pasquariello. In den harmonischen Wendungen der endlosen Auflistung und in den scharfen vokalen Interventionen der beleidigten Donna Elvira klingt Ironie an. Die gleiche Ironie ist in der Friedhofsszene vernehmbar, in der sich Pasquariello vor der sich bewegenden und sprechenden Grabesstatue des Commendatore zu Tode erschrickt. Es ist schon ein bisschen *Gothic Horror avant la lettre*.

Vielleicht ist es ungerecht, diese Oper im Lichte dessen zu beurteilen, was ihr folgen sollte. Sie war nämlich die unmittelbare Grundlage für die Mozart-Fassung, die wenige Monate später, 1787, in Prag uraufgeführt wurde. Es ist unwahrscheinlich, dass der Librettist Lorenzo da Ponte, der damals bereits in Wien lebte, eine Aufführung in Venedig gesehen hat. Bertatis Text kannte er jedoch gut, denn er plünderte dieses Vorbild eifrig und ausgiebig. Was er scheinbar ohne große Skrupel tat, denn von diesem Konkurrenten unter den Librettisten war er nie sehr angetan gewesen. In seinen Memoiren bezeichnet er ihn als „aufgeblasenen Windbeutel".

Casanova stand an der Wiege der Opernversion des Verführers *Don Giovanni* in Venedig. 1787 trafen sich Casanova und Da Ponte bei den Proben und der Premiere in Prag wieder, nun war auch Mozart mit von der Partie. Casanova lebte zu dieser Zeit – alt, arm und ausgebrannt – in Dux, einem abgelegenen Landgut in Böhmen. Dort schrieb er seine berühmten Memoiren. Casanova hat in den Jahren in Prag einige Textvariationen des Librettos von *Don Giovanni* verfasst. Wahrscheinlich besuchte er die Aufführung von Mozart und Da Ponte, und zweifellos wird er sich dabei an seine Jahre in Venedig erinnert haben.

Vielleicht erkannten die venezianischen Patrizier um 1787 nur allzu gut, dass die hohen moralischen Prinzipien ihrer Stadt, die Pasquariello in *Don Giovanni* so ausgiebig besungen hatte, langsam zerbröckelten. Das neue Interieur des Ridotto hatte seit 1768 außer Zweifel gestellt, dass ihm die Rolle des unumstrittenen gesellschaftlichen Zentrums des venezianischen Nachtlebens zukam. Bis 1774 hatten die reichen Venezianer jedoch so viele Spielschulden angehäuft und es waren so viele moralische Missstände konstatiert worden, dass sich der Stadtrat zu seiner Schließung gezwungen sah. Ein böses Vorzeichen. Wirtschaftlich gesehen hatte Venedig schon seit einigen Jahrhunderten seine Hegemonie verloren. Die Stadt überlebte dank ihrer Künste und ihrer glorreichen Vergangenheit. Dies alles wirkte nun verschlissen. Die Schulden des Patriziats und der Aristokratie, versinnbildlicht durch das Vabanque-Verhalten im Ridotto, sollten nie wieder getilgt werden.

San Girolamo, nach der Totenmesse

Sterben in Venedig
und die Magie Rossinis

Am Morgen öffne ich die Fensterläden der Wohnung an der Fondamenta de le Capuzine in Cannaregio, einem der letzten Arbeiterviertel in Venedig. Keine hundert Meter entfernt, auf der gegenüberliegenden Seite des Kanals, liegt das alte jüdische Ghetto. Vom Fenster aus kann ich die Rückseiten der hohen Häuser sehen.

Wie jeden Morgen fällt das helle Licht in die Wohnung und zieht mich wie ein Magnet nach draußen. Doch nicht bevor ich gefrühstückt habe. Bei Kaffee und Brötchen sitze ich in dem kleinen Esszimmer, in dem ich normalerweise die lauten Straßen- und Wassergeräusche höre, die von den Fassaden reflektiert werden. Irgendwo wird immer ein Appartement renoviert oder Müll abgeholt. Boote fahren mit viel Radau und schreienden Männern hin und her. Heute Morgen höre ich an den murmelnden Stimmen, die leise zu mir dringen, dass etwas anderes im Gange sein muss. Neugierig lehne ich mich aus einem der Fenster und werde unerwartet Zeuge eines Rituals.

Auf der gegenüberliegenden Seite des Kanals steht eine Kirche, San Girolamo, für venezianische Verhältnisse ein eher unansehnliches Exemplar. Obwohl ich schon hin und wieder jemanden hinein- und hinausgehen sah und mir sogar einmal ihren Innenraum mit den nachgedunkelten Gemälden angesehen habe, habe ich dort noch nie viel Leben bemerkt. Hier gibt's keine Bellinis, Tizians oder Tiepolos. Jetzt ist der Kai voller Menschen, größtenteils in Schwarz gekleidet. Grüppchen gehen ein und aus, verhalten werden Hände geschüttelt. Am Kai liegt ein offenes Boot, das an diesem Morgen nur *eine* Ladung hat: einen Sarg, bedeckt mit weißen Blumen. Ich schaue weiter zu, anonym in meiner Loge im ersten Rang.

Zunächst hebt sich der Sarg auf einem hölzernen Untersatz hydraulisch auf das Niveau des Kais. Dann dreht er sich um neunzig Grad, so dass er quer statt parallel zum Kai steht, und in einer dritten Bewegung gleitet der Mechanismus langsam auf diesen Kai zu. Alle schweigen, als der Sarg aus der Halterung geschoben und auf einem ausklappbaren Metallgestell in die Kirche gefahren wird. So funktioniert das hier also. Als das letzte Familienmitglied in der Kirche verschwunden ist und der letzte neugierige Umstehende die Tür seines Hauses oder seiner Wohnung hinter sich zugezogen hat, setze ich mein Frühstück mit der Verlegenheit fort, die der ungerührte Anblick einer solchen Szene in mir weckt. Ich bin neugierig auf den technischen Prozess: das Hieven, Gleiten und Fahren.

Kaum eine Stunde später sehe ich die zurückkehrende Menschenmenge auf dem Kai stehen. Der Pfarrer kommt in vollem violettem Ornat mit einigen Gläubigen aus der Kirche und segnet den Verstorbenen draußen ein weiteres Mal. Danach folgt das hydraulische Ritual in umgekehrter Reihenfolge. Als der Sarg wieder im Boot steht, fährt es langsam den Kanal hinunter, im Gefolge eine Reihe von Taxibooten mit Verwandten und Freunden. Vielleicht zur Toteninsel San Michele, auf der der Architekt David Chipperfield eine neue Erweiterung geschaffen hat, damit die Venezianer nicht mehr über die Lagune zu einem Friedhof auf dem Festland übersetzen müssen.

Wann Venedig genau gegründet wurde, weiß man nicht. Wann Venedig starb, lässt sich genau datieren: am 16. Mai 1797. Am 25. April desselben Jahres griff Napoleon die Stadt mit einer Flotte vom Lido aus an. Am 12. Mai kapitulierte Ludovico Manin, der letzte Doge, und damit endete eine mehr als tausendjährige Geschichte völliger Unabhängigkeit. Napoleon hatte gedroht, die Stadt dem Erdboden gleichzumachen, wenn sie sich nicht sofort ergeben würde. Zwei Tage später, am 14. Mai, verließ Manin den Dogenpalast. Er war mit der steinreichen Patriziertochter Elisabetta Grimani verheiratet, die wegen Unfruchtbarkeit der Familie keine Nachkommen hatte schenken können. Sie war bereits 1792 gestorben. Ihr Unvermögen, Kinder zu gebären, und ihr Tod stehen sinnbildlich für das Verschwinden dessen, was die Stadt einst gewesen war. Am 16. Mai 1797 paradierten die französischen Truppen über die Piazza San Marco und der Machtwechsel wurde definitiv besiegelt.

Lange währte dieser napoleonische Besitz nicht. Im Herbst wurde die Stadt mit dem Vertrag von Campo Formio an die Habsburger übergeben. Von 1805 bis 1814 war sie wieder in französischer Hand. Nach dem Wiener Kongress bis zur Unabhängigkeit Italiens war wieder Österreich an der Reihe. Doch es gab noch eine kurze Phase, in der Venedig seine republikanische Freiheit wiedererlangte. Zwei Jahre nach der Premiere von Verdis *Attila*, im Revolutionsjahr 1848, gelang es Daniele Manin, die Unabhängigkeit für ein knappes Jahr zu behaupten. Die Oper hatte ihre angestrebte politische Wirkung offenbar erfüllt.

Daniele Manin war kein Verwandter von Ludovico, kein leiblicher Sohn, aber doch ein geistiger Nachkomme. Ludovico Manin finanzierte Danieles Erziehung, daher nahm dieser den Namen seines Gönners an, einschließlich dessen besonderen symbolischen Wertes. Doch mit diesem geliebten Adoptivsohn erlangte die venezianische Nachwelt nicht ihre Unabhängigkeit, ihre einstige Größe und ihren libertären Geist wieder, denn bereits 1849 waren die Österreicher wieder zurück.

Die beiden Jahrzehnte nach 1797 gingen als die dunklen Jahre von Venedig in die Geschichte ein. Mit dem Ende der Unabhängigkeit starb etwas Grundlegendes, für immer. Obwohl sich der ökonomische Verfall schon seit dem 16. Jahrhundert langsam bemerkbar gemacht hatte, als zunächst Portugal und Spanien und später die Niederlande und England den Welthandel an die Atlantikküste verlagerten, blieb die Stadt der kulturelle, künstlerische und sinnliche Mittelpunkt Europas. Das gesamte 18. Jahrhundert hindurch war Venedig das elegante und blühende Zentrum der Malerei, der Architektur, der angewandten Kunst, des Theaters, der Musik und der Oper. Gerade auf den Fundamenten des wirtschaftlichen Niedergangs, auf den Überresten des beständig verarmenden Patriziats erblühte eine dekadente Schönheit, die Besucher wie ein Magnet anzog. Doch die flirrende Mischung aus Ästhetizismus und Libertinismus, aus künstlerischer und körperlicher Lust fand ein jähes Ende. Nach 1797 blieb davon nur noch eine bittersüße Erinnerung. Der morbide Leichnam dieser Erinnerung wird nun schon mehr als zwei Jahrhunderte einbalsamiert bewahrt. Doch unter den Schichten aus Schminke, Stuck und Spachtelmasse dringt ein fürchterlicher Gestank hervor und lauert eine gähnende Leere. Diese Leere war es, die die Künstler des 19. Jahrhunderts faszinieren sollte.

Nicht jeder wollte gleich glauben, dass die alte Welt für immer untergegangen war. 1813 trug Napoleon bei Leipzig seine große Niederlage davon, wonach Venedig Österreich angeschlossen wurde. Verdi und Wagner, zwei Komponisten, die das 19. Jahrhundert bestimmen würden, wurden in ebendiesem Jahr geboren – Wagner übrigens in Leipzig, während des Kampfgetümmels der napoleonischen Niederlage. Zu guter Letzt wurden in diesem Jahr in Venedig drei Opern eines jungen Komponisten uraufgeführt, der noch am Anfang seiner Karriere stand: *Il signor Bruschino*, *Tancredi* und *L'Italiana in Algeri* von Gioachino Rossini, jeweils im Teatro San Moisè, im Teatro La Fenice und im Teatro San Benedetto. Die erste Oper ist ein komischer Einakter, die zweite eine Opera seria, die dritte eine Opera buffa. Dass Rossini, wie im 18. Jahrhundert üblich, zwischen tragischer und komischer Oper unterschied, deutet darauf hin, dass er an einer alten Welt festzuhalten versuchte. Für den Komponisten bedeuteten die beiden letzteren Opern seinen definitiven Durchbruch – wo sonst als in der langsam verfallenden venezianischen Lagune hätte sich das ereignen können?

Stendhal hielt sich am liebsten in Italien auf, verbrachte seine Zeit mit Opernbesuchen, und von allen Opernkomponisten hörte er am liebsten Rossini. Bei der Premiere des *Tancredi* versteckte sich Rossini laut Stendhal vor Beginn im Korridor zum Orchestergraben. Es war üblich, dass er seine Oper am Klavier begleitete, aber er wagte es nicht, sich im Theater zu zeigen. Zuvor war *Il signor Bruschino* aufgeführt worden, und das Publikum hatte empört auf die Tatsache reagiert, dass er sich aus Übermut und Langeweile während des Komponierens allerlei spezielle musikalische Effekte ausgedacht hatte, wie z.B. das Klopfen der Bögen gegen die Bleilämpchen der Notenpulte oder das col legno-Spielen – das Schlagen oder Streichen der Saiten mit dem Holz des Bogens. Er fürchtete, ausgepfiffen zu werden, wenn er sich zeigte. Als während der Ouvertüre von *Tancredi* jedoch Bravo gerufen wurde, begriff der Komponist, dass er wenig zu befürchten hatte und wagte sich diskret hinter das Klavier.

Im Frühjahr 2018 kann ich im Teatro La Fenice einer Aufführung von *Il signor Bruschino* beiwohnen. Der Direktor des Theaters, der den schönen Rossini'schen Namen Fortunato Ortombina trägt, ist stolz darauf. Noch stolzer ist er auf sein Theater. Aber die Produktion, das musikalische Niveau der Sänger und des Orchesters sowie das Werk selbst können mich nicht verzaubern. Es scheint so, als hätte sich Rossini hier tatsächlich gelangweilt. Während der Ouvertüre klopfen ein paar Streicher mit ihren Bögen rhythmisch gegen die Pulte. Ein komischer Effekt. Das Publikum schmunzelt. Rossinis Musik klingt jedoch altmodisch. Während es in Frankreich eine Welle von tragischen und politisch gefärbten Revolutionsopern gegeben hatte und sich die deutsche romantische Oper nach Beethovens *Fidelio* voll entfaltete, hielt dieser Italiener weiterhin an einem vorrevolutionären Stil fest. Rossini verkörpert auch das Paradoxon der alten und der neuen Zeit. Mit seinem Belcanto-Stil wirkt er wie ein Relikt des *settecento*, und auch seine anfängliche Themenwahl weist in diese Richtung. Seine fünf kurzen Farcen, die er ab 1810 für das Teatro San Moisè entwarf, und zu denen auch *Il signor Bruschino* gehört, atmen alle eine unverwechselbare Goldonische Atmosphäre von Täuschung, Verwirrung, Verkleidungen und anderen – gelegentlich sinnlich angehauchten – Missverständnissen. Die *commedia dell'arte* ist nie weit.

In der Aufführung im La Fenice wird diese *commedia* wörtlich genommen. Pappkarton-Kulissen mit gemalten Pflanzen und Sträuchern gleiten über die Bühne. Grotesk spielen die Sänger die Geschichte: Ein junges, in einen schönen Jüngling verliebtes Mädchen, wird von ihrem Vater und einem Freund gezwungen, einen Trottel zu heiraten. Durch einen listigen Austausch der Personen gelingt es den Liebenden, doch noch ein Paar zu werden. Der geizige Vater des Trottels macht sich nämlich mehr Sorgen über die Schulden seines Sohnes als über sein mögliches Liebesglück. Man hört, wie Rossini hier sucht und tastet, die Rezitative sind pflichtschuldig, die Arien leicht virtuos, aber noch nicht verführerisch, und die Vertonung des humoristischen Subtextes ist noch nicht treffsicher. Die Vorstellung an diesem Maiabend ist ausverkauft, im Publikum eine Mischung aus Venezianern, Italienern und Touristen. Der Applaus ist warm und vernehmlich, aber nicht überschwänglich.

Stendhal schrieb über die alte und die neue Oper, über das 18. und das 19. Jahrhundert, über die italienische Lyrik und die deutsche Harmonie: „Wenn Rossini später kraftvoll sein wollte wie Cimarosa, war er manchmal *schwerfällig*: und zwar deswegen, weil er auf die Gemeinplätze der Harmonie – diese eiserne Reserve der [...] deutschen Komponisten – zurückgegriffen hat, und weil er in der Melodik nicht kraftvoll war. Ob meine metaphysische Erklärung nun stimmt oder nicht, wenn Rossini er selbst ist, ist er elegant und geistreich und nicht kraftvoll wie Haydn oder ungestüm wie Michelangelo und Beethoven."

Der französische Schriftsteller war jedoch der Meinung, dass der Eröffnungschor der Oper *Tancredi*, eines Werkes, das er als Rossinis absolutes Meisterwerk betrachtete, der Kraft von Haydns Kompositionen entbehre. Die Musik sei für eine Szene mit Rittern zu süßlich. In einer Kavatine der Prinzessin Amenaida vermisste er später die Mozart'sche Melancholie. Stendhal gab selbst eine Erklärung für diesen Mangel: „... immer hat er die Befürchtung gehegt, langweilig zu werden, wenn er traurige Musik machte."

Eine Woche nach der Premiere von *Il signor Bruschino* fand am 6. Februar 1813 im La Fenice die Uraufführung von *Tancredi* statt. Der Komponist scheint für die Vollendung der Partitur kaum einen Monat Zeit gehabt zu haben, dennoch ist es ein Meisterwerk. Es hat sich herausgestellt, dass er diese beiden Opern gleichzeitig komponiert und sein künstlerisches Können ganz auf das zweite Werk konzentriert hat. Ein wesentlicher Unterschied besteht darin, dass dieses *melodramma eroico* auf einer Tragödie von Voltaire basiert. *Tancredi*, dargestellt von einer Mezzosopranistin *en travestie*, singt über sein Vaterland „Oh patria! dolce, e ingrata patria!" – in dem von Stendhal so bejubelten begleiteten Rezitativ, das er schöner und kraftvoller fand als die nachfolgende Arie. Dieses Rezitativ beginnt mit einer eindringlichen, ondulierenden Melodie, die das Mittelmeer bei Syrakus auf Sizilien symbolisiert. Dann lässt Rossini Stille einkehren, und die Mezzosopranistin, die die Rolle der Tancredi a cappella singt, beginnt ihr Rezitativ ohne jedes Begleitinstrument: „Oh, patria ..." („Oh, Vaterland ...") Vorsichtig setzen zuerst die Holzbläser ein, dann die Streicher, worauf das Orchester allmählich seine volle expressive Kraft entfaltet, um nach einem fast arioso-artigen Beginn der Arie mit „Tu che accendi questo core" („Du, der du dieses Herz entflammst") schließlich zum schnelleren und virtuosen „Di tanti palpiti ..." („Mit schlagendem Herzen") überzugehen.

Diese Passage scheint das tragische Finale der Oper vorauszunehmen. Obwohl die venezianische Version ein Happy End hat, ist die spätere Version aus Ferrara – übereinstimmend mit der Tragödie von Voltaire – bei Weitem die schönste. *Tancredi* nimmt an, dass ihm seine geliebte Amenaide untreu war. Auf eine große orchestrale Einleitung folgt das begleitete Rezitativ „Dove son'io ..." („Wo bin ich ..."). Die sich anschließende langsame Passage hält die Mitte zwischen Arioso und Arie; er besingt seinen Kummer mit ergreifenden Intervallsprüngen, die die Tiefe seines Schmerzes ausmalen. Als Amenaide erscheint, zeigt er seine Verletztheit und Enttäuschung in einem heftig bewegten Rezitativ. Die elegische und tragische Arie „Perchè turbar la calma" („Warum kommst du, um meinen Frieden zu stören"), die darauf folgt, endet plötzlich in einer jähzornigen Cabaletta: „Traditrice!" („Verräterin!"). In einer letzten Schlacht gegen die feindlichen Sarazenen wird Tancredi tödlich verwundet, und erst da entdeckt er, dass Amenaide ihm nie untreu gewesen ist. Während er im Sterben liegt, wird ihre Ehe geschlossen. Eine herzzerreißende Szene, die von Rossini in einem ruhigen, aber ausdrucksstarken *recitativo accompagnato* eingefangen wird. Es folgen lange Akkorde in den Streichern, die von einer Klarinette in ihrer Färbung sehr zart kontrastiert werden. „Amenaide ... Ti lascia ... Addio." („Ich verlasse dich ... Lebwohl ...") Ein kurzes flüsterndes Tremolo in den Streichern intoniert sein Sterben. Dann ist es vorbei. Ein Moment lang fühlen wir uns wieder zu Monteverdis *Combattimento* zurückversetzt, bei dem Clorinda in den Armen ihres Tancredi stirbt.

Stendhal befand, dass Rossini mit einer bestimmten Instrumentierung die Gefühle zeigen konnte, für die es keine Worte gab: „Die Instrumente weisen, wie die menschlichen Stimmen, besondere Merkmale auf: zum Beispiel hat Rossini in der Arie und dem Rezitativ des Tancredi die Flöte verwendet; dieses Instrument eignet sich ganz besonders für die Wiedergabe der mit Traurigkeit vermischten Freude." Also gibt es doch eine Rossini'sche Melancholie, die in seinen Augen wirkungsvoll ist, auch ohne die deutsche harmonische Gewalt. Aber konnte nicht gerade die deutsche romantische Musik unausgesprochene Gefühle und Empfindungen zum Ausdruck bringen?

Rossini wurde von seinen Zeitgenossen vorgeworfen, ein deutscher „harmonischer" Komponist zu sein. Etwas Ähnliches gilt für den Gesangsstil. Er wird dafür gepriesen, dem Belcanto treu geblieben zu sein, aber diese ganz dem 18. Jahrhundert verpflichtete Gesangsweise gehörte zu seiner Zeit schon längst der Vergangenheit an. Für den echten Belcanto müssen wir bis zu Vivaldi und Händel zurückgehen. Danach begann sich das Gleichgewicht zwischen Lyrik und Drama immer stärker zu Gunsten des letzteren zu verschieben. Für Gluck und Mozart war das dramaturgisch begründete Singen wichtiger als Klangschönheit und Virtuosität. Rossinis Musik ist lyrischer als die deutsche und französische Musik. Doch seine Opern weisen auf die dramatischere Lyrik von Bellini und Donizetti voraus. Sie bilden einen geräuschlosen Übergang zwischen zwei Jahrhunderten, ohne dass der scharfe Einschnitt der Revolution sichtbar wird. Darin lag sein paradoxer Modernismus. Letztendlich stolperte er über das neue Jahrhundert. Er versuchte, sich neu zu erfinden, und wagte den Schritt in die französische *grand opéra*. Dies führte 1829 zur Oper *Guglielmo Tell*, einem großen Erfolg. Doch der Komponist, der nur wenige Wochen auf seinen *Barbiere di Siviglia* verwandt hatte, mühte sich jahrelang mit diesem neuen, dramatischen Stil ab. Er spürte, dass seine Zeit vorbei war. Bis zu seinem Tod 1868 schwieg er in der Oper.

Außer *Tancredi* erschien 1813 auch die komische Oper *L'Italiana in Algeri*, ein Werk, in dem die Sonne der italienischen Halbinsel vollends erstrahlt. Stendhal schreibt darüber: „Als er die *Italiana in Algeri* schrieb, stand er in der Blüte seines Genies und seiner Jugend. Er [...] wollte keine *starke* Musik machen; er lebte in dem angenehmen Venedig, der heitersten Gegend Italiens und vielleicht sogar der ganzen Welt, und sicher der am wenigsten pedantischen. Wegen ihres Charakters wollen die Venezianer vor allem angenehme und eher leichte als leidenschaftliche Gesänge. [...] Von allen Opern, die jemals existiert haben, ist sie diejenige, die den Venezianern am meisten gefallen musste."

Stendhal war erstaunt über die Magie, die die venezianischen Opernhäuser mit Rossini heraufzubeschwören vermochten, und er hatte keine Erklärung dafür. Er sah, dass alles darauf abzielte, die Zuschauer aus der Alltagsrealität in eine angenehme Welt zu entführen, in der man nicht glauben wollte, dass die alte Welt für immer vorbei war.

Die Erzählung der *Italiana* hat große Ähnlichkeit mit der Erzählung von Mozarts *Entführung aus dem Serail*. Bei Mozart war es jedoch eine Frau aus dem Westen, die in den Osten entführt wurde und dort bei einem islamischen Pascha landete, bei Rossini ist es ein Mann aus dem Westen, der in Algier in Gefangenschaft gerät. Er wird von seiner energisch auftretenden italienischen Ehefrau Isabella befreit. Der Unterschied zwischen den beiden Werken lag in der Figur des Paschas. Bei Mozart war Bassa Selim ein potenziell gewalttätiger, aber in Wahrheit zivilisierter Liebhaber, dessen Verhalten sich an den

Ideen der Aufklärung orientierte. Er bändigte seine erotischen Gefühle für seine Gefangene Konstance und ließ sie mit ihrem ursprünglichen Geliebten ziehen. Das Gegenteil geschah dreißig Jahre später bei Rossini. Mustafa, der Bey von Algier, ist ein sexbesessener Idiot, der die schöne Italienerin so schnell wie möglich in sein Haremsbett bekommen will. Rossini macht ihn lächerlich. Der Repräsentant der anderen Kultur wurde als moralisch minderwertig dargestellt.

Statt auf das 18. Jahrhundert und die *commedia dell'arte* zurückzuverweisen, blickte Rossini hier – wiederum paradoxerweise – in ein 19. Jahrhundert voraus, in dem Feindbilder nicht mehr relativiert werden konnten. Dieses Freund-Feind-Denken wurde durch einen aufkommenden Nationalismus hervorgerufen und verstärkt. Wie schon in *Tancredi* griff Rossini in seiner alten Formensprache so etwas Modernes wie den politischen Nationalismus auf, was in Isabellas großem Rezitativ und der Arie „Penso alla patria ..." („Denke an das Vaterland, dann wirst du unverzagt deine Pflicht tun ...") zum Ausdruck kommt. Stendhal musste zugeben, dass Rossini hier an die schlummernden nationalistischen Gefühle seines Publikums appelliert, fügt aber hinzu, dass der Komponist diese „edlen Gefühle" innerhalb kürzester Zeit durch eine entspannte, luftige Melodie kompensiert: „Sciocco, tu ridi ancora ..." („Dummkopf, du lachst immer noch ...").

Dies war ein wesentlicher Unterschied zu Mozart, dem das Komponieren mit nationalistischen Vorstellungen fern lag. Es gibt noch etwas, das sich im 19. Jahrhundert grundlegend verändert hatte. Mozart glaubte in seiner Oper *Die Entführung* noch an die Liebe. Mit *Don Giovanni* hatte er bereits ein großes Fragezeichen dahinter gesetzt. Wer fünfundzwanzig Jahre später Rossinis *Italiana* hörte, fühlte, dass dieser nicht mehr an die aufrichtige, reine Liebe glauben konnte. Das Denken in Klischees und Vorurteilen über vermeintliche Feinde hatte auch seine eigenen Gefühle zu Klischees gerinnen lassen. Was blieb da für einen von Lust getriebenen Araber noch an Gefühlen übrig? Nicht sehr viel später, 1828, erschien in England die anonyme Publikation *The Lustful Turk*, ein fiktiver Briefroman, in dem zwei unschuldige britische Mädchen in Nordafrika auf brutale, aber nicht ganz unangenehme Weise von einem libidinösen Pascha in die Geheimnisse der Sexualität eingeweiht werden. Der Weg zur perversen Lust war bereitet. Als La Fenice 1823 dem international erfolgreichen Komponisten noch einmal einen Auftrag erteilte, entstand das ultimative Meisterwerk *Semiramide*, in dem eine Königin – wenn auch unbewusst – ihren eigenen Sohn begehrt.

Das La Fenice am Campo San Fantin

Byron und Verdi im La Fenice.
Die Kultivierung des Untergangs

„O Venice! Venice! When thy marble walls / Are level with the waters, there shall be / A cry of nations o'er thy sunken halls / A loud lament along the sweeping sea!", schrieb Lord Byron. Jeder Venedigbesucher fährt während seines Aufenthalts gewiss einige Male den Canal Grande hinauf und hinab, meistens mit der Linie 1, der Verbindung zwischen dem Piazzale Roma, dem Bahnhof Santa Lucia, dem Piazza San Marco und dem Lido. Auf einem für gewöhnlich brechend vollen Vaporetto passiert man, von der Rialtobrücke kommend, in der großen Biegung linksseitig die beiden Palazzi Mocenigo. An dem neueren Gebäude auf der linken Seite ist eine markante Tafel angebracht, die sich im Vorbeifahren kaum entziffern lässt: „Qui abito Lord Byron dal 1818 al 1819." Hier lebte er also mit seiner Menagerie aus Papageien, Affen, Hunden, Katzen, zahllosen Bediensteten und Mätressen.

Mit Lord Byron begann die romantische Reflexion über eine Stadt, die es nicht mehr gab, die nur noch in der Erinnerung bewahrt wurde – und schon bald allein in der Fantasie weiterlebte. Er kultivierte die Atmosphäre von Verwesung und Untergang und das innige Verlangen, mit der Stadt langsam im salzigen Schlamm zu versinken, für immer aus dem Leben zu scheiden, nach einer letzten quälenden Konvulsion ungezügelter Lust.

Byron traf 1816 mit achtundzwanzig Jahren in Venedig ein. Er schrieb hier *Beppo*, eine Reihe von Cantos für sein Versepos *Childe Harold's Pilgrimage* – das Hector Berlioz inspirieren sollte – sowie die Theaterstücke *Marino Faliero* und *The Two Foscari*, die jeweils eine Donizetti- und eine Verdi-Oper nach sich zogen. Er arbeitete an dem epischen

Gedicht *Don Juan*, seiner eigenen Vision des Verführers, die mit der Vertonung von Gazzaniga und Bertati im Jahr 1787 und der Aufführung im Teatro San Moisè – keine Hundert Meter vom Palazzo Mocenigo entfernt – ein für alle Mal ein Opernleben erhalten hat. Byrons Giovanni ist ein tragikomischer Held – in vielerlei Hinsicht ein Selbstporträt. Er ist ein Mann, der vor allem geliebt und betört wird, statt selbst ein Schürzenjäger zu sein. Eine ironische Umkehrung. Der sechzehnjährige Don Juan wird von einer dreiundzwanzigjährigen verheirateten Frau verführt – „such things are more common in sun-drenched climes ...". Er folgt wie ein moderner *Orlando furioso* der Spur seiner unerreichbaren Geliebten Haydée und wird in Istanbul als Sklave verkauft, um die Sultanin zu befriedigen, eine Aufgabe, die ihn wenig später auch in Russland bei der männerverschlingenden Katharina der Großen erwartet. Dann verlagert sich das Schauspiel in Byrons Heimatland England, wo der Kontrast zu seinem libertären Lebensstil immens ist.

Byron schrieb nicht nur *in*, sondern auch *über* Venedig. In dem epischen Gedicht *Beppo, A Venetian Story* wartet eine schöne Frau vergeblich auf die Rückkehr ihres Mannes, der sich auf einer Seereise befindet. Sie beginnt eine Affäre mit einem Grafen. Später, auf einem Ball, wird sie von einem türkischen Fremden beobachtet, bei dem es sich, wie sich herausstellt, um ihren vermissten Ehemann handelt. Sie kehrt zu ihm zurück, und beide Männer werden sogar Freunde. So tolerant und gesellig konnte die Lagunenstadt sein.

Sein Werk brachte ihm in Nordeuropa den Ruf eines unmoralischen Künstlers ein. Byron war immer leicht skandalumwittert. Ein inzestuöses Verhältnis mit seiner Halbschwester, homosexuelle Eskapaden, Ehebruch und Betrug – all das gehörte zur ironisch-romantischen Pose seines Künstlertums und empörte das puritanische Bürgertum in seinem Heimatland. Nirgendwo anders als in Venedig hätte er diese Provokationen erleben und beschreiben können. Doch seine dargestellte Wollust war eine andere als die des 18. Jahrhunderts. Sie hatte bei ihm eine andere Funktion. Es ging ihm vor allem darum, sich vom Bürgertum abzusetzen und es zu schockieren. Im Venedig des 18. Jahrhunderts hatte das noch kaum eine Rolle gespielt. Aber auch die persönliche Tragik rückte nun stärker in den Vordergrund. Sein episches Gedicht *Manfred,* ein Selbstporträt, endet in Venedig. Manfred steht am Rande der Hölle, und ihm wird klar, dass die Hölle in ihm selbst tobt.

In der Lagunenstadt scheint sich etwas Wesentliches verändert zu haben. Früher sagte man: „Wer das Venedig des 18. Jahrhunderts nicht kennt, weiß nicht, was Genuss bedeutet." Dieser Genuss war unbekümmert, unbesonnen und leichtfüßig. Der Genuss, den Byron suchte, war verzweifelt, quälend, dunkel, sadistisch sogar. Die Venezianer frönten ihrer Genusssucht in ihrer eigenen Stadt, Byron musste dazu England entfliehen. Er wusste, dass die Unbekümmertheit nur äußerlich war und sich in ihm eine Leere verbarg, die ihn langsam zerfraß. Ebenso wie das Meer Venedig zersetzte. In *Childe Harold's Pilgrimage* schrieb er:

Paläste bröckeln auf das Ufer nieder,
Und selten tönt Musik durch das Revier.
Die Zeit ist hin, doch weilt noch Schönheit hier.
Staaten vergehn, die Kunst sinkt im Verfall,
Nur die Natur ist ewig, und vor ihr
Ist noch Venedig für die Völker all
Der Tummelplatz der Lust, Italiens Karneval.
[...] Sinkt jetzt Venedig, wie es einst begonnen –
Jahrhunderte des Ruhms im Schlamm ersäuft!
O hätte sie, dem fremden Feind entronnen,
Des Meeres Fluten auf ihr Haupt gehäuft,
Statt daß sie kriechend sich ehrlose Ruh erkäuft!

„Ich dinierte mit der Gräfin Albrizzi und einer aus Paduanern und Venezianern zusammengesetzten Gesellschaft", schrieb Byron am 27. Dezember 1816, „und nachher ging ich in die Oper, im Phönixtheater (womit an diesem Tage der Karneval eröffnet wird) [gemeint ist das La Fenice, Byron sah dort die Aufführung *Le danaidi romane* von Stefano Pavesi] – dem Schönsten, beiläufig, dass ich je gesehen habe, es übertrifft unsere Theater bei weitem – an Schönheit und Decorationen, auch die in Mailand und Brescia stehen ihm nach. Die Oper und ihre Sirenen waren so ziemlich wie andere Opern und Sängerinnen; aber der Inhalt des Stücks war äußerst erbaulich; es bezog sich nämlich – d. h. Anlage und Ausführung des Ganzen – auf eine bei Livius vorkommende Geschichte von hundertfünfzig Frauen, die in guter alter Zeit ihre hundertfünfzig Ehemänner vergiftet haben sollen. Die römischen Hagestolzen hielten diese außerordentliche Sterblichkeit nur für eine gewöhnliche Folge des Ehestandes selbst, oder einer Pest; aber die am Leben gebliebenen Gebenedeiten, die alle Bauchgrimmen bekommen hatten, untersuchten die Sache und fanden, dass man ‚ihren Morgentrank zu stark gewürzt habe'; die Folge davon war eine Menge Klatscherei und Kriminalprozesse.

Dies ist der wirkliche und leibhaftige Gegenstand des musikalischen Dramas im Phönixtheater; und Sie können sich gar nicht vorstellen, was es da für allerliebste Arien und Recitative gab, von der *horrenda strage*. Am Schlusse sollte eine Dame von einem Lictor der Kopf abgehauen werden, leider aber ließ er ihn sitzen und die Donna stand wieder auf und sang ein Trio mit den beiden Konsuln, während der Senat im Hintergrund den Chor bildete. Das Ballett zeichnete sich durch nichts Merkwürdiges aus, außer dass die erste Tänzerin Krämpfe bekam, weil man ihr bei ihrem ersten Auftreten nicht applaudiert hatte; und der Directeur kam heraus, um zu fragen, ob kein Arzt im Schauspielhaus wäre? Es war einer, ein Grieche, in meiner Loge, den ich sehr bat, doch als Volontair seine Dienste anzubieten, da ich überzeugt war, dass es in diesem Falle die letzten Krämpfe gewesen sein würden, die die Tänzerin bekommen hätte; aber er wollte nicht."

Das Theater, das Byron an diesem Abend besuchte, war das Nuovo Teatro, La Fenice genannt und 1792 fertiggestellt. Das neue Theater hatte seinen besonderen Spitznamen („Der Phönix") nach dem Vogel, der sich aus seiner Asche wieder erhebt: Das Theater wurde – wenn auch an einem anderen Ort – erbaut, nachdem das nahe gelegene

Teatro San Benedetto 1773 niedergebrannt war. Zu den Eigentümern des abgebrannten Theaters gehörte nicht mehr allein die Familie Grimani, sondern ein Konsortium von Patriziern, die Nobile Società di Palchettesti: die adlige Vereinigung der Logenbesitzer. Diese errichtete zunächst ein neues Theater auf den Ascheresten. Wegen des Erfolgs des Theaters begann der Grundstückseigentümer jedoch dem Konsortium finanziell und politisch entgegenzuarbeiten. Nachdem das Konsortium einen Rechtsstreit gegen diesen Eigentümer verloren hatte, musste es sich zurückziehen. Es suchte nach einem anderen Ort und fand ihn dort, wo heute La Fenice steht. Die Grimanis hatten mit dem San Benedetto einst das größte, schönste und bedeutendste Theater gebaut; daher bemühte sich das Konsortium nun um ein noch größeres, schöneres und bedeutenderes Bauwerk. Die Tatsache, dass die Grimanis ein Konsortium zur Finanzierung benötigten, sagt einiges über die sich verändernden ökonomischen Verhältnisse der venezianischen Patrizier aus. Sie waren nun auf Finanzpartner angewiesen. Die Reichtümer, von denen sie jahrhundertelang gezehrt hatten, begannen zu schwinden.

„Societas MDCCXCII" steht im Relief der schlichten Fassade von La Fenice auf dem Campo San Fantin, eine Referenz an die Nobile Società di Palchettesti, zu der die Grimanis gehörten. Das Fenice, das Byron besuchte, war ein anderes Theater als jenes, das ich heute besuchen kann: Die Fassade ist nahezu das Einzige, was vom ursprünglichen Gebäude des Architekten Selva erhalten geblieben ist. 2003 ging ich einmal über den Campo San Fantin und sah dabei nicht mehr als einige wenige Stücke der Außenmauern des ehemaligen La Fenice. Alles war in ein großes, in Plastikfolien gehülltes Baugerüst verpackt. Baukräne ragten über diesen Block hinaus. Um das ganze Grundstück herum zog sich eine Mauer von Metallplatten. Ich konnte zwar darum herumgehen, aber hineinzugehen war unmöglich, jedenfalls wenn man kein Bauarbeiter war.

Es war eine offene Wunde der Stadt und des ganzen Landes. La Fenice war in der Nacht vom 29. Januar 1996 nach jahrelanger kostspieliger Renovierung fast vollständig abgebrannt. In den Läden rund um den Platz sind Fotos davon zu sehen: die Flammen, die aus dem Komplex schlagen, die Rauchsäule, die über der Stadt hängt, der ausgebrannte Rohbau des Bühnenturms und der verrußte Zuschauerraum, in dem hier und da gerade noch erkennbar ist, wo sich die Ränge und die Logen befanden.

1996 stand nach einer Renovierung die glorreiche Wiedereröffnung kurz bevor. Aber einer der Subunternehmer hatte seine Arbeit noch nicht beendet und hätte eine saftige Strafe zahlen müssen, wenn er nicht pünktlich ablieferte. Ein kleiner Brand sollte ihm eine Atempause verschaffen; in diesem kleinen Brand ging jedoch das gesamte renovierte Gebäude in Flammen auf. Aufgrund von juristischen Streitereien, Korruption, Bürokratie und dem üblichen Phlegma ließ der Wiederaufbau lange auf sich warten. Am Campo San Fantin wurde am Gerüst des grau verpackten Gebäudeblocks eine Digitaluhr angebracht, die die Tage bis zur Fertigstellung zählte. Für einige vielleicht ein unangenehmer Druck.

Bei der Eröffnung im Jahr 2004 war das Gebäude endlich wieder komplett neu erbaut, „*com'era dov'era*", wie die Venezianer sagen: „genau wie es war, wo es war". Ein Begriff, der geprägt wurde, als 1902 der Campanile von San Marco bei einem Erdbeben völlig in sich zusammengebrochen und wieder neu errichtet werden musste. Nicht nur das Äußere des Theaters, sondern auch das Innere wurde im Stil des 19. Jahrhunderts restauriert. Jahrelang arbeiteten fünfzig Unternehmen mit vierhundert Beschäftigten rund um die Uhr am Wiederaufbau. Kosten: zweiundfünfzig Millionen Euro.

Die neoklassizistische Schöpfung von 1792 des Architekten Giannantonio Selva – er sollte einige Jahre später die Toteninsel San Michele entwerfen – war 1836 ebenfalls weitgehend abgebrannt. Was von dem Gebäude erhalten geblieben war, stammt also aus dieser späteren Periode. 1854 wurde das klassizistische Interieur in einen üppigen Neorokoko-Stil umgewandelt, der nach Auffassung der österreichischen Besatzer allem Anschein nach besser zum Ancien Régime des 18. Jahrhunderts passte. Selvas strengen Klassizismus assoziierte man zu sehr mit dem republikanischen Ursprung. Als der jüngste Wiederaufbau geplant wurde, standen nur die Zeichnungen und Grundrisse der Renovierung aus dem Jahr 1854 zur Verfügung, entsprechend wurde das Theater in diesem Stil wiedererrichtet.

Der patrizische republikanische Gedanke und die diversen Angriffe auf ihn kulminierten im La Fenice in den diversen Umwandlungen der kaiserlichen oder königlichen Loge. Selva entwarf ein Auditorium mit gleichberechtigten Logen ohne eine zentrale Loge, da keiner der Patrizier über dem anderen stand. Als Napoleon kam, musste 1807 in kürzester Zeit eine kaiserliche Loge gebaut werden, was Selva umsetzte, indem er die sechs zentralen Logen zusammenfügte. Diese behelfsmäßig umgebaute Loge wurde ein Jahr später durch ein sorgfältig ausgeführtes, dauerhaftes Exemplar ersetzt. Die Österreicher benutzten diese Loge anschließend ebenfalls; nach dem Brand von 1836 wurde wieder eine Kaiserloge erbaut. In der kurzen Zeit von Daniele Manins republikanischer Wiedergeburt, 1848 bis 1849, wurde diese sofort abgerissen und wieder in die ursprünglich sechs separaten Logen umgewandelt. 1854 wurde die Kaiserloge in ihrer prunkvollen Rokoko-Form mit zusätzlichen vergoldeten Spiegeln „restauriert". Beim Anschluss der Stadt an das italienische Königreich im Jahr 1866 wurde der österreichische Adler durch das Wappen des Hauses Savoyen ersetzt. Bei der Ausrufung der Italienischen Republik 1946 wurde dieses schließlich durch den venezianischen Markus-Löwen ersetzt. In dieser Form rekonstruierte man die Loge gewissenhaft im Jahr 1996 und ein weiteres Mal im Jahr 2004. Nun gilt es wohl auf den nächsten Machtwechsel zu warten – oder auf die Unabhängigkeit von der Europäischen Union, was angesichts der italienischen Politikkultur nicht undenkbar ist.

Nun haben wir nicht mehr 2003, und ich stehe mit einer Eintrittskarte für Verdis *La traviata* in der Hand vor dem Theater. Von den unzähligen im La Fenice gefeierten Uraufführungen – von Werken Rossinis, Bellinis, Donizettis und Verdis bis hin jenen von Strawinsky, Prokofjew, Britten und Nono – war *La traviata* die aufsehenerregendste. Das Stück erblickte hier am 6. März 1853 das Licht der

Welt, hatte aber davor schon gehörig Staub aufgewirbelt. Verdi saß mit seiner Oper am Puls seiner Zeit. Die Geschichte der in ihre eigene Welt versponnenen und verwirrten Violetta Valéry, basierend auf Alexandre Dumas' *La Dame aux camélias*, spielte zu Verdis Zeit, Mitte des 19. Jahrhunderts, im Hier und Jetzt. Die Pariser Kurtisane Violetta wird zum Opfer einer dekadenten und moralisch entgleisten Welt, in der sie selbst voll und ganz aufgeht. Verdi war sich der Aktualität bewusst. Im Januar 1853 schrieb er an einen Freund: „Für Venedig mache ich *La Dame aux camélias*, die vielleicht *Traviata* als Titel haben wird. Ein zeitgenössischer Stoff. Ein anderer würde ihn vielleicht nicht gemacht haben, wegen der Sitten, wegen der Zeiten und wegen tausend anderer dummer Skrupel [...] Ich mache ihn mit dem größten Vergnügen."

Der schonungslose Spiegel, den der Komponist seinen Zeitgenossen vorhielt, wurde als zu konfrontativ empfunden. Tragische Liebe gab es in der Oper schon lange, aber noch nie zuvor war diese Tragik so nahegerückt, psychisch so fühlbar geworden. Verdi sah sich gezwungen, die ganze Geschichte in die Vergangenheit zu verlegen.

Früher am Tag hatte ich das Archiv von La Fenice besucht, das sich etwa hundert Meter vom Opernhaus entfernt in einem alten Studio versteckt. Ich bat die freundliche Archivarin, die mich an einem nahe gelegenen Platz aufgelesen hatte, weil das Gebäude unauffindbar war, mir zu erlauben, das Material zu *La traviata* einzusehen. „Da gibt es nicht viel", bemerkte sie trocken. „Das meiste davon ist im Laufe der Zeit verbrannt..." Das leuchtete mir ein. Dennoch brachte sie mir die Partitur des Dirigenten und einige Libretto-Ausgaben der Produktion aus dem Jahr 1853.

„Scena: Parigi e sue vicinanze, nel 1700 circa." Das war Verdis Kniefall vor der österreichischen Zensur. Paris und seine unmittelbare Umgebung um 1850 wurde auf etwa 1700 verlegt. Damit war der Geschichte der konfrontierende zeitgenössische Stachel gezogen. Ich blättere weiter durch die Urfassung des Librettos und stoße auf einen von Violettas allerschönsten Sätzen: „In quai sogni mi perdo, povera donna, sola, abbandonato in questo popoloso deserto che appellano Parigi, che spero oder piu? ... che far degg'io?... gioire. Di voluttà nei vortici perire. Gioir!" („In welchen Träumen verliere ich mich, arme Frau, einsam, verlassen in dieser dichtbevölkerten Wüste, die man Paris nennt, was kann ich erhoffen? ... Was soll ich tun? ... Mich vergnügen, in den Strudeln der Lust untergehen. Mich vergnügen!")

Verdi verstand die Tragik der Sexualität. Einer der Männer, die ihn darin schon eingeweiht hatten, war Lord Byron. Der Komponist schrieb zwei Opern zu Byrons Texten, die venezianische Oper *I due Foscari* und *Il corsaro*, und er war ein Bewunderer seines Œuvres. Mit seiner zügellosen, aber todkranken Kurtisane Violetta zeigte er die selbstzerstörerische Seite einer Frau, die in sich selbst und in ihrer Umgebung gefangen ist und die sich nur mit Zynismus und Gleichgültigkeit zu behaupten weiß. Für ihre Hingabe an die Liebe zu Alfredo, eine verletzliche Hingabe, die gegen all ihre Prinzipien verstößt, wird sie, wie sie ahnt, den bittersten Preis zahlen müssen. Wie Alcina hat sie ihr wahres Inneres vor Gefühlen abgeschirmt, die ihr zu nahekommen, und wie sie verliert sie sich ungewollt in der Liebe, um daran zugrunde zu gehen.

Am 7. März 1853, einen Tag nach der Uraufführung, schrieb Verdi an seinen Verleger Ricordi: „Es tut mir leid, Dir eine schmerzliche Nachricht übermitteln zu müssen, aber ich kann Dir die Wahrheit nicht verhehlen. Die Traviata hat Fiasko gemacht. Forschen wir nicht nach den Ursachen. Es ist so. Addio, addio."

Was könnte die Ursache für das Fiasko einer Oper gewesen sein, die schon kurz darauf zu einem der beliebtesten Musikwerke wurde und es bis heute geblieben ist? Verdi selbst gab einen Hinweis: „Liegt die Schuld bei mir oder bei den Sängern?" Die Frage ist nicht ganz unberechtigt. Als die Sopranistin und Hauptdarstellerin Fanny Salvini-Donatelli die Bühne betrat, scheinen alle im Publikum gelacht zu haben. Die junge und verführerische Violetta wurde von einer fülligen, älteren Sängerin gesungen. Wer sollte da noch daran glauben, dass sie an Schwindsucht sterben würde? Auch der Tenor und der Bariton waren offenbar nicht überzeugend. Der erste Akt mit seinem spektakulären Schluss voller Koloraturen wurde mit Begeisterung aufgenommen. Doch der zerbrechliche, intime und damit äußerst innovative zweite und dritte Akt konnten kaum jemanden bezaubern. Offenbar erforderte diese Musik eine theatralische und stimmliche Subtilität, die die Sänger nicht erfassen konnten oder wollten.

Verdi setzte nun alle seine Karten auf die Aufführung in Rom, und diese wurde ein Triumph. Ein Jahr später folgte eine zweite Aufführung in Venedig, in einer überarbeiteten Fassung. Diesmal war sie ein durchschlagender Erfolg, aber nicht im La Fenice, sondern im Teatro San Benedetto.

La Fenice wurde 2004 mit einer Neuproduktion von *La traviata* feierlich wiedereröffnet, an diesem Abend 2018 sehe ich eine Wiederaufnahme dieser Aufführung. In der Vorhalle ist alles kühl eingerichtet. Terrazzoböden, Marmorsäulen, viel weißer und goldener Stuck, viele Spiegel und überall der Phönix aus den Flammen emporsteigend: als Eingangsemblem, in den Boden eingelegt, in die Damaststoffe eingewebt, in den Programmheften. Der große Saal hätte keinen größeren Kontrast zu diesem klassischen Entree darstellen können. In wilden Rokokoschnörkeln frisst sich hier das Blattgold durch den Raum. Alles blinkt und funkelt, nur das gedämpfte Licht macht das Übermaß erträglich. Die königliche Loge ist der Höhepunkt dieser Geschmacklosigkeit im Stil des 19. Jahrhunderts. Nirgendwo in der Stadt, nicht einmal im protzigsten Rokoko-Palazzo, findet man solche Wucherungen. Der San-Marco-Löwe im Emblem wirkt einfältig. Im Zweifelsfall muss man diesem Interieur wohl noch einige Jahrzehnte Bewährungsfrist zugestehen, denn erst nach vierzig, fünfzig Jahren wird sich in den vielen Rissen und Staubwinkeln eine gewisse Patina eingenistet haben.

An diesem Abend bekomme ich keine Starbesetzung zu hören. Ein Star wie Patrizia Ciofi, die bei der Premiere gesungen hat, ist längst wieder heim- oder zu einer anderen Premiere weitergereist. Aber La Fenice ist es seinem Rang – und den hohen Eintrittspreisen – schuldig, gesangliche Qualität zu liefern. Meine Violetta gibt als aufstrebender Stern am Gesangshimmel alles, was sie zu bieten hat. Sie ist eine bildschöne Kurtisane, mit der Verdi 1853 wahrscheinlich glücklicher gewesen wäre.

Ich habe einen Platz im hinteren Teil des Parketts. Ein Feuerwehrmann des Theaters steht auf dem Gang. Er ist mit einer Großmutter und ihrer Enkelin neben mir ins Gespräch vertieft, die zweifellos auf den Plätzen der anderen Feuerwehrleute sitzen, die während der Vorstellung hätten dabei sein sollen. Im La Fenice ist das kein überflüssiger Luxus. Die Großmutter schwatzt pausenlos, auch während der Aufführung, und geht mitten in einem Akt kurz auf die Toilette.

In der Pause schlendere ich durch die Foyers, die Sale Apollinee, die teilweise rekonstruiert wurden und die in ihrer Gestaltung ganz auf der Architektur des Ridotto beruhen. Diese Flucht von fünf klassizistischen Sälen hat den Brand von 1836 überlebt und gehört zum ursprünglichen Teil des Gebäudes von Selva. 1996 haben sich vier Fünftel von ihnen in Rauch aufgelöst. Heute trinke ich meinen Kaffee im Sala Dante. Dante selbst ist in seiner charakteristischen roten Kleidung auf einem der Fresken aus dem 19. Jahrhundert zu sehen, die beim letzten Wiederaufbau wiederentdeckt wurden. Sein Begleiter Virgil ist verschwunden. Zumindest dieser Teil des Freskos ist verbrannt und nur als rotes Graffiti rekonstruiert worden. Wahrscheinlich gehen sie hier durchs Fegefeuer. In dem kleinen Lädchen der Oper kaufe ich mir eine Karte mit einem Porträt von Fanny Salvini-Donatelli. Auf der Rückseite der Karte lese ich, dass dieses Gemälde verbrannt ist: „Lost in the fire of 1996." Danach gönne ich mir noch einen Espresso der Hausmarke im La Fenice: von der Firma Hausbrandt aus Triest.

Zurück im Saal sehe ich den ergreifenden dritten Akt, in dem die verarmte, verlassene und sterbende Violetta mit dem letzten Funken Hoffnung pianissimo singt: „io ritorno a vivere", „ich kehre ins Leben zurück". Das düstere Pariser Zimmer wird nun langsam hell, und die Hoffnung scheint zurückzukehren. Ein magischer Moment, der 2004 bei der Wiedereröffnung seine Wirkung gewiss nicht verfehlt hat. Die Großmutter, die vor mir sitzt, ist die erste, die begeistert applaudiert, als die Oper zu Ende ist. Sie hatte den Abend ihres Lebens.

Hotel Danieli, um 1880

„Die Sehnsucht der Seele".
Hotel Danieli

Es war die bekannteste und teuerste Adresse der Stadt, hier logierte, wer Rang und Namen hatte. Das Hotel Danieli wurde zu einer Anlaufstelle für alle romantisch veranlagten Touristen, die von Lord Byron mit dem Venedig-Virus infiziert worden waren. Das Hotel liegt in prominenter Lage an der Riva degli Schiavoni. In der Eingangshalle wartet Direktor Giuliano Corsi auf mich. Ich schüttle die Hand eines sympathischen Mannes mit einer warmherzigen Ausstrahlung, er trägt einen schlichten beigen Anzug und in schrillem Kontrast dazu rötliche Schuhe. Seine glanzvolle Karriere hat er als Hotelportier in Mailand begonnen, heute leitet er das berühmteste Haus des Landes.

Er bestellt mir einen Kaffee und bittet mich, ihn an die Bar zu begleiten. Dann ergreift er sofort das Wort: „Zunächst einmal muss ich mich aufrichtig entschuldigen." Ich sehe ihn erstaunt an. Er fährt fort: „Sie müssen wissen, dass wir Italiener uns für Berlusconi zutiefst schämen. Dass er in der italienischen Politik wieder eine Rolle spielt, ist eine Schande." Es nagt sichtlich an ihm, doch ich versichere ihm, dass ich das keinem Italiener nachtragen würde. Außerdem interessiere ich mich mehr für die Geschichte des Hotels.

Corsi erzählt: „Ende des 14. Jahrhunderts wurde dieser Palazzo vom Dogen Enrico Dandolo erbaut, einem Nachfahren des gleichnamigen blinden Dogen, der den vierten Kreuzzug anführte, Konstantinopel plünderte und in der Hagia Sophia begraben ist. Als das Haus in den Händen der Familie Mocenigo war, ließen sie hier Monteverdis *Combattimento* aufführen. Nach dem Fall der Stadt im Jahr 1797 kam es 1822 teilweise in den Besitz von Giuseppe dal Niel, der es in ein Hotel umwandelte. Im Jahre 1840 wurde das ganze

Gebäude sein Eigentum, als der letzte Mocenigo, der dort noch im ersten Stock gewohnt hatte, gestorben war. Dal Niel erkannte, dass der von Goethe, Charles Burney und Lord Byron inspirierte Tourismus reiche Gäste anzog, die in einem guten Hotel wohnen wollten. „Ein kluger Schachzug."

Corsi führt mich nach oben, über die prachtvolle Treppe, die den Innenhof schon im 14. Jahrhundert zierte, zum Piano nobile. Wir gelangen zu einem geräumigen Treppenabsatz mit einem alten Dielenboden. „Ob ich weiß, wo Richard Wagner hier gewohnt hat? Nein, keine Ahnung, dafür ist zu viel verändert und umgebaut worden, aber diese Etage und diese Suiten an der Vorderseite sind noch original. Eine von ihnen hat ein Deckengemälde von Jacopo Guarana." Ich gehe hinein und erblicke einen Wolkenhimmel voller musizierender Putten.

Dann führt mich Corsi zu einer weiteren Suite: „Hier links sind die Zimmer, in denen George Sand und Alfred de Musset in den Jahren 1833 bis 1834 wohnten. Auch der preußische Kaiser Wilhelm logierte hier, ebenso wie Dickens. Von Proust wissen wir aus einem seiner Briefe mit Sicherheit, dass er im zweiten Stock wohnte."

Er öffnet die Tür der Suite. Als ich eintrete, stehe ich in einem Raum, der scheinbar seit hundertfünfzig Jahren unverändert ist. Die Räume stehen voller antiker Möbel, die Böden knarren und an der Decke hängen alte Murano-Lüster, während die Flügelfenster einen weiten Blick über das ganze Bacino, die Riva degli Schiavoni, auf San Giorgio Maggiore und Santa Maria della Salute bieten. Es ist die schönste Aussicht auf die Stadt.

George Sand war als Schriftstellerin und Geliebte zahlreicher Künstler, unter ihnen Chopin und Liszt, die Inkarnation der romantischen Muse. Alfred de Musset war als Dichter stark von Lord Byron beeinflusst, so dass er mit George Sand, gleich als er sie erobert hatte, in die Stadt von Byrons größten Liebeserlebnissen reisen wollte.

Corsi: „George Sand wurde krank, sie litt an der Dysenterie, einer damals hier weit verbreiteten Krankheit. Die Tür zwischen ihren beiden Zimmern wurde abgeschlossen, weil Musset, wie er sagte, festgestellt hatte, dass er Sand nicht liebte. Er ging aus und widmete sich dem Nachtleben. Bis er selbst, ernster noch als George Sand, ebenfalls an der Dysenterie erkrankte. Der junge Arzt Pietro Pagello wurde herbeigerufen. Pagello hatte Sand schon einmal von der Riva degli Schiavoni aus bemerkt. Er sah damals eine Frau mit melancholischem Gesichtsausdruck, rabenschwarzem Haar, einem roten Schal als Turban und Zigarette rauchend auf dem Hotelbalkon sitzen."

Nachdem Sand und Pagello gemeinsam am Krankenbett von Musset gewacht hatten, erhielt der Arzt einen Brief von ihr. George Sand schrieb darin: „Werde ich Deine Gefährtin oder Deine Sklavin sein? Begehrst du mich oder liebst du mich? Wenn Deine leidenschaftliche Begierde befriedigt ist, wirst Du mir dann danken? Wenn ich Dich glücklich gemacht habe, wirst Du es mir sagen? Weißt Du eigentlich, wer ich bin? Und beunruhigt es Dich, es nicht zu wissen? Bin ich für Dich etwas Unbekanntes, was Du zu entdecken suchst oder bin ich für Dich nichts als eine Frau, die denjenigen gleicht, die in einem Harem fett werden? Ich glaube, in Deinem Auge, einen göttlichen Funken glimmen zu sehen. Wird er nur entzündet von der Begierde, die diese Art von Frauen befriedigen können? Kennst Du die Sehnsucht der Seele? Sie kann durch unsere Sinne nicht gestillt werden und menschliche Zärtlichkeit kann sie weder einschläfern noch verringern." Corsi: „Sand und Pagello stürzten sich in ein stürmisches Verhältnis. Der kranke Alfred de Musset reiste allein und völlig desillusioniert nach Paris ab. Der Vorfall wurde zu einem großen Skandal in Venedig. Doch dieses Eckzimmer Nummer 10 ist noch immer sehr beliebt bei unseren Gästen, sie fragen danach. Es kostet zehntausend Euro pro Wochenende. Vor allem Amerikaner buchen es oft." Der Direktor sieht mich mitleidig an: „Man ist doch nicht ganz bei Trost, wenn man für so etwas so viel bezahlt, oder?"

Das berühmteste Café der Stadt: Caffè Florian

Tristan und Isolde.
Wagner im Café

Zum Raum wird hier die Zeit. Das ist einer der faszinierendsten Sätze der Opernliteratur. Fünfundzwanzig Jahre, bevor Einstein seine Relativitätstheorie formulierte, scheint er, irgendwann im Jahr 1877, von Richard Wagner zu Papier gebracht worden zu sein, als er an seiner letzten Oper *Parsifal* arbeitete. Die Komposition entstand auf süditalienischem Boden – in Neapel, Ravello und Palermo. Nicht in der Lagunenstadt also, wenngleich sie Wagner in wichtigen Phasen seines Lebens besuchte. Venedig sollte einen großen Einfluss auf seine Entwicklung haben, hier schrieb er den entscheidenden zweiten Akt von Tristan und Isolde. Am 13. Februar 1883, gegen drei Uhr nachmittags, würde er hier sterben. Seine Musik gefror an diesem Ort.

Das Venedig, das Wagner und sein Begleiter Karl Ritter bei ihrem ersten Besuch am 29. August 1858 antrafen, fünf Jahre nach der Uraufführung von *La traviata,* war ein regloses, versteinertes Vorzimmer des Todes. Das, was die Stadt einmal gewesen war – der Tempel ungetrübter sinnlicher Liebe –, war dahingegangen. Von der Zeit war nur der leere Raum übriggeblieben. „Als wir am 29. August bei Sonnenuntergang zuerst von dem Eisenbahndamme herab Venedig aus dem Wasserspiegel heraus vor unsren Blicken auftauchen sahen, verlor Karl bei einer enthusiastischen Bewegung aus dem Waggon den Hut vor Freude; ich glaubte dahinter nicht zurückbleiben zu müssen und warf meinen Hut ebenfalls hinaus: so kamen wir beide barhäuptig in Venedig an und bestiegen sogleich eine Gondel, um den ganzen Canale Grande entlang bis zur Piazzetta bei S. Marco vorzudringen."

Die beide Freunde bezogen Quartier im Hotel Danieli. Die Aufregung bei der Annäherung an die Stadt ist erkennbar, aber Wagner nuancierte seine Freude schon sehr bald: „Das Wetter war plötzlich etwas unfreundlich geworden, das Aussehen der Gondel selbst hatte mich aufrichtig erschreckt; denn soviel ich auch von diesen eigentümlichen, schwarz in schwarz gefärbten Fahrzeugen gehört hatte, überraschte mich doch der Anblick eines derselben in Natur sehr unangenehm: als ich unter das mit schwarzem Tuch verhängte Dach einzutreten hatte, fiel mir zunächst nichts andres als der Eindruck einer früher überstandenen Cholera-Furcht ein; ich vermeinte entschieden an einem Leichenkondukte in Pestzeiten teilnehmen zu müssen."

Ob diese Assoziationen mit Tod und Krankheit, die inzwischen zu einem Synonym für Venedig geworden waren, aufrichtig gemeint oder nur literarische Gemeinplätze waren, die seinen Memoiren nachträglich hinzugefügt wurden, lässt sich bei Wagner nicht mehr genau feststellen. Die Zeit, in der sein Werk mit den gleichen dekadenten Gefühlen zu Tod und Krankheit assoziiert wurde, sollte erst noch kommen. 1858 war er der Komponist von *Rienzi, Der fliegende Holländer, Tannhäuser* und *Lohengrin*. Der *Ring* war halb fertig und unbekannt. Der Zweck seiner Reise nach Venedig war ein doppelter. In Zürich hatte er bei der wohlhabenden Familie Wesendonck ein Unterkommen gefunden und den ersten Akt von *Tristan und Isolde* komponiert. Er hatte sich in die Frau seines Wohltäters, in Mathilde Wesendonck verliebt, eine Liebe, die erwidert wurde. Nachdem der betrogene Ehemann alles entdeckt hatte, entschloss sich Wagner, sich zu entfernen und das Land zu verlassen. Der Komponist entschied sich für Venedig, um seine Oper über einen betrogenen König und eine alles verzehrende verbotene Liebe, wie er sie selbst nach eigener Aussage niemals gekannt hat, zu vollenden. Liebe sollte seiner Ansicht nach immer unerfüllbar bleiben.

Schon am Tag nach seiner Ankunft im Danieli zog Wagner in den Palazzo Giustiniani, auch „Giustinian-Brandolin" genannt, wo er bis zum 24. März 1859 bleiben sollte. Der gotische Palazzo aus dem fünfzehnten Jahrhundert liegt in der berühmten Biegung des Canal Grande, neben dem Palazzo Foscari, heute ein Universitätsgebäude, und schräg gegenüber den Palazzi Mocenigo. Viele Paläste standen zu dieser Zeit leer, die im Niedergang begriffenen Patrizier vermieteten sie an Besucher und Touristen. So konnte Wagner den schönsten Saal des verfallenen Gebäudes samt einem Schlafzimmer mieten. Er ließ seinen Érard-Flügel und sein Bett aus Zürich kommen – letzteres, weil er befürchtete, dass der Winter in der Stadt kalt werden könnte.

Die deprimierenden grauen Wände seiner neuen Unterkunft sagten ihm ebenfalls nicht zu, zumal sie nicht zu den Deckenfresken passten. Deshalb ließ er sie – auf Kosten Wesendoncks – mit einem dunkelroten Damaststoff überziehen. Als er, nachdem alles hergerichtet worden war, auf dem Balkon am Canal Grande stand, soll er gesagt haben: „Hier will ich den *Tristan* vollenden." Nicht viel später konnte er damit beginnen: „Endlich kam der Erard an; er ward in die Mitte des großen Saales gestellt, und nun sollte das wunderbare Venedig musikalisch in Angriff genommen werden."

Ich spaziere ein paar Mal die Calle Foscari auf und ab. An der Vorderseite des Palazzo Foscari versammeln sich die Studenten. Ich vermute den Palazzo Giustiniani rechts daneben, zwischen diesem Gebäude auf der einen Seite und dem Museum Ca' Rezzonico auf der anderen Seite, aber wie so oft finde ich von der Landseite her keinen Zugang. Vom kleinen Campiello dei Squelini läuft eine Gasse direkt auf eine Tür zu, links und rechts gibt es noch mehrere andere Türen mit Klingeln. Wenn ich klingeln wollte, welche Tür hätte ich denn nehmen sollen? Ich komme nicht weiter als bis zu diesen verschlossen Türen zu Privatwohnungen. Später finde ich ein Foto mit dem Saal, in dem Wagner gewohnt hat: Terrazzoboden mit eingelegten Mosaiken und ein barockes Deckengemälde mit Trompe-l'oeil-Architektur und Göttern und Putten in einem Wolkenhimmel. Es steht dort kein Érard mehr, der war nach seiner Abreise wieder über den Gotthard in die Schweiz zurückgeschickt worden, aber antike Stühle und Tische, und die Wände sind noch immer mit einem roten Damaststoff ausgekleidet.

Die Dysenterie, an der Sand und Musset gelitten hatten, traf auch Wagner ein Vierteljahrhundert später. Außerdem zog er sich eine Entzündung am Bein zu, die ihn über mehrere Wochen in seinem Palazzo gefangen hielt. Als er von all dem genesen war, konnte er nachmittags, nachdem er bis zwei Uhr komponiert hatte, wieder in das teuerste Restaurant an der Piazza San Marco essen gehen und anschließend Kaffee oder Schokolade in einem der Cafés trinken.

Die Kaffeehauskultur hat ihren Ursprung in Venedig, eine Folge der direkten Handelsbeziehungen der Stadt mit dem Osmanischen Reich und des Imports von Kaffee. Auf der Piazza San Marco und der Piazzetta gab es Ende des 17., Anfang des 18. Jahrhunderts bereits zahlreiche Cafés. Goldoni skizziert in seiner Komödie *La bottega del caffè* aus dem Jahr 1750 schon satirische Porträts von deren Besuchern, vor allem von Spielern, Betrügern und Schürzenjägern. Er kritisierte die zunehmende Beliebtheit des Kaffees: „Zuerst war Eau de Vie in Mode, nun ist der Kaffee *en vogue*." Gasparo Gozzi, Bruder des Dramatikers Carlo Gozzi, hatte dezidierte Vorstellungen davon, wie ein *caffè* auszusehen hatte: „Es darf nicht so sein, als ginge man in einen Laden hinein, sondern so, als schaute man sich eine prächtige Theatervorstellung mit verschiedenen faszinierenden Szenen an."

1720 eröffnete Floriano Francesconi das Etablissement Alla Venezia trionfante an der Piazza San Marco, das sich im Volksmund schon sehr bald zum *Florian* verwandelte. Das Caffè Florian war und ist bis heute das beliebteste Kaffeehaus der Stadt. Zu seinen Besuchern zählten Rousseau, Casanova, Goethe, Giannantonio Selva, Stendhal, der hier die Nachricht von Napoleons Niederlage bei Waterloo erhielt, Byron, Sand und Musset, Alexandre Dumas der Ältere, Verdi, und später Wilde, Proust, Thomas Mann, Djagilew und Strawinsky, um nur einige zu nennen.

Seit seiner Eröffnung bot das Florian nicht nur einem Querschnitt von Stadtbewohnern und Touristen Entspannung und Vergnügen, sondern wurde ebenso zur Geburtsstätte gesellschaftlicher und politischer Entwicklungen. Hier erschienen die ersten Zeitungen der Stadt,

Nachrichten wurden hier verbreitet, und im 19. Jahrhundert wurde es zu einer Brutstätte von Intellektuellen, Revolutionären und Freiheitskämpfern. Das Florian, unter den Bögen der Procuratie Nuove gelegen, repräsentierte das italienische Lager. Auf der gegenüberliegenden Seite, unter der Procuratie Vecchie, lagen die Etablissements der Besatzungsmacht, das Caffè Quadri, wo die österreichischen Offiziere hingingen, und das Caffè Lavena, Wagners Lieblingsplatz.

1848 begann die Revolution von Daniele Manin auf und um der Piazza San Marco, die ersten Verwundeten wurden in das Florian hineingetragen. Ein Jahr später, als der österreichische General Radetzky die Stadt zurückeroberte, verwandelte sich die mondäne Atmosphäre in ein erstickendes bürgerliches Klima. Die Brüder Goncourt sprachen von einem „verösterreichischten" Platz, auf dem ungarisch-habsburgische Regimenter deutsche Musik spielten. Das diente Propagandazwecken. Die Ironie dabei ist, dass die Tradition des Musizierens auf der Piazza San Marco um 1815 herum genau mit diesen österreichischen Regimentsorchestern erst begonnen hat.

Als Wagner in seinem Restaurant opulent speiste, hörte er auf dem Platz Teile aus *Rienzi* und *Tannhäuser*, die das Regiment seiner Auffassung nach mit viel zu langsamen Tempi spielten. Er behauptet in seinen Memoiren, dass die Italiener wohl von seiner Musik verzaubert waren, aber niemand applaudierte. Jeglicher Beifall für den österreichischen Besatzer wäre als Landesverrat angesehen worden. Später hätten ihn die Mitglieder des Orchesters erkannt und wären beim Anblick des Meisters in Applaus ausgebrochen.

Auch die italienischen Cafés hatten ihre *bandas*, wahrscheinlich als Gegengift gegen den Besatzer. Sie spielten ihre eigene Musik, vorzugsweise die von Verdi. Das Florian verfügt noch immer über ein Musikarchiv mit eigenen Transkriptionen von Opern italienischer Komponisten. Von Verdi gibt es Ouvertüren, Arien und Chöre, arrangiert für kleine Instrumentalensembles. Nach Ansicht des Musikwissenschaftlers David Bryant von der Fondazione Cini lässt sich Verdis Popularität weitgehend auf die Transkriptionen für Bandas zurückzuführen. Die Masse konnte es sich nicht leisten, in die Oper zu gehen, sie lernte das Werk auf diese Weise kennen. Bryants Ansicht nach sei dies Verdi bewusst gewesen, entsprechend hätte er beim Komponieren die Spielbarkeit für Bandas berücksichtigt.

Heute ist das Spielen auf dem allzeit dicht bevölkerten Platz zu einer Herausforderung geworden. Alle Cafés haben Orchester, die gegeneinander anspielen müssen, um vernehmbar zu sein. Für Roma-Musiker des Florian bedeutet das, flink und flexibel zu sein und die leiseren Stellen des Gegners geschickt zu nutzen, oder einfach lautstark dagegenzuhalten. „Leise Passagen können wir allerdings vergessen", sagt ein Geiger des Ensembles, „die gehen im Lärm unter".

Ich lasse die Massen auf den Terrassen, wo das Orchester inzwischen eine Barkarole von Chopin für Klavier und Streicher spielt, hinter mir und betrete den relativ ruhigen Innenraum des Florian. Die kleinen Salons lassen noch immer den Grundriss von 1720 erkennen, aber die Ausstattung ist späteren Datums. Zehn Jahre nach der Revolution von 1848 war das Café – ebenso wie die Hoffnung auf ein freies Vaterland – in Verfall geraten; der neue Besitzer hatte 1858 den Dekorateur Ludovico Cadorin mit der Neueinrichtung beauftragt.

Auch Wagner hätte dieses brandneue Interieur bewundern können. Trotz seiner Vorliebe für die gegenüberliegende Seite wäre er von dem bemalten Holz, den kupfernen Ornamenten und Lampen, den Spiegeln, den patinierten Glaswänden und -decken mit Bildern exotisch orientalischer Figuren im maurischen Saal und den allegorischen Porträts im Senatssaal, in dem sich die Revolutionäre trafen, gewiss beeindruckt gewesen. Ich kann nicht anders, als mich auf den roten Plüschbänken im milden Abendlicht, das auf den verwitterten, vom regelmäßigen Hochwasser angegriffenen Parkettboden fällt, von meinen Träumen davontreiben zu lassen. Die Kellner sind reserviert freundlich, wie zu jedem Touristen. Die letzten Stammkunden sterben langsam aus. Aber die Qualität des Kaffees ist noch immer hervorragend, ebenso wie die der winzigen Madeleines, die dazu serviert werden. Für einen Moment spiele ich mit dem Gedanken, hier jeden Morgen meinen Kaffee zu trinken. Aber die hereinschwebenden Klänge des Schostakowitsch-Walzers reißen mich grausam aus diesem

Tagtraum. Nicht weniger grausam tut das auch die Rechnung von mehr als zehn Euro für diesen einen Cappuccino.

Das Interieur des Florian ist nicht mit dem des Quadri und des Lavena vergleichbar. Das Caffè Quadri ist eine gelungene Neuauflage eines Salons aus dem 18. Jahrhundert, sieht aber etwas heruntergekommen aus. Während das Caffè Lavena heute eher wie eine Kaffeebar mit Konditorei wirkt. Im Inneren zeugt eine rote Kupferplakette von ihrem berühmtesten Kunden: Sie zeigt Wagner im Profil, mit seiner heroisch-künstlerischen Baskenmütze auf dem Kopf: „Riccardo Wagner frequento questo luoco meditando e scrivendo (Richard Wagner besuchte diesen Ort, um nachzudenken und zu schreiben)." Offenbar haben die Italiener den vermaledeiten Deutschen letztlich doch noch ins Herz geschlossen.

Meditando e scrivendo Tristan und Isolde: „So intim habe ich noch nicht gearbeitet; jeder kleinste Zug hat für mich die Bedeutung einer Ewigkeit; und eh' mich das nicht wieder daraus anspricht, gehe ich nicht weiter. Wunderlich ist mir's, dass wenn ich's nun auch im Ganzen übersehe, ich nie etwas von solcher musikalischen Einheit, von solch unversiegbarem Fluss gemacht habe."

Wagner vermochte die Oper wegen seiner Beschwerden, der vielen unerwünschten Besuche und seinem regelmäßig wiederkehrenden Mangel an Arbeitseifer nicht zu vollenden. Immerhin konnte er am 18. März 1859 in seinem Palazzo den zweiten Akt abschließen. Der dritte sollte später in der Schweiz folgen.

Tristan und Isolde war eine musikalische Revolution. Wagner verlieh darin der Liebe mythische Dimensionen. Die tragische Unerfüllbarkeit der nie ablassenden körperlichen und geistigen Sehnsucht nach ultimativer Befriedigung vertonte er auf eine so unmittelbare und nachfühlbare Weise, dass er damit später halb Europa in Harnisch brachte und die Musik für immer veränderte. Wagner erspürte erotische und sexuelle Innenwelten und brachte sie unbemerkt – da in abstrakten Akkorden – zum Vorschein. Nachdem er Venedig verlassen hatte, schrieb er an Mathilde Wesendonck: „Kind! Dieser Tristan wird was furchtbares! Dieser letzte Akt!!! Ich fürchte die Oper wird verboten –falls durch schlechte Aufführung nicht das Ganze parodirt wird –: nur mittelmässige Aufführungen können mich retten! Vollständig gute müssen die Leute verrückt machen, – ich kann mir's nicht anders denken. So weit hat's noch mit mir kommen müssen!! O weh!"

Kompromisslos folgte er der zwingenden Logik seiner völlig neuen Klangwelt. Das Geniale ist, dass es ihm gelingt, das Thema der Unerfüllbarkeit der Liebe mit ihrer komplexen Bedeutung musikalisch wiederzugeben. Dies kommt im Tristan-Akkord (f-h-dis-gis) zum Ausdruck, der in den Celli und Holzbläsern im zweiten Takt des *Vorspiels* zum ersten Mal ertönt. Die verfremdende musikalische Zweideutigkeit dieses Akkords, der sich harmonisch nicht auflöst, bildet ein Leitmotiv in der gesamten Oper. Er erklingt erneut in der gleichen Form, als Tristan und Isolde später auf dem Schiff von Irland nach England den tragischen Liebestrank trinken.

Das ganze Werk ist von einer extremen Chromatik, von dissonanten Akkorden durchdrungen, so dass eine große tonale Mehrdeutigkeit entsteht, als ob der Hörer keinen Halt mehr hätte. Es wird eine konstante Spannung suggeriert, ohne dass sich diese in einem darunterliegenden Ruhepunkt auflösen würde. Kurze musikalische Einheiten, Motive und Themen kehren wieder, immer auf einer anderen Tonhöhe einsetzend. Die melodischen Linien entwickeln sich oft in chromatischen Halbtonintervallen fort.

Durch die kontinuierliche Überlappung dieser sich harmonisch entwickelnden Melodiefragmente entsteht das, was man Wagners „unendliche Melodie" nennt. Denn in unserem Kopf kann sich diese Bewegung ewig fortsetzen. Viele betrachteten die Oper als „Un-Musik", und der Gesangsstil wurde als „Gebell" abgetan. Der Komponist soll die Gesetze der Harmonie so weit aus ihren Fugen gerückt haben, dass damit die Musik selbst zerstört wurde.

Den Höhepunkt von Wagners neuer Technik bildet zweifellos die Liebesnacht im zweiten Akt: „O sink hernieder, Nacht der Liebe …", die er im Palazzo Giustiniani komponierte. Doch obwohl dies der erotische Höhepunkt der Oper sein sollte, erklingt aus der schauerlichen Musik gleichzeitig eine enorme Resignation. Der Philosoph Slavoj Žižek fasst dies in die folgenden Worte: „Ja, *Tristan* ist die Geschichte einer tödlichen Leidenschaft, die ihre Lösung in der ekstatischen Selbstauslöschung findet, doch gerade die Art und Weise dieser Selbstauslöschung ist der leidenschaftlichen Verletzung aller Regeln am fernsten, das Eintauchen in die Nacht als kaltes deklamatorisches, distanziertes Verfahren dargestellt."

So wird die „Nacht der Liebe" zu einer Reflexion auf eine verlorene Liebe, die es vielleicht nie hat geben können. Abends hörte Wagner auf seinem Balkon am Canal Grande die Serenaden und Lieder der Gondoliere. Sie sangen für Geld, weil sie wussten, dass dort überall Touristen logierten, die Münzen hinabwerfen würden. Manchmal, wenn er nachts mit einer Gondel heimgebracht wurde, hörte er in der Totenstille des schwarz dahinfließenden Wassers etwas, das wie Tiergeheule klang: den uralten Naturgesang der Gondoliere, der nun nicht mehr für die Touristen bestimmt war. Klagegesänge in langgezogenen Melismen entwickelten sich von „Oooh …" zu „Venezia …". Mit diesen Klängen vollendete er den zweiten Akt. Vielleicht, so suggerierte er selbst irgendwo, beeinflussten sie den in Venedig schon notierten langgezogenen Klagegesang der Hirtenschalmei – der Altoboe – zu Beginn des dritten Aktes. Sieben Tage nach der Fertigstellung des zweiten Aktes verließ er die Lagunenstadt.

Blick über den Canal Grande auf den Palazzo Vendramin-Calergi, dem Sterbehaus Richard Wagners, Photocrom von 1890

Das „seltsame Licht".
Wagners Schwanengesang

Von der Haltestelle Ca' Rezzonico nehme ich das Vaporetto über den Canal Grande nach San Marcuola in der Nähe des Palazzo Vendramin-Calergi, in dem Richard Wagner wohnte. Bevor ich die fünfzig Meter zu diesem Palast zurücklege, gehe ich in die Kirche San Marcuola, die sich direkt neben der Vaporetto-Haltestelle befindet. Hier müssen der deutsche Komponist Johann Adolph Hasse und seine Frau, die Sängerin Faustina Bordoni, begraben liegen. Bordoni wurde in Venedig geboren und wuchs unter der Protektion der Brüder Alessandro und Benedetto Marcello auf, deren Palast etwa hundert Meter von hier entfernt liegt, gleich neben Palazzo Vendramin-Calergi. Sie war die Muse vieler Komponisten und Maler, darunter Händel, und entwickelte sich zur Callas des 18. Jahrhunderts, begabt und bildschön. Sie und Francesca Cuzzoni waren die „rival queens", die während einer Aufführung von *Astianatte* von Giovanni Bononcini 1727 in London sich buchstäblich in die Haare gerieten und sich auf der Bühne als „whore" und „bitch" beschimpften.

Zuvor war Faustina übrigens in Venedig schon häufiger zusammen mit Cuzzoni aufgetreten. Als die „neue Sirene" sang sie danach in ganz Italien, in München und in Wien. 1731 zog sie mit ihrem Mann nach Dresden, wo sie als „vortreffliches Ehepaar" galten. Hasse schrieb Opern und Faustina sang darin. Der Komponist Johann Joachim Quantz schreibt über sie: „Die Faustina hatte eine zwar nicht allzuhelle, doch aber durchdringende Mezzosopranstimme, deren Umfang sich damals vom ungestrichenen b nicht viel über das zwey gestrichene g erstreckte, nach der Zeit aber, sich noch mit ein paar Tönen in der Tiefe vermehret hat. Ihre Art zu singen war ausdrückend und brillant (un cantar granito). Sie hatte eine geläufige Zunge, Worte geschwind hintereinander und doch deutlich auszusprechen [...].

Sie ist unstreitig die erste, welche die gedachten, aus vielen Noten auf einem Tone bestehenden Passagien, im Singen, und zwar mit dem besten Erfolge, angebracht hat. Das Adagio sang sie mit vielem Affect und Ausdruck [...]. Sie hatte ein gutes Gedächtniß in den willkührlichen Veränderungen und eine scharfe Beurtheilungskraft, den Worten, welche sie mit der größten Deutlichkeit vortrug, ihren gehörigen Nachdruck zu geben. [...] Mit einem Worte, sie ist zum Singen und zur Action gebohren."

Obwohl Hasse etwa sechzig Werke komponierte, war er – bis vor kurzem – völlig vergessen. Sein stimmlich virtuoser Stil, der wenig Berührungspunkte mit dem Musikdrama von Monteverdi und Cavalli aufwies, war im 18. Jahrhundert populär, aber danach nicht mehr. Einer der Gründe dafür war, dass er die streng klassizistischen Libretti seines Freundes Metastasio recht pflichtschuldig vertonte – während sich andere Komponisten, wie Händel und Vivaldi, viel mehr Freiheiten erlaubten. Auch die strikte Trennung, die zwischen dem Secco-Rezitativ und den langen virtuosen Da-Capo-Arien entstanden war, machte das Drama nicht lebendiger. Dennoch wird sein Œuvre allmählich wiederentdeckt. *Siroe, re di Persia*, in dem die Kastraten Farinelli und Caffarelli mitsangen, hatte er bereits 1733 für Bologna geschrieben. Faustina sang nicht mit, weil sie zu dieser Zeit hochschwanger war. Im Jahr 1763 schuf er eine Neufassung davon für Dresden, aber zu diesem Zeitpunkt hatte sich seine Frau bereits seit zwölf Jahren aus dem aktiven Opernbetrieb zurückgezogen. Diese überarbeitete Version wird heute wieder regelmäßig aufgeführt.

Das Museum Ca' Rezzonico besitzt ein Pastell von Faustina im Alter von etwa vierzig Jahren, gezeichnet von der venezianischen Künstlerin Rosalba Carriera, die zahlreiche Porträts von vielen ihrer reichen und berühmten Zeitgenossen angefertigt hat. Bordonis Schönheit ist leicht verwelkt. Das Gesicht ist etwas füllig, mit einem leichten Doppelkinn, aber das kobaltblaue Kleid verhüllt einen zarten, weißen Busen, und ihre braunen Augen sehen den Betrachter klar und durchdringend an. Ihr kleiner und etwas steif geschlossener Mund wacht ironisch-behutsam über die Geheimnisse eines leidenschaftlichen Lebens.

Bordoni überzeugte Hasse davon, die letzten Lebensjahre in Venedig zu verbringen, wo er Kapellmeister am Ospedale degli Incurabili werden sollte. Er wurde 1783, zwei Jahre nach dem Tod seiner Frau, in San Marcuola begraben. Ich betrete die kleine quadratische Kirche, die selten geöffnet ist. Nachdem ich mehrmals an allen Altären und Monumenten vorbeigegangen bin, habe ich die Hasses noch immer nicht entdeckt. Ein mürrischer Küster will mir eigentlich keine Auskunft geben, sondern zeigt stattdessen in die Mitte der Kirche, zwischen die Stühle. Ich sehe mich dort mehrmals um und finde immer noch nichts. Aus der Entfernung zeigt er auf den Boden. Nun sehe ich unter einem der Stühle eine einfache Bodenfliese, die den Name Hasse trägt. Da liegen sie. Als ich ein Foto machen will, verbietet er mir das.

Wieder im Freien gehe ich in Richtung des Palazzo Vendramin-Calergi. In der Gasse kündigt eine Gedenktafel an der Außenwand bereits an, was hier zu finden ist: *„A Riccardo Wagner – Morto fra queste mura il XIII Febbraio MDCCCLXXXIII – Venezia"*. Ich stehe vor der Tür, auf der Landseite, in der Nähe des Hauses, in dem der Komponist starb. Heute ist dieser Palazzo das Casino der Stadt. Die lange venezianische Tradition des Ridotto wird hier im Stil des 21. Jahrhunderts fortgesetzt. Neben den alten Kartenspielen gibt es heute auch Roulette-Tische, Pokertische und Spielautomaten. Es liegt eine gewisse Ironie darin, dass der sakrale Sterbeort eines Komponisten, der sein ganzes Leben lang Geldprobleme hatte und nur durch großzügige Darlehen seiner Bewunderer überlebte, nun von Menschen bevölkert wird, die freizügig über Geld verfügen, sei es manchmal auch nur auf Kredit.

Nach der Vollendung des *Parsifal* 1882 in Palermo reiste Wagner nach Bayreuth, um die Aufführungen vorzubereiten. Auf dieser Rückreise machte er in Venedig kurz Station. Gemeinsam mit Cosima suchte er hier nach einer Bleibe für die Zeit nach dem *Parsifal*. Nach ihren Verpflichtungen in Bayreuth reisten die Wagners immer nach Italien, Schuldenberge hinterlassend. Bei einem Besuch des Palazzo Vendramin Calergi am Canal Grande, der lange Zeit von einem Zweig der Familie Grimani bewohnt wurde, mieteten sie für den Herbst einige Räume.

Signora Nevia Pizzul Capello, Repräsentantin der Richard-Wagner-Gesellschaft in Venedig, öffnet mir das Tor. Energisch und bestimmt führt sie mich durch das Gebäude. „Wir arbeiten mit der Stadt zusammen, weil das Casino im Besitz der Gemeinde ist; 1995 haben wir die Räume, in denen Wagner lebte und starb, für Besucher geöffnet." Dies ist nur am Samstagmorgen nach telefonischer Vereinbarung möglich. Wagner wohnte hier mit Cosima, vier Kindern, Bediensteten und einigen Anhängern, zu denen auch eine Freundin gehörte, Henriette Perl. Er wohnte nicht wie früher im Giustiniani, im Piano nobile des Hauptpalastes mit seinen großen Sälen, wo sich heute die Spielsäle befinden. Die Familie und ihr Anhang bezogen nun einen schlichteren Seitenflügel, der etwas weiter vom Canal Grande entfernt liegt. Sie belegten insgesamt fünfzehn Zimmer im *mezzanino*, dem niedrigen Zwischengeschoss. Dieser Anbau wurde im 18. Jahrhundert von Vincenzo Scamozzi, einem Schüler und Assistenten von Palladio, im Auftrag von Vincenzo Grimani di Piero gebaut.

Pizzul Capello führt mich vom imposanten Hauptgebäude zum prosaischen Seitenflügel: „Nun stehen wir in dem Raum, in dem er starb. Im Casino diente er früher als Büro. Er stand voller Kopiergeräte und Aktenschränke. Henriette Perl schrieb über ihren Aufenthalt mit den Wagners und berichtet, in dem Zimmer habe ein großes Bett gestanden, ein hoher Ottomane und in der Ecke ein kleines *Settee*, ein Sofa, auf dem der tote Wagner von Cosima gefunden wurde. Und es gab ein *Séparé*, hinter dem seine Morgenmäntel und Jacken hingen, sehr prächtig ausgeführt aus Seide, Samt, Velours und Anaska, einem Stoff, den man heute noch hier auf dem Klavier liegen sieht."

In der Beschreibung von Henriette Perl: „[In Wagners Schlafzimmer] half alles zusammen, die Sinne und mit ihnen die Seele in einen traumhaft magischen Zustand zu versetzen. – Das seltsame Licht, so tageshell und dabei doch so wollüstig gedämpft, die Wände mit blaßrosenrothem und wassergrünem Atlas überkleidet, von weißen kostbaren Spitzen überhangen und diese abermals von schweren, breiten, rothen, goldbetreßten Atlasstreifen umwunden. Wohin das Auge blickte kunstvoll gefertigte, große prächtige Atlasrosen, selbst der Boden, den ein dicker, buntgewirkter, arabischer Teppich deckte, war mit solchen Rosen überstreut. Diesen künstlichen Blumen aber entströmte der allerköstlichste Rosenduft und verbreitete in dem Gemache jene nervenaufreizende Atmosphäre, die sicher nicht ohne üble Folgen auf die Gesundheit seines Bewohners geblieben sein kann.".

Aus dem Fenster des Sterbezimmers schaue ich hinaus in den Garten, mit einigen Bäumen und einem alten Brunnen. Ein paar Schritte weiter, hinter dem hohen Gitter, liegt der Canal Grande. Das Licht in der Stadt ist immer diffus. Selbst an hellen Tagen sorgt die Feuchtigkeit der salzhaltigen Meeresluft für milderes Klima. Wagner hatte sechs Schichten Satin vor diesen Fenstern anbringen lassen, um selbst noch diese milde Wirklichkeit draußen zu lassen. Nur Cosima und Henriette durften sich darin aufhalten.

Das kleine Sofa, auf dem Wagner gestorben ist, steht hier nicht mehr. Es wurde nach Bayreuth gebracht und ist dort in der Villa Wahnfried ausgestellt, wo ich es im Obergeschoss einmal sehen konnte. Es handelt sich um ein verschlissenes Sitzbänkchen mit zerrissenem und verblichenem Bezug, die Polsterung und das Futter hängen an verschiedenen Stellen heraus. Man hat diesen sakralen Gegenstand kaum anzufassen gewagt. Vom Balkon der Villa Wahnfried aus ist der große Garten zu sehen. Dahinter, in einem Wäldchen, liegt Wagner begraben, zusammen mit Cosima und seinem geliebten Hund.

Pizzul Capello erzählt: „Vormittags arbeitete Wagner noch an seinem neuen Artikel *Über das Weibliche im Menschlichen* und notierte als letzte Worte. *Liebe – Tragik.* Kurz vor drei Uhr nachmittags rief er nach Betty, dem Dienstmädchen, und fragte nach seiner Frau und dem Arzt. Es müssen seine letzten Worte gewesen sein. Dann fiel er auf das kleine Sofa. Danach kam Cosima mit dem Hausmädchen herein. Sie lockerte seine Kleidung, umarmte ihn und blieb bei ihm, bis der Arzt eintraf. Damals gab es natürlich noch kein Telefon, also hatten sie Betty geschickt, um Dr. Friedrich Keppler mit einer Gondel zu holen. Als er hier ankam, eine Dreiviertelstunde später, konnte er nichts mehr tun. Wagner starb an Herzversagen, begleitet von zusätzlichen Komplikationen. Er hatte einen asthmatischen Anfall und eine Angina in den Herzgefäßen. Laut Keppler wurde sein Tod durch seinen ‚eigentümlichen Geisteszustand und durch seine scharf ausgeprägten Ansichten zu einer Reihe brennender Fragen in Kunst, Wissenschaft und Politik beschleunigt'. Wagner wurde dann auf das große Bett gelegt, und Cosima lag mehr als vierundzwanzig Stunden lang neben ihm, ohne Bewegung, schweigend und ohne eine einzige Träne. Erst am Nachmittag des nächsten Tages war Keppler in der Lage sie wegzuschieben."

Was die stattliche Nevia Pizzul Capello, Henriette Perl und Friedrich Keppler uns nicht erzählen, ist, dass Cosima und Richard am Morgen vor seinem Tod einen Ehekrach hatten. Zu einer der schönen jungen Sängerinnen, die die Blumenmädchen in *Parsifal* gesungen hatte, Carrie Pringle, hatte Wagner eine herzliche Zuneigung gefasst; sein Interesse galt dabei nicht nur den künstlichen duftenden Rosen. Da Carrie inzwischen in Italien studierte, wollte er sie, zu Cosimas großem Missfallen, nach Venedig kommen lassen. Dieser Streit mag für sein Herz der Gnadenstoß gewesen sein.

Am Tag vor seinem Tod hatte Wagner noch Besuch vom jüdischen Dirigenten Hermann Levi, der ein halbes Jahr zuvor die Premiere des *Parsifal* in Bayreuth dirigiert hatte. Er war ein hingebungsvoller Wagnerianer, obwohl der Komponist es vorgezogen hätte, dass ein Nichtjude sein letztes Werk aus der Taufe hebt. Er musste das jedoch akzeptieren, da ihm sonst die Münchner Hofkapelle Ludwigs II. nicht kostenlos für seine Festspiele zur Verfügung gestellt worden wäre.

Wagner tat daraufhin alles, um Levi zum Protestantismus zu bekehren, jedoch vergeblich.

Der Antisemitismus des Komponisten ist bekannt. Mit seiner Publikation *Das Judenthum in der Musik* trug er entscheidend zum antisemitischen Ressentiment der europäischen Bourgeoisie bei. *Der Ring des Nibelungen* enthält unzählige antisemitische Bezüge. Im *Parsifal* formulierte er schließlich eine definitive Antwort auf diese „Problematik".

Die Geschichte wirkt einfach. Parsifal gerät in eine Gemeinschaft zölibatärer Männer, denen es sehr schwerfällt, der Frau zu entsagen. Mehrere sündige Abtrünnige sind für ihr ganzes Leben gezeichnet. Das Unwesen der Sexualität spielt sich in einer dunklen Gegenwelt voller süß duftender Blumenmädchen ab. Sie versuchen auch Parsifal zu verführen, aber da er noch nicht weiß, was die Abgründe der Lust bedeuten, kann er ihnen widerstehen. Er weist selbst die Urverführerin Kundry ab, die Mutter, Geliebte, Sklavin und Hure zugleich ist. Nun, da er keinen Fehltritt begangen hat, ist Parsifal in der Lage, die Männer von dem Verlangen nach dem sündigen Fleisch zu befreien und sie als der neue Christus zur ewigen Glückseligkeit zu führen.

In *Parsifal* rechnet Wagner definitiv mit dem Begriff der „Liebe" ab. In *Tristan und Isolde* geisterte der Tod ständig im Hintergrund herum, aber es war immer noch Liebe mit im Spiel. Nach der ernüchternden Bekanntschaft mit Denkern wie Darwin und Schopenhauer sah sich Wagner in ultimativen Entscheidungsnöten. Sie zeigten ihm die nackte, egoistische, fast animalische Natur des Menschen. In seiner letzten Oper würde er sich damit befassen müssen. Diese Oper wurde *Parsifal*, in der die Liebe nicht mehr existiert und das Leben auf eine Wahl zwischen zur Perversion führender Keuschheit oder zerstörerischer Hingabe an die Lüste reduziert ist.

Zum Raum wird hier die Zeit. Mit der Zeit, die sich in Raum verwandelt, war der Ritus gemeint, mit dem Parsifal einst jeden aus seinem Elend, aus dieser Welt ohne Liebe, erlösen würde. Unter dem Begriff „Zeit" verstand der Komponist die zweitausend Jahre des Christentums, einen Glauben, der Erlösung versprach – und ein

Versprechen, das nicht gehalten wurde, denn der Mensch leidet noch immer. Wagner selbst definiert das Thema als „das große Leid des Lebens". Dieses wurde durch den Glauben selbst verursacht: Das Christentum verwandelte sich zu einem Raum, in dem der leere Ritus auf eine immer sinnlosere Weise praktiziert wurde. So erstarrte die verlorene Hoffnung zu einem reglosen Warten auf das Ende. Ebenso wie Venedig.

Wagner bot mit *Parsifal* einen fiktiven transzendenten Raum an – den er selbst als Raum seiner Kunst definierte, und zwar seiner Musikdramen in seinem Bayreuther Festspielhaus. Auf diese Weise konnte er das europäische Christentum durch seine eigene Ideologie ersetzen und einer mit ihrer Sexualität ringenden Bourgeoisie für immer das Schuldgefühl nehmen. Für uns ist die angebotene Erlösung, abgesehen von etwas falscher Hoffnung, kaum von Wert. Sie birgt zudem eine Gefahr. Die einzige Frage, die noch bleibt, besteht nämlich darin: Warum hatte das Christentum eigentlich versagt, und wie glaubte Wagner, das lösen zu können?

Das Christentum hatte seiner Meinung nach einen immanenten seltsamen Makel: das Judentum. Wagner widmete sich in diesen letzten Monaten in seinem Palazzo intensiv dem Studium der Schriften des Franzosen Gobineau, die von der Ungleichheit der Rassen und dem Verfall, der aus deren Vermischung entsteht, handelten. In der Oper wird dieser seltsame Makel durch Kundry, durch die Frau, also durch die Sexualität personifiziert. Sie stammt aus Arabien, aus dem heidnischen Land; sie ist unchristlich, islamisch, jüdisch. Um die Läuterung möglich zu machen, bedurfte es ihrer Auflösung in einer reinen Welt, ihrem Verschwinden – der ‚Endlösung'. Mit seinen letzten Worten – *Liebe, Tragik* – sehnte sich Wagner nach dieser Säuberung: von den Frauen, von den Juden, von sich selbst.

Aber dennoch – diese faszinierende Musik. „Ein metaphysisches Adagio" nannte der Philosoph Ernst Bloch einst *Parsifal* und fasste damit die musikalische Bedeutung von Wagners Oper in zwei Worte zusammen. Die Musik löste bei der Premiere einen Schock aus. Die Leitmotive haben eine andere Form und zum Teil auch eine andere

Funktion bekommen als in seinem früheren Werk. Sie sind mehr zu psychologischen Leitmotiven geworden, die als Klangsymbole die Gemütszustände der Figuren wiedergeben, und zwar auf eine viel diffusere und geheimnisvollere Weise wie zuvor. Natürlich gibt es noch wiedererkennbare Motive, etwa das Gralsmotiv, das auf einen alten protestantischen Choral zurückgeht – das Dresdner Amen, das auch in Mendelssohns Reformations-Symphonie zu hören ist. Aber es gibt auch ein Abendmahls-Motiv, ein Speer-Motiv, ein Karfreitags-Motiv, ein Kundry-Motiv, ein Parsifal-Motiv.

Der erste und der dritte Akt, die sich um und in der Gralsburg abspielen, werden gelegentlich allzu simplifizierend als „diatonisch" bezeichnet, während der mittlere Akt, in dem die zerrissene Welt von Kundry und Klingsor dargestellt wird, „chromatisch" sein soll. Zum Teil stimmt das, aber Wagner erweist sich gerade darin als ein Meister, alles mit allem zu vermischen. Durch die enorm ausgesponnenen musikalischen Linien, die mit ihren sich immer wiederholenden minimalen Intervallen oft an Minimal Music erinnern, wird alles, auch der getragene, rezitativische Gesangsstil, in *einen* trägen, hypnotischen Strudel aufgenommen – Blochs Adagio!

Im zweiten Akt erfährt dieser Wirbel eine dissonante Beschleunigung. Im dritten Akt hören wir dann deutlich, wie die scheinbare Diatonik des ersten Aktes von der Chromatik des zweiten Aktes zersetzt wird. Der zweite Einzug in die Gralsburg ist damit eine harmonisch vergiftete Version des ersten Aktes. Genau diese vergifteten Harmonien, vor denen das jahrhundertealte tonale System wie Schnee in der Sonne wegzuschmelzen scheint, führen zur größten Unruhe. Es hieß, Wagner habe die Musik nun für immer zerstört und zu Grabe getragen.

Nachdem ich mich von Pizzul Capello verabschiedet habe, gehe ich am Palazzo Marcello entlang zum Rio Terà San Leonardo, der einst ein Kanal war, heute aber Teil des einfachen Fußgängerweges vom Bahnhof ins Zentrum ist. Auf der anderen Seite dieses Weges, jenseits der Palazzi am Canal Grande, liegt das Viertel, in dem früher die Juden wohnten. Ich gehe in das kleine Ghetto Vecchio, von der Fondamenta di Cannaregio aus durch das kleine Tor in der Calle del Ghetto. Von dort überquere ich die kleine Brücke zum breiteren Campo di Ghetto Nuovo – der nur deshalb so breit ist, weil im Laufe der Zeit hier Einiges abgerissen wurde. Davor lebten die Juden in diesem kleinen Viertel dicht gedrängt zusammen; so dicht gedrängt, dass sich hier sechs oder sieben Stockwerke übereinanderstapeln, was in dieser Stadt ungewöhnlich ist.

Zu früheren Zeiten lebten in Venedig fünftausend Juden. Die ersten kamen im 11. Jahrhundert. Heute sind es noch etwa sechshundert, von denen etwa dreißig im Ghetto selbst wohnen. In den ebenerdigen Etagen mehrerer Häuser am Campo befinden sich Toraschulen, und die Vorbereitungen für das Laubhüttenfest am Nachmittag sind hier in vollem Gange. Überall liegen grüne Zweige. Jungen in orthodoxer Kleidung laufen mit roten Wangen hin und her. Es herrscht Aufregung.

Nicola Fuochi, ein begeisterter Kurator des Museo Ebraico di Venezia, treffe ich im kleinen Saal des Museums am Campo. Stolz erzählt er über die Geschichte dieses Viertels: „Wir haben hier fünf Synagogen aus dem 16. Jahrhundert, die fünf verschiedene Nationalitäten repräsentieren. Es gibt levantinische und spanische Synagogen der sephardischen Juden. Des Weiteren gibt es auch kleinere italienische, französische und deutsche Synagogen der aschkenasischen Juden. Und es gibt auch einige private Synagogen von Familien oder kleineren Gruppen. Dieser kleine Stadtteil hat eine enorme Dichte an religiösen Gebäuden. Der generische Terminus ‚Ghetto' stammt aus dieser Stadt, von dem Boden, auf dem wir jetzt stehen. Als die venezianische Regierung nach 1492 vielen geflüchteten Juden aus Spanien und Portugal einen Wohnsitz zuweisen musste, wurden sie in einem Gebiet angesiedelt, in dem sich viele Metallschmelzereien und Waffenschmieden befanden. ‚Gettare' bedeutet ‚Metall schmelzen'. ‚Getto' ist ein typisch venezianisches Wort für ‚Schmelzerei', und davon leitet sich ‚Ghetto' ab. Als hier 1520 viele deutsche Juden ankamen, wurde das Ghetto offiziell zu einem abgegrenzten, von großen Mauern eingefasstem Gebiet. Zwei Brücken verbanden früher diesen Teil mit dem Rest der Stadt. Nachts wurden die Tore dazu verschlossen und von vier christlichen Männern bewacht. Tagsüber konnten die Juden nur dann nach draußen, wenn sie ein erkennbares Zeichen trugen: für die Männer war das ein gelber oder orangefarbener Hut und für die Frauen ein Kopftuch in den gleichen Farben. Erst nach dem Fall von Venedig verlieh Napoleon den Juden die Bürgerrechte, und die Regeln des Ghettos wurden aufgehoben."

Die Originalurkunde, in der Napoleon dieses Dekret erließ, sehe ich etwas später im Museum. Fuochi nimmt mich zunächst mit zurück ins Ghetto Vecchio. Auf dem Hinweg hatte ich den Gebäuden in diesem Teil nicht viel Aufmerksamkeit geschenkt, aber nun, da ich mit ihm dort stehe, fällt mir auf, dass viele Fassaden mit hebräischen Texten versehen sind. Wir stehen vor der Ponentina oder der Westsephardischen Synagoge, die im 16. Jahrhundert erbaut wurde. Fuochi öffnet die Tür, und wir steigen eine steile Treppe hinauf. Es mutet seltsam an, ein religiöses Gebäude zu betreten und erst einmal eine Treppe hinaufgehen zu müssen, aber auch hier musste man offenbar mit dem Raum haushalten. Im Obergeschoss führt eine Glastür in den Gebetsraum, eingerichtet mit Holzbänken, an den Wänden zahlreiche Ornamente und Verzierungen und an den Decken kostbare Kronleuchter. Es ist ein jüdisch-religiöser Raum, aber im Geiste unverkennbar venezianisch.

Fuochi erklärt, dass es sogar einzigartige Einflüsse der Stadt gibt: „Diese Synagoge ist aus architektonischen Gründen interessant. In den orthodoxen Synagogen ist eine Trennung zwischen Männern und Frauen vorgeschrieben, eine Trennung zwischen denen, die dazu verpflichtet sind, dem Gottesdienst beizuwohnen, und denen, die das nicht sind. Da man die Frauenabteilungen in der Regel über dem Gebetsraum errichtet, hat man das hier auch getan. Aber die Galerien, die im 17. Jahrhundert angebracht wurden, ähneln wegen ihrer halbrunden Form den Logen in einem Theater; auch weil die Balken des

Balkons zur Verstärkung an den Dachbalken befestigt wurden. Der Einfluss der Theaterarchitektur ist unverkennbar, und die hölzerne Dachkonstruktion könnte ohne weiteres von einem Schiff aus dem Arsenal stammen."

Nicht nur Wagner flanierte gerne mit Cosima oder Henriette durch das Ghetto. Auch Benedetto Marcello besuchte es regelmäßig. Er war sehr an den sephardischen und aschkenasischen Psalmengesängen interessiert und widmete sich ausgiebig dieser Musik. Manche Teile aus seinem *Estro poetico armonico* beruhen auf den Gesängen aus dem Ghetto, unter anderem auf dem Lied *Sjofed kol haretz*. Ein Jahrhundert zuvor, 1622, war in Venedig eine Sammlung von Kompositionen von Salamone de Rossi Ebreo unter dem Titel *Hashirim Asher Li'Shlomoh* (*Die Gesänge Salomons*) erschienen.

Rossi hatte zuvor in Mantua am Hof der Gonzagas gelebt und gearbeitet, zur gleichen Zeit, als Monteverdi dorthin berufen worden war. Seine Schwester Europa Rossi, eine bekannte Sängerin und „Madama Europa" genannt, sang in der Uraufführung von Monteverdis *L'Arianna*. Rossi selbst spielte damals Geige im Orchester. Die Gonzagas waren von seinen musikalischen Qualitäten so beeindruckt, dass sie ihm das Privileg gewährten, sich ohne jedes jüdische Erkennungszeichen frei in der Stadt zu bewegen. Er leitete sogar ein Orchester mit jüdischen Musikern, das außerhalb der Mauern des Ghettos von Mantua auftrat.

In Venedig wurden dreizehn Ausgaben von Rossis Musik veröffentlicht. Im Jahr 1628, seinem Todesjahr, erschienen noch die *Madrigaletti*. Er komponierte Madrigale, Tänze und Sonaten und legte damit einen Grundstein für den sich neu entwickelnden Barockstil. *Die Gesänge Salomons* sind Psalmen und Gebete mit hebräischen Texten, die aber im italienischen musikalischen Idiom der damaligen Zeit geschrieben wurden. Die Verwendung des Hebräischen war ein revolutionärer Akt. Hier vermischten sich plötzlich zwei Welten. Obwohl er in seinen Gebeten noch relativ konservativ, eher im Stil der Renaissance, zu Werke ging, nahm die jüdische Gemeinde Anstoß an der Verwendung von Polyphonie und Instrumentalbegleitung. Der Synagogalgesang war nun einmal unbegleitet und monodisch.

Monteverdi entwickelte sich mit seinem neuen *dramma per musica* gleichzeitig fast in die entgegengesetzte Richtung: von der Polyphonie zur Monodie. Hatte er seinem Kollegen in Mantua zugehört? Hat Marcello nicht eher Rossis Partituren studiert als den Klängen im Ghetto zu lauschen? Das eine schließt das andere nicht aus, aber ihr Stil der Psalmenfassungen zeigt mehr Gemeinsamkeiten als Unterschiede.

In einem von Rossis Gesängen Salomons, „Adon Olam" („Herr der Welt"), klingt in dem bereits etwas üppigen frühbarocken Stil die Hoffnung eines Komponisten an, der an das Gute glaubt: „Er ist mein lebender, rettender Gott, mein Fels, wenn Kummer und Trübsal mir zuteilwerden, mein Banner, mein Schild, mein gutmütiger Herrscher, wenn ich ihn rufe. Ihm vertraue ich meine Seele an, ob im Schlaf oder im Wachen, denn er ist nahe." Nicola Fuochi: „Viele der venezianischen Juden sind hier im Zweiten Weltkrieg davongekommen. Von den damals zwölfhundert Einwohnern wurden – von Dezember 1943 bis zur Befreiung 1944 – zweihundertundvier deportiert. Acht von ihnen sind wieder zurückgekehrt."

Ich gehe an den verschiedenen Gedenksteinen und Denkmälern auf dem Campo entlang. Auf dieser Seite des Platzes befindet sich ein jüdisches Altersheim. Ich denke an den alten Shylock aus Shakespeares *Der Kaufmann von Venedig*. Jeden Tag ging er mit einem gelben Hut auf dem Kopf aus diesem Ghetto in das geschäftige Treiben auf der Rialtobrücke, um dort seine Geschäfte zu machen: „Ich bin ein Jude! Hat ein Jude keine Augen? Hat ein Jude nicht Hände, Organe, Körper, Sinne, Empfindungen, Gemütsbewegungen? Wird er nicht genährt mit der gleichen Nahrung, verletzt mit den gleichen Waffen, ist er nicht denselben Krankheiten ausgesetzt, wird er nicht mit denselben Mitteln geheilt? Wärmt ihn nicht derselbe Sommer? Friert er nicht in demselben Winter wie ein Christ? Wenn ihr uns stecht, bluten wir dann nicht? Wenn ihr uns kitzelt, lachen wir nicht? Wenn ihr uns vergiftet, sterben wir nicht? Und wenn ihr uns beleidigt, sollen wir uns nicht rächen?"

Mit *La lugubre gondola* komponierte Franz Liszt eines der beeindruckendsten Werke seiner späten Schaffensphase. Ende 1882 logierte er bei Wagner im Palazzo Vendramin. Im Dezember schrieb er eine erste Version. Er spielte das Werk Wagner vor – der das gesamte Spätwerk seines Schwiegervaters als Misstöne abtat. Einen Monat später erarbeitete Liszt eine Neufassung dieses Werks, die als *La lugubre gondola II* veröffentlicht wurde. Einen weiteren Monat später starb Wagner und Liszt setzte sich an eine nochmals überarbeitete Fassung – im Gedenken an seinen Schwiegersohn. Er sagte damals, die erste Fassung sei aus einer starken Vorahnung von Wagners Tod entstanden. Dieses zweite Manuskript wurde schließlich unter dem Titel *La lugubre gondola I* veröffentlicht.

Das Stück ist von Introspektion und Reflexion geprägt, es scheint aus einer unendlichen Reihe bizarrer Variationen auf den Tristan-Akkord zu bestehen. Impressionistisch klingt der Wellenschlag des nächtlichen Canal Grande gegen die glatte Gondel. Im Osten beginnt es schon vorsichtig zu dämmern, doch das Mondlicht wirft noch immer seine harten Schatten der Palazzo-Fassaden in das dunkle Wasser. Eine schwarze Totenbahre gleitet langsam, mit den unregelmäßigen Schlägen des Gondolieres voran. Die anderen Gondeln folgen mit Abstand im salzigen Nebel.

Vielleicht dachte Liszt daran zurück, als er selbst 1886 in Bayreuth auf seinem Sterbebett lag. „Qui vient au théâtre?", rief er sterbend, und etwas später: „Au revoir, Tristan!" Dann wandte er sich offenbar in Panik auf Deutsch an seine Pflegerin Mischko. Wieder einigermaßen zur Ruhe gekommen, murmelte er bei seinem letzten Atemzug noch ein paar Worte. Das letzte verständliche Wort war: „Tristan". Liszt starb während der *Festspiele*. Seine Tochter Cosima wollte diese nicht unterbrechen und hielt den Tod ihres Vaters bis zu deren Ende geheim.

Wagner soll am Abend vor seinem Tod eine ältere Komposition gespielt haben, die *Elegie* für Klavier, die, wie manche vermuten, während der Komposition des zweiten Akts von *Tristan* in Venedig entstanden ist. Andere behaupten, die rosafarbene Tinte, in der sie verfasst ist, deute in etwa auf die Zeit der Entstehung des *Parsifal* hin, dessen Partitur Wagner ebenfalls in dieser Farbe geschrieben hatte. Das Blatt lag noch auf seinem Flügel, als er starb. Die *Elegie* ist kurz, eineinhalb Minuten, und scheint eine weitere Variante des dissonanten Tristan-Akkords mit einem schönen harmonischen Abschluss zu sein. Es ist der *Tristan* in Kleinformat. „Schmachtend" steht über der Partitur. Doch sie ist auch eng mit Liszts *Lugubre gondola* verwandt.

Am Tag nach Wagners Tod versammelten sich unzählige Menschen auf der Landseite des Palazzo Vendramin, während auf dem Canal Grande Hunderte von Booten unterwegs waren. Am Morgen des 16. Februar 1883 ruderte der Gondoliere Andrea Frattin Wagners Sarg vom Palazzo zum Bahnhof. In den anderen Gondeln folgten ihm Cosima, Verwandte und Bedienstete. Obwohl die Witwe jegliches öffentliche Gedenken in Venedig untersagt hatte, hatten sich auf dem Bahnsteig des Bahnhofs Santa Lucia doch Vertreter der Stadt, der italienischen Königsfamilie, der Regierung, des Patriziats und des Adels sowie einige Journalisten und Musiker eingefunden. Die venezianische Welt der Kunst war durch den Maler Luigi Nono, den Großvater des späteren Komponisten, vertreten. Der Sarg selbst war in Wien bestellt worden, der Zug mit den königlichen Waggons wurde von Ludwig II. zur Verfügung gestellt und kam aus München. So begab sich der Meister auf seine letzte Reise über die Eisenbahnbrücke zur *terra firma*.

„Triste – Triste – Triste. Wagner è morto", schrieb Verdi, als er am 15. Februar von Wagners Tod erfuhr: „Als ich gestern die Depesche las, war ich darüber, ich möchte sagen, bestürzt! Reden wir nicht davon! Eine große Persönlichkeit ist dahingegangen! Ein Name, der eine machtvolle Spur in der Geschichte der Kunst hinterlässt!"

Eingang und Innenhof des Palazzo Fortuny

Oper als Gesamtkunstwerk.
Palazzo Fortuny

Wenn es *einen* Ort gibt, an dem sich in Venedig das 19. und das 20. Jahrhundert begegnen, dann ist es wohl der Palazzo Fortuny am Campo San Benedetto oder „San Beneto", wie die Venezianer sagen. Über den kleinen Platz werden Sie sicher nicht oft zufällig spazieren, denn er liegt etwas abseits der Hauptadern der Stadt. Es gibt zwar einen direkten Weg dorthin, aber der ist kompliziert und ein Umweg, wenn man von einer großen Sehenswürdigkeit zur nächsten gelangen möchte. Den Palazzo Fortuny steuert man gezielt an. Er steht neben der Kirche San Benedetto und dem ehemaligen Teatro San Benedetto. Von außen ist leicht zu sehen, dass es sich um einen alten Palazzo in einem alten Viertel handelt. Der Distrikt San Marco, zwischen der Rialtobrücke und der Piazza San Marco, ist einer der ältesten Teile der Stadt.

Sein hohes Alter verrät der Bau durch seine unverputzten Außenwände aus rotem Backstein und seine gotischen Fenster und Bögen aus Naturstein. Ursprünglich hieß er „Palazzo Pesaro" nach der gleichnamigen Patrizierfamilie, die ihn Ende des 15. Jahrhunderts errichtete. Als sie im 18. Jahrhundert auszog, wurde der Palazzo 1786 zur Niederlassung und zum Konzertsaal der Accademia Filharmonica degli Orfei. Dieses Orchester hatte bis dahin im Teatro San Benedetto gespielt, das sich im Besitz des Konsortiums der Familie Grimani befand. Nach dem Brand des Theaters hatte die rivalisierende Familie Venier, der das Grundstück gehörte, auf dem das Theater stand, eine Klage gegen das Konsortium eingereicht, um an diesem Ort selbst ein neues Theater bauen und betreiben zu können. Die Grimanis verloren den Rechtsstreit. Sie mussten das Feld räumen, konnten aber unmittelbar danach den nahe gelegenen Palazzo übernehmen. Dort probte und spielte das Orchester weiter, bis das Konsortium 1792 sein eigenes neues Theater eröffnen konnte, La Fenice – das vor allem größer sein sollte als das neue San Benedetto.

1889 bezog der spanische Künstler Mariano Fortuny y Madrazo den Komplex, um dort zu leben und zu arbeiten. Fortuny war Maler, Fotograf, Bühnenbildner, Kostüm-, Mode- und Stoffdesigner, Erfinder und Wagnerianer. Seine Wurzeln lagen im 19. Jahrhundert und im dekadenten Symbolismus der Jahrhundertwende, doch er bediente sich der Techniken des neuen Jahrhunderts. Um 1900 arbeitete er bereits mit der damals gerade neu erfundenen Panoramakamera von Kodak. Viele neue Techniken gingen auch auf seine eigenen Erfindungen zurück, so war er beispielsweise einer der erste Lichtdesigner für Oper und Theater.

Aus Seide, Samt, Baumwolle, Brokat und Damast fertigte er Stoffe und Kleidung mit Motiven aus dem Nahen Osten und Konstantinopel, wie zum Beispiel der osmanischen Tulpe. Marcel Proust, der Fortuny regelmäßig in seinem Palazzo besuchte, schrieb in *Albertine disparue*: „[...] über ihre Schultern [hatte sie] einen Mantel von Fortuny geworfen, den sie am folgenden Tag mitgenommen und den ich in meiner Erinnerung nie wiedergesehen hatte. Aus diesem Bild von Carpaccio also hatte der geniale Sohn Venedigs ihn entnommen und von den Achseln dieses Calzabruders hatte er ihn gelöst, um ihn auf die so vieler Pariserinnen zu werfen, die gewiss wie ich nicht ahnten, dass das Modell in einer Gruppe jener Edelleute im Vordergrund des *Patriarchen von Grado* in einem Saal der Akademie von Venedig existierte."

Fortuny hatte die Scuola di San Giorgio degli Schiavoni und die Accademia regelmäßig besucht, um auf den Gemälden von Vittore Carpaccio orientalische Stoffmotive zu finden.

Durch die monumentale Eingangstür betrete ich die Eingangshalle des Palazzo Fortuny. Sie ist ungeheuer groß und voller moderner Kunst, denn das jetzige Museum organisiert regelmäßig Ausstellungen zeitgenössischer Künstler. Die Böden und Wände hinter den Bildern sehen kahl aus, als wären sie einmal komplett freigelegt worden. Hier befanden sich früher die Atelierräume, in denen die Stoffe hergestellt und mit Motiven bedruckt wurden, bevor die Produktionsateliers aus Platzmangel auf die Giudecca verlegt wurden. Im hinteren Teil führt ein Korridor zu einem kleinen Hofgarten, von wo aus man die alten Holzbalkone auf den verschiedenen Stockwerken sehen kann. Alles wirkt intim und rustikal – die Pflanzen, die Wasserbecken – wie ein inszeniertes Bühnenbild.

Eine unscheinbare schmale Treppe führt im Inneren zu den oberen Stockwerken – alles ist anders als in den Palazzi, in denen ich bisher gewesen bin. Jeder Hinweis auf die spätere Renaissance und den Barock wurde aus den Räumen entfernt. Fortuny wollte eine *carte blanche* für seine eigene Kunst. Die verbliebene Patina ist die von verwitterten Ziegelmauern und Holzbalken. Im ersten Stock öffnet sich ein großer Raum, ebenso groß wie das Erdgeschoss, aber nun voller Gemälde, Skulpturen, Bücher, antiker Möbel, Schränke, die bizarre Gegenstände beherbergen. Dazwischen unzählige Stoffe, Kleider und Mäntel, in etwas blassen Farben zwar, aber mit exotischen Motiven und Mustern. Alles ist in ein Dämmerlicht, ein Licht des späten 19. Jahrhunderts, wie in den Salons in Prousts *Recherche* oder Wagners Palazzo Vendramin-Calergi. Das bourgeoise und aristokratische Europa kleidete sich in den ersten Jahrzehnten des 20. Jahrhunderts in *Mariano Fortuny Venise*.

Als der junge Fortuny noch in Paris lebte, erzählte ihm ein befreundeter Künstler von seinen Reisen nach Bayreuth. Auch er war fasziniert von den Mythen, die den Werken Wagners zugrunde lagen: „Ich konnte nur noch von Wagner träumen. Ich war völlig auf Bühnenbildentwürfe und Dekorationen ausgerichtet." 1892 besuchte Fortuny Bayreuth und kehrte als glühender Anhänger nach Hause zurück. Neben dem Entwerfen und Malen widmete er sich fortan auch den darstellenden Künsten. Im Privattheater des Palazzo Albrizzi, in dem einst auch Vivaldi und Lord Byron zu Gast waren, entwarf er die Bühnenbilder für eine Aufführung von *The Mikado* von Gilbert und Sullivan.

Fortuny machte 1900 den Lichtentwurf für eine *Tristan*-Produktion an der Mailänder Scala unter der Leitung von Arturo Toscanini: „Ich beschloss, den Sockel des Baumes, unter dem Tristan stirbt, transparent zu machen, so dass ich mit einem langsamen Abblenden des Lichts die Wirkung eines intensiven Sonnenuntergangs erzielte." Es sollte der Beginn einer Revolution in der Theaterbeleuchtung sein.

Ein regelmäßiger Gast im Palazzo Fortuny war der Schriftsteller Gabriele d'Annunzio, ein noch größerer Wagnerianer als Fortuny selbst. Mit seinem weitgehend autobiografischen Roman *Il fuoco* (*Das Feuer* oder besser *Die Lebensflamme*) aus dem Jahr 1900 schuf der Schriftsteller ein merkwürdig dekadentes Gebräu aus Theater, Oper, Liebe und rassistischen politischen Ansichten, alles in einem unheilschwangeren symbolistischen Stil verfasst. In diesem Buch, dessen Handlung in Venedig spielt, sieht sich der Protagonist Stelio als Nachfolger Wagners und will seine künstlerische Führungsrolle nutzen, um Kunst und Leben miteinander zu vereinen. Im Mittelpunkt steht die Polarität zwischen Feuer – einem Symbol für Leben, Kreativität und Macht – und Wasser – einem Symbol für Tod, Zerstörung und den Verfall Venedigs. Die Rede, die Stelio hält, um die Öffentlichkeit von seinen Ideen zu überzeugen, hielt D'Annunzio selbst 1895 im Foyer von La Fenice, zum Abschluss der Biennale desselben Jahres.

Viele seiner Ansichten waren von Nietzsches Idee des *Übermenschen* inspiriert. In seinem eigenen protofaschistischen kleinen Reich in Kroatien würde er später erklären, dass die Musik das Grundprinzip des Staates sei. So wie Stelio mit seiner dionysischen Liebe eine Frau erobert, so kann D'Annunzio mit der Willenskraft seiner modernen Tragödien auch ein Volk für sich gewinnen. Er sympathisierte mit dem Aufstieg des Faschismus in Italien. Seine eigenen militärischen Aktivitäten während des Ersten Weltkriegs inspirierten Mussolini, der den Begriff *Duce* und die Rituale des italienischen Faschismus von ihm übernahm. Eine Zeit lang gab es einen Kompetenzstreit zwischen den beiden. Noch 1942 erschien in Berlin eine Neuauflage von *Il fuoco*.

Die Verflechtung von Kunst, Musik, Oper und den Kulturen Nord- und Südeuropas, den Germanen und den Lateinern spielt in *Il fuoco* eine nicht unbeträchtliche Rolle. Bevor Venedig verfiel, hatte dort die Flamme der Inspiration gelodert. Das *Gesamtkunstwerk* wurde, laut D'Annunzio, nicht von Wagner, sondern von den italienischen Renaissance-Komponisten erdacht. Claudio Monteverdi war der Gott, der all dies zu großen Höhen geführt hat. Er war „ein gewaltiger Lichtgürtel, ausgeströmt von einem inneren Himmel, um die geheimsten Gründe des menschlichen Willens und des menschlichen Begehrens zu durchleuchten [...]." Nach diesen Worten setzt die Sängerin im Roman mit *Lasciatemi morire,* der Wehklage aus Monteverdis *Arianna*, ein.

Eine Motette von Palestrina würde den Lebensschmerz auf eine viel reinere und kraftvollere Weise ausdrücken als alle Klagegesänge des Amfortas aus *Parsifal*. Aber D'Annunzio muss zugeben, dass Wagner gleichzeitig eine Qualität besitzt, die der Renaissance fehlt: die Qualität der Lust. Die beiden Liebenden des Romans geraten selbst in Ekstase, als sie an die Szene mit dem Liebeskuss zwischen Parsifal und Kundry denken: „Weltverloren blickten sich Stelio und Perdita in die Augen; in einem flüchtigen Augenblick vermischten sie sich, besaßen und genossen sich und vergingen vor Wonne, wie auf einem Lager der Wollust und des Todes."

D'Annunzio muss anerkennen, dass das Feuer jetzt vor allem in Nordeuropa brennt, wo im Bayreuther Tempel die musikalische Tragödie zur säkularen Religion erhoben wird. Das Bestreben des Protagonisten des Romans, Stelio, ist es daher auch, Italien politisch und kulturell zu regenerieren – ein wagnerianischer Begriff. Regeneration bedeutet für ihn: die Flamme wieder im eigenen Land zu entfachen. Was nur durch eine Ästhetisierung des Lebens, der Menschen und der Politik mit modernen Tragödien erreicht werden kann, die in großen Freilichttheatern in religiöser wagnerianischer Manier aufgeführt werden müssen.

Stelio findet heraus, dass sich der alte Richard Wagner in Venedig aufhält, im Palazzo Vendramin-Calergi: „Hatte vielleicht Venedig ihm [...] den Geschmack an der Wollust und am Prunk beigebracht? Im Schweigen der Kanäle hatte er wohl den glutheißesten Hauch seiner Musik vorüberfluten hören: die todbringende Leidenschaft von Tristan und Isolde."

An einem Novembertag des Jahres 1882 sehen Stelio und seine Freunde plötzlich Wagner mit Liszt und Cosima auf einem Schiffsdeck stehen. Dann bricht der Meister zusammen, als hätte er einen Schlaganfall. Die Männer bieten ihre Hilfe an und bringen den Komponisten in seinen Palazzo zurück, wo sie ihn den Steg hinauftragen. Der Bericht eines angekündigten Todes.

In einem Nebenraum im zweiten Stock des Palazzo Fortuny entdecke ich eine besondere Form der Zusammenarbeit zwischen Fortuny und D'Annunzio. Dieser Raum mit großen Fenstern und starkem Lichteinfall ist mit vielerlei Bühnenzubehör und Masken gefüllt. In einer Ecke stehen zwei großformatige Theatermodelle. Eines davon ist eine Kopie des *Festspielhauses* in Bayreuth, in dem Fortuny alle neuen Theatertechniken maßstabsgetreu ausprobieren konnte. Auf der kleinen Bühne ist ein Bühnenbild für die Eröffnungsszene von *Das Rheingold* zu sehen, auf dem Grund des Rheins – eine Szene, die Fortuny über die Maßen enttäuscht hatte, als er sie in Bayreuth sah.

Das zweite Modell ist das *Teatro delle Feste*, das Festivaltheater, das er 1912 zusammen mit D'Annunzio für die Esplanade des Invalides in Paris entwarf und das er zuvor in Italien realisieren wollte. Mit seiner klassischen Amphitheaterform und Umrahmung mit Statuen lehnt es sich an Andrea Palladios *Teatro Olimpico* in Vicenza an, das auch als Vorbild für Wagners Entwurf des Festspielhauses diente. Aufgrund des Ausbruchs des Ersten Weltkriegs sollte das *Teatro delle Feste* nie realisiert werden.

Fortunys Leidenschaft und D'Annunzios Dekadenz illustrieren den enormen Aufschwung, den der Wagnerismus in Europa vor diesem Krieg genommen hat. D'Annunzios Leben und Werk zeigen auch die gefährlichen Seiten dieses Phänomens, vor allem im Lichte dessen, was sich zum Teil auch im Namen Wagners zwei Jahrzehnte später in Deutschland ereignete.

Nach dem Krieg widmete sich Fortuny wieder den Bühnenbild- und Beleuchtungstechniken. In einer *Parsifal*-Inszenierung von 1922 an der Scala verwendete er die von ihm entwickelte „Cupola Fortuny", eine Halbkuppel, in die Licht projiziert wurde und so eine indirekte atmosphärische Tiefenwirkung schaffte. Binnen weniger Jahrzehnte verfügte jedes bedeutende Opernhaus über ein solches System.

Sarah Bernhardt und der Bühnenbildner Adolphe Appia hatten Fortuny bereits um 1900 nach Paris geholt. Appia war der erste, der die zweidimensionalen Bühnenbilder durch ein dreidimensionales Bühnenbild ersetzte, bei dem architektonische Tiefe und atmosphärische Beleuchtung von entscheidender Bedeutung waren. Wagners Werk hatte ihn zu dieser Entwicklung inspiriert. Von Fortuny unterstützt und stark beeinflusst, konnte er seine bahnbrechenden Inszenierungen von *Tristan* und dem *Ring* perfektionieren.

Bei Appia, D'Annunzio und Fortuny konzentrierte sich alles auf das *Gesamtkunstwerk* in Oper, Theater, Kunst oder im Privatleben der Künstler – wie der Palazzo Fortuny zeigt. Ein jeder sollte in einem Traum schwelgen können, in dem die Grenzen zwischen Kunst und Wirklichkeit, zwischen Oper und Leben, zwischen Raum und Zeit aufgehoben schienen. Hätte Wagner noch gelebt, er hätte sich in Stoffe von Fortuny gehüllt.

Als ich den Palazzo verlasse, gehe ich noch ein letztes Mal an den Gemälden vorbei. Ein Selbstbildnis aus dem Jahr 1947, zwei Jahre vor seinem Tod, sieht dem Selbstbildnis von Tintoretto zum Verwechseln ähnlich. Graue Haare, Bart und Augenbrauen sowie seine faltige Haut lassen Fortuny älter und schwächer erscheinen, aber die durchdringenden, unbeirrt blickenden dunklen Augen sind immer noch klar und strahlen das künstlerische Selbstbewusstsein eines *uomo universale* der Renaissance aus. Im selben Raum hängt *Ornamenti del giardino e spiriti odoriferi*, auch bekannt als *Fanciulle fiore*, eine üppige und laszive Szene mit Blumenmädchen aus Wagners *Parsifal* – aus dem Jahre 1896. Daneben hängt ein Gemälde mit einer tiefen Felsschlucht, in der der Gralsritter Gurnemanz und der geläuterte Parsifal auf einem steinernen Pfad zur Gralsburg wandern, in angemessenem Abstand gefolgt von Kundry, der gefallenen, aber nun getauften Frau. Das Werk ist nicht datiert.

Zum Raum wird hier die Zeit.

Strandspaziergang auf dem Lido, 1910

Tod in Venedig.
Schönheit und Verfall auf dem Lido

Als sich Thomas Mann im Sommer 1911 im Grand Hôtel des Bains aufhielt, arbeitete er an einem Essay über Richard Wagner. Einige Seiten des Manuskripts tragen den Briefkopf: *Grand Hôtel des Bains, Lido – Venezia*. Mann sinniert auf eine platonische Weise über die Idee des Gesamtkunstwerks: „Aber die Künste sind ja nur die Erscheinungsformen der Kunst, welche in allen dieselbe ist und Wagner hätte der große Vermischer aller Künste nicht zu sein brauchen, der er war, um auf jede Art von Künstlertum lehrend und nährend wirken zu können."

Mann wird dem Komponisten hier abtrünnig. Die Theorie des Gesamtkunstwerks, das alle anderen Künste übersteigen würde, widerstrebte ihm – ihm, der sein Leben ausschließlich der Literatur widmete. Dennoch war Mann ein großer Wagner-Liebhaber. Das 19. Jahrhundert bedeutete für ihn Schopenhauer, Wagner und Nietzsche. Mann verteidigt Wagner gegen die Angriffe Nietzsches. Die Vorwürfe der Demagogie und der schuldigen Kunst sind für den Schriftsteller gerade eine Bestätigung für Wagners Künstlertum. Die Scharlatanerie, die Nietzsche zufolge damit einhergehe, ist aus Manns Perspektive ein untrennbarer Bestandteil von Wagners Kunst.

Friedrich Nietzsche war ebenfalls ein großer Bewunderer Wagners gewesen. Mit seinem 1872 erschienenen Buch *Die Geburt der Tragödie aus dem Geiste der Musik* stellte der Philosoph den Komponisten auf die höchste Stufe der westeuropäischen Kultur. Wagners Gesamtkunstwerk zeige das „Unreine" des menschlichen Willens – seine tiefsten Triebfedern – auf symphonische Weise. Auf diese Weise werde die griechische Tragödie übertroffen und die wahre Natur der

Existenz in ihrem tiefsten Wesen enthüllt. Zentrale Werke waren für Nietzsche *Tristan und Isolde* und der in dieser Zeit entstandene *Ring des Nibelungen*. Doch Nietzsche betrachtete die Gründung des Bayreuther Festspielhauses und der begleitenden Festspiele als Kniefall vor dem Establishment und als ein Verrat an der gemeinsamen Mission, der kränkelnden Gesellschaft die Maske herunterzureißen. Wagner schuf mit seiner Kunst eine säkulare Pseudoreligion. Das spirituell-sakrale Schlussstück des Meisters, das *Bühnenweihfestspiel Parsifal*, war für Nietzsche nur noch der letzte Tropfen, der das Fass zum Überlaufen brachte. Er wurde zu einem erbitterten Gegner der Theater-Scharlatanerie des Komponisten, der in Nietzsches Augen gerade mit der Technik des Gesamtkunstwerks das Publikum auf demagogische Weise emotional manipulierte.

Was einen Künstler ausmacht, kommt aus ihm selbst; jeglichen Effekt hat er zuerst selbst durchlebt, so Mann. Wagner ist ein subjektiver und daher ein „unschuldiger" Künstler, auch wenn das, was er macht, objektiv betrachtet unmoralisch sein kann. Damit setzt sich auch Mann auseinander. Wer seine Essays über deutsche Künstler liest, erfährt viel über Thomas Mann selbst. Schuld und Unschuld waren Themen, die ihn sein Leben lang beschäftigten. Bewusstsein führt zu Schuld und Scharlatanerie, weil es Wissen über sich selbst, über die verwendete Kunst und über deren Wirkung beinhaltet. Daher fügt er Wagner eine ironische Qualität hinzu. Ironie, um den Verlust der Unschuld leugnen zu können, der eigentlich nicht zu leugnen ist. In dieser ironischen Deutung liegt auch das Wesen der dekadenten Kunst, die sich willentlich oder unwillentlich in Schuld, Immoralität, teuflischen Effekten, sublimer Verderbtheit und dem damit verbundenen Tod und Untergang suhlt.

„Das Grand Hôtel du Lido ... es schrumpfte zu einer kleinen Dépendence des viel größeren Grand Hôtel des Bains, und zwischen beiden [...] sind die Hotels, die Restaurants, die Bars wie Pilze aus dem Boden geschossen, stillos, und hässlich [...] und in diese Bars, Restaurants und Hotels fallen nun – schon im Mai, dem einstigen Monat lieblicher Stille!! – die Horden ein, die schrecklichen Horden deutscher, österreichischer und ungarischer Touristen. Diese Horden von Hunnen überwältigen [...] die schmale Insel einstiger Einsamkeit, Liebe und Poesie, und so ist sie zurückgewichen, diese Trias der Gratien, sie ist verschwunden, sie ist entflohen!"

Voller Empörung schreibt Louis Couperus im Jahr 1912 über das Aufkommen des Massentourismus auf dem Lido. Er hatte die Watteninsel 1903 schon einmal besucht. Damals war sie noch ein Lido mit kaum dreihundert Einwohnern gewesen, mit mohnübersäten Feldern und Sandstränden, an denen Lord Byron seinen Pferden ausgiebig Bewegung verschaffte. Eine wunderbar ländliche Welt, vom Festland ebenso isoliert wie die Stadt selbst, aber mit Wäldern und unbefestigten Wegen.

Couperus besuchte die unberührten Strände auch aus einem anderen Grund: „Als ich mich zum ersten Mal – das liegt nun *Jahre, Jahre* zurück – von Venedig zum Lido begab, fuhren zwei junge, braune, singende Gondoliere mich, stehend, mit der anmutigen, rhythmischen Bewegung ihrer langen Riemen über die Lagune, die in perlmuttfarbenem Glanz ausgebreitet dalag."

Das „erste Mal" muss Mai 1896 gewesen sein, zu einer Zeit, als er auch das Sonett *Baders te Lido* (*Badende am Lido*) schrieb; es beginnt mit den Zeilen:

Auf dem roten Strand, glänzend nackt, beinahe
Antik, in wolkengedämpftem Sonnenverglühen,
Kräftig, fleischrosa, oder bronzen und brauner, tollen
Die Badenden an der rauschenden Adria.

Irgendwann Ende des 19. Jahrhunderts wurde der sinnlichen künstlerischen Palette Venedigs die Homosexualität hinzugefügt. Im ersten Jahrzehnt des 20. Jahrhunderts schlenderte der britische Exzentriker Frederick Rolfe durch die Stadt. Als er 1913 starb und auf dem Friedhof von San Michele beigesetzt wurde, hinterließ er ein beachtliches Œuvre an dekadenten Romanen und Briefen. Ohne die geringste

Scheu bringt er in seiner Korrespondenz seine große Liebe zu Jünglingen zum Ausdruck. Das griechische Vorbild der Knabenliebe bot ihm ein intellektuelles Alibi. Unter dem Namen Baron Corvo ging er auf die Jagd nach Knaben. In den pornografischen *Briefen aus Venedig* hat er seine Erlebnisse festgehalten. Sein Baron Corvo steht für den moralischen Verfall eines homosexuellen Schriftstellers und damit auch für den Verfall der Lagunenstadt.

Die Überfahrt von Venedig zum Lido erfolgt heute nicht mehr mit einer Gondel, sondern mit dem Vaporetto der Linie 1, die dort an der modernen Anlegestelle endet. Das erste, was hier immer auffällt, sind nicht so sehr die „Hunnenhorden", sondern der motorisierte Straßenverkehr. Am Lido befindet man sich plötzlich wieder in der Welt der Stadtbusse und Autos. Als ich das erste Mal das Hôtel des Bains besuchte, im Jahr 1982, brachte mich ein Wassertaxi durch die Kulisse des nächtlichen Canal Grande zum Lido. Dieser erste Besuch in Venedig weckte zahllose Erinnerungen an die Gemälde, Fotografien und Filme, die ich davon gesehen hatte – ein wesentlicher Bestandteil des unwirklichen Charakters der Stadt.

Das Taxi setzte mich nicht am Lido-Kai ab, sondern am Ende eines Seitenkanals, also näher beim Des Bains. Dort wurde auch der Schriftsteller Gustav von Aschenbach aus Manns Erzählung *Der Tod in Venedig* abgesetzt. In diesem Sommer des Jahres 1982 war ich nach Venedig gereist, nachdem ich Luchino Viscontis Spielfilm *Tod in Venedig* gesehen hatte. Aus finanziellen Gründen konnte ich mir nicht mehr als eine einzige Nacht in dem luxuriösen Fünf-Sterne-Hotel erlauben, doch das genügte, um meine Neugierde zu befriedigen.

Obwohl es mitten im Sommer war und eine Biennale organisiert wurde, strahlte das Des Bains nur Ruhe aus. Ich sah höchstens drei oder vier andere Gäste, ältere Amerikaner und ein wenig Personal in Livree. Am beeindruckendsten war die achteckige Rezeptionshalle oder Lobby mit ihren dunklen Holzbalken und Täfelungen im Liberty-Stil, einer italienischen Variante des Jugendstils. Düster, aber stilvoll. Die ursprünglichen Draperien und Vorhänge, die Visconti bei der Verfilmung von Manns Novelle *Der Tod in Venedig* neu anbringen ließ, hatte man hängen gelassen. Der Saal heißt heute „Sala Visconti".

Mein Zimmer war schlicht, im Art déco eingerichtet. Die Sessel waren mit azurblauem Samt bezogen, der dem Namen eines Badehotels alle Ehre machte. Auf dem Boden knarrendes Parkett mit Fischgrätenmuster und auf der Meeresseite zwei Flügeltüren, die sich zu einem französischen Balkon hin öffneten. Von hier aus hatte man keinen Blick auf die hölzerne Badeanlagen wie im Film, sondern auf Strandkabinen in Form runder Hütten mit spitz zulaufenden Strohdächern. Und auf die Adria natürlich. Die Rechnung habe ich aufbewahrt.

Am 5. Juli 1900 wurde das Grand Hôtel des Bains, das vom venezianischen Architekten Francesco Marsich erbaut worden war, mit insgesamt fünfzig Zimmern eröffnet. Zu den Feierlichkeiten gehörte auch ein großes Bankett. Hundert geladene Gäste versammelten sich um sieben Uhr abends vor dem Hotel, um nach einer ausgiebigen Führung üppig zu speisen – die Speisekarte des Zehn-Gänge-Menüs wurde am nächsten Tag in den venezianischen Zeitungen veröffentlicht. Der Bürgermeister der Stadt, Graf Filippo Grimani, erklärte in seiner Ansprache, wie sehr ihn der „Fortschritt" freue, den die reizvolle Küste erlebe, dass aber auch über die Regulierung neuer Bauvorhaben zum Schutz der Insel nachgedacht werden müsse. Diese prophetische Warnung wurde schon bald vom Stadtorchester unter der Leitung von Maestro Jacopo Calascione übertönt, der schon vor geraumer Zeit auf der Piazza San Marco Rossinis Ouvertüre *La gazza ladra* für Wagner gespielt hatte und dem dafür ausdrücklich gedankt worden war.

Dass Grimani sein Herz am rechten Fleck hatte, zeigt seine Besorgnis über den kapitalistischen Wildwuchs auf dem Lido. Um ein wenig mehr über ihn zu erfahren, habe ich mich mit Maria Donata Grimani verabredet, eine Nachfahrin der Familie, die im Palazzo Grimani-Civran am Canal Grande wohnt. Auf der Dachterrasse des Palazzo, mit der Santa Maria Gloriosa dei Frari auf der einen Seite und dem Canal Grande auf der anderen, steht sie mir Rede und Antwort:

„Schauen Sie, etwas weiter rechts steht der große Palazzo Grimani, der Anfang des 19. Jahrhunderts wieder an die Stadt übereignet wurde. Er ist einer der größten Barockpaläste des frühen 16. Jahrhunderts. In der Zeit vor seiner Erbauung hatte sich ein Junge der Grimani-Familie in ein Mädchen verliebt, das in einem schönen Barockpalast auf der gegenüberliegenden Seite wohnte. Ihr Vater fand die Grimanis jedoch nicht standesgemäß. Daher ließen diese den Palazzo Grimani errichten, nach dem Motto: ‚Meine Fenster werden größer sein als deine Tür!', was dann auch geschah." Haben sie denn auch geheiratet? Auf diese Frage muss mir Donata die Antwort schuldig bleiben.

Sie erzählt: „Im 17. und 18. Jahrhundert gab es in der Familie viele Verbindungen zur Oper und den vielen Theatern. Nach dem 18. Jahrhundert war diese musikalische Tradition eigentlich beendet." Wieder im Inneren des Palazzo, zeigt sie mir ein besonderes Stück aus ihrem Besitz: „Dies ist der Stammbaum der ganzen Familie." An der Wand hängt vor einigen Brettern eine etwa zwei mal drei Meter große braune Pergamenttafel, *Genealogia Della Nobilissima Famiglia Grimani*. In der linken oberen Ecke befindet sich das Familienwappen, rot-weiße vertikale Linien. Oben in der Mitte ist der Anfang zu sehen, in der Zeit um das Jahr 800. Donata: „Es gibt viele Zweige, und die Familie hat mehrere Dogen, Kardinäle und Bischöfe hervorgebracht, schauen Sie sich nur die roten Kopfbedeckungen an." Über einigen Kreisen mit Namen darin sind in roter Farbe Dogenkappen, breite Kardinalshüte oder hohe Mitren gezeichnet. Ich zähle auf die Schnelle etwa zehn, und ich finde auch Vincenzo Grimani, den Kardinal, der das Libretto für Händel geschrieben hat. Donata: „Die Familie hat drei Dogen gestellt."

Überall im Palazzo hängen Gemälde und Fotografien von demselben Mann: von Filippo Grimani, dem Bürgermeister von Venedig, der das Des Bains eröffnete. Im geräumigen Piano nobile sitzt unter einem dieser Porträts eine alte Dame und liest. Es ist Donatas 92-jährige Großmutter. Lodovica Grimani Valmarana beobachtet mich mit dem natürlichen eindringlichen Charme, der Menschen ihres Alters eigen ist. *„Piacere"*. Nein, sie spreche kein Englisch: „Das durften wir nicht. In der Schule mussten wir Deutsch lernen. Ja, und im Krieg wohnten wir nicht hier in der Stadt. Da war es auf dem Land besser, wir wohnten damals in der Villa Rotonda" – der Villa von Palladio, wie mir bewusst wird.

Filippo Grimani ist eindeutig der Stolz der Familie. „Vor Filippo war Riccardo Selvatico Bürgermeister der Stadt, ein Sozialist. Er rief die Biennale ins Leben, förderte die Entwicklung der Industrie in Mestre und ergriff die ersten Initiativen für zahlreiche soziale Projekte, wie den sozialen Wohnungsbau für die Ärmsten. Weil er Dramatiker und Dichter war, wurde er der *sindaco-poeta* (Bürgermeister-Dichter) genannt. Filippo trat seine Nachfolge an, aber obwohl er ein Liberaler war, baute er bewusst auf den Errungenschaften von Selvatico auf und trug dadurch noch stärker zum Aufblühen der Stadt bei. Deshalb nannten ihn die Venetianer den *sindaco d'oro* (den goldenen Bürgermeister). In den Jahren seiner Regentschaft wurde das moderne Venedig geboren, mit der Entwicklung des Tourismus auf dem Lido und einem beträchtlichen wirtschaftlichen Aufschwung, aber auch mit einem umfangreichen sozialen Wohnungsbau. Letztendlich musste er sich den Sozialisten und kurz darauf den Faschisten geschlagen geben."

Aufgrund des enormen Erfolgs des Hotels entschied man sich bereits 1905 zu einer Erweiterung. Während des Ersten Weltkriegs wurde Venedig von österreichischen Truppen bombardiert. Der Lido blieb zwar verschont, aber 1915 schloss man das Hotel, die Fensterläden wurden dichtgemacht, und ein einziger Wächter, Moretto Garibaldi, bewachte das Gebäude. Er konnte nicht den Ausbruch des Feuers am 16. Juli 1916 verhindern. Der Nordflügel brannte vollkommen aus, das ganze Gebäude wurde schwer beschädigt. Anfang der 1920er Jahre wurde es wiederaufgebaut, renoviert und erweitert. Das einzige, was von dem ursprünglichen Komplex erhalten geblieben ist, ist die Sala Visconti.

Mit dem Brand des Grand Hôtel Des Bains ging eine Ära zu Ende. Das alte, traumhaft schöne, aber morbide Europa des 19. Jahrhunderts wurde zu Grabe getragen. Der Teutone Wagner fiel in Ungnade. Die Dekadenz hatte ihren Endpunkt in einer Explosion erreicht, die zugleich auch eine Implosion war. Letzteres gilt auch in Bezug auf den Tourismus. Es gab kaum noch Adel oder Bürgertum, die mit großem Gefolge den ganzen Sommer im Hôtel des Bains verbringen konnten. Das Hotelpersonal wurde zu teuer. Die Hunnen verloren ihre Rubel, Zloty, Pfund und Mark.

Als eine späte Nachwehe der alten Zeit hielt der zuckerkranke Serge Djagilew 1929 Einzug ins Hotel, wissend, dass sich sein Ende näherte. An seinem Sterbebett entzündete sich ein Erbschaftstreit zwischen Serge Lifar und Boris Kochno, die beide bei den Ballets Russes für den Impresario gearbeitet hatten und für Djagilew daher mehr als nur Geliebte waren. Sie sollen sich dem Vernehmen nach selbst beim sterbenden Djagilew noch gegenseitig an die Kehle gegangen sein.

Kochno war ein russischer Immigrant, der während des Ersten Weltkriegs und der russischen Revolution über viele Umwege in Paris gelandet war. Auf seinem Weg in den Westen war er als Fünfzehnjähriger dem polnischen Komponisten Karol Szymanowski begegnet, den er mit seiner Schönheit zur Oper *Król Roger* inspirierte, einem Werk, dessen zentrales Thema die ambivalente Sexualität des sizilianischen Königs Roger bildet. Der rationale Roger wird von einem schönen jungen Hirten beobachtet, bei dem es sich eigentlich um Dionysos handelt – dem Gott, der Lust, Ekstase und Chaos verursacht und Roger fast zugrunde richtet. Schon bevor Szymanowski Kochno traf, war er 1911 nach Italien gereist, um in Sizilien die Schauplätze zu besuchen, an der sich Rogers Geschichte abspielte. Auf der Rückreise besuchte er Venedig und übernachtete im Hôtel des Bains, wo zu dieser Zeit auch eine polnische Familie mit einem Sohn wohnte, der einige Wochen darauf Thomas Mann begegnen und ihm als Modell für seine Novelle dienen würde.

Dass sich Djagilew dazu entschloss, im Hôtel des Bains zu sterben, hat mit theatralischer Selbstinszenierung zu tun. Er hatte schon früher, im Jahr 1913, die Stadt besucht und sich in sie verliebt. Djagilew übernachtete damals im Hotel de l'Europe am Canal Grande, wo ihm Strawinsky den *Sacre du Printemps* auf dem Klavier vorspielte. Noch im selben Jahr sollte Djagilew dieses Werk im Pariser Théâtre des Champs-Élysées aufführen und damit den Urknall des modernen Musiktheaters auslösen.

Djagilew kannte Thomas Manns Novelle *Der Tod in Venedig* und schenkte diese regelmäßig seinen Freunden. Doch mehr noch als mit Gustav von Aschenbach, dem sterbenden Protagonisten dieser Geschichte, identifizierte er sich mit dem Tod Richard Wagners. In einem Brief aus dem Jahr 1902 kündigte er an, dass er wie der Komponist seinen letzten Atemzug in Venedig tun wolle: „[...] Auf *eine* Weise kann ich Wagner noch übertreffen, indem ich zum Sterben nach Venedig komme. War das nicht eine Meisterleistung von Wagner?"

Ob es nach Djagilews Tod, abgesehen von dem Anrecht, die Ballets Russes fortzuführen, für die streitenden Angehörigen viel zu verteilen gab, ist fraglich, denn sie mussten seine ausstehende Hotel- und Arztrechnung begleichen. Coco Chanel bezahlte das Begräbnis und die Beisetzung im russisch-orthodoxen Teil des Friedhofs von San Michele. Als Strawinsky zweiundvierzig Jahre später in New York starb, bestand er darauf, in Djagilews Nähe begraben zu werden. Denn dieser hatte für seinen Karrieredurchbruch gesorgt. Auf dem Grab des Komponisten und seiner Frau Vera liegt eine einsame Rose. Ein paar Schritte weiter ist das Grab von Djagilew unter Ballettschuhen, Briefen und Blumen begraben.

Nach meinem ersten Besuch im Jahr 1982 bin ich öfter ins Des Bains zurückgekehrt. Zu Beginn des Frühjahrs 2003 führte mich Andrea Greccio, der Public Relations-Manager des damaligen Eigentümers Starwood Hotels, durch das Gebäude. In jenen Jahren ging das Hotel von Hand zu Hand, kein beruhigendes Zeichen. Nun aber war Starwood laut Greccio mit umfassenden Renovierungsarbeiten zugange; im Sommer des Jahres sollte die festliche Wiedereröffnung stattfinden können. Er läuft durch die Sala Visconti und ist voll des Lobes für den „Liberty-Stil". Nach der Besichtigung des Frühstücksraums, der jetzt Sala Thomas Mann heißt, gehen wir durch das gesamte Erdgeschoss. Dann ein paar Treppen hinauf, wo wir uns einige Zimmer ansehen. Überall lange weiße Korridore, die eher an ein altes Krankenhaus erinnern.

Er steckt einen Schlüssel in die Zimmertür 247: „Das ursprüngliche Zimmer von Thomas Mann gibt es nicht mehr, das ging durch den Brand und den Wiederaufbau verloren. Aber Visconti nutzte eine Suite wie diese. Alles Jugendstilmöbel, entweder Originale oder spätere originalgetreue Kopien. Sie müssen wissen, das Gebäude steht unter staatlichem Denkmalschutz. Eigentlich dürfen wir überhaupt nichts verändern." Greccio seufzt bei diesen Worten. Dann öffnet er die Tür zum marmornen Badezimmer. Ein Stück weiter im Salon stehen eine Sitzbank und einige Sessel in dem Azurblau, an das ich mich noch von meinem ersten Besuch erinnere. Vor den Fenstern hängen drapierte Vorhänge. Es gibt auch ein großes Schlafzimmer im „Liberty-Stil", nach Greccios Ansicht zumindest.

Als wir wieder in den Korridor treten, zeigt er auf den Boden: „Schauen Sie, das ist neues Parkett, und das sieht man auch." Ich merke tatsächlich, dass es glatt und glänzend, ja fast klinisch ist. Er fährt fort: „Das haben die alten Damen missbilligt. Hier im zweiten Stock können wir es liegen lassen, aber in den unteren Stockwerken müssen wir das alte Parkett nach der Renovierung wieder einsetzen. Sonst gehen Patina und Atmosphäre verloren ..." Ich schaue ihn erstaunt an: „Die alten Damen?" Greccio seufzt erneut: „Na, Sie wissen schon, diese Leute vom Denkmalschutz. Die sind sowas von schwierig ... Aber wir müssen alles tun, was sie verlangen."

Im Jahr 2010 stellte sich heraus, dass der Unterhalt von Des Bains unrentabel geworden war. Das Hotel wurde nach einhundertzehn Jahren geschlossen. Es ist nun geplant, es unter den Namen „Residenze des Bains" zu einem Komplex von Luxusappartements umzubauen. Nur die öffentlichen Bereiche im Erdgeschoss stehen noch unter Denkmalschutz, der Rest wurde für vogelfrei erklärt. Ein großer Metallzaun wurde um das Gelände gezogen, die Fensterläden wurden wieder für unbestimmte Zeit geschlossen. Im Jahr 2020 ist das Hotel immer noch geschlossen, und es gibt keine Anzeichen dafür, dass sich irgendetwas bewegt – bis auf den einzigen Wachmann. Einem Nachfahren Moretto Garibaldis, der vor hundert Jahren auch schon alleine hier die Stellung hielt.

Auf dem Lido gibt es Gerüchte über Unterschlagungen und Korruption, wozu die Wirtschaftskrise ihren Teil beigetragen haben wird. Das Hôtel des Bains ist tot. Eine Kontaktanfrage über diese Website führt nur zu einer einzigen Antwort: „Undelivered Mail Returned to Sender." „Auf dem Lido rascheln die Palmen", um mit Joseph Brodsky zu sprechen, „nicht mehr wie Libellen, sondern wie Finger, die Papiergeld zählen."

Im Grand Hôtel des Bains las Thomas Mann irgendwann Ende Mai 1911 in einer Morgenzeitung den Nachruf auf Gustav Mahler, wahrscheinlich angereicht auf einem Silbertablett am Frühstückstisch. Dass Mahler gestorben war, hatte er kurz zuvor schon auf seiner Reise nach Venedig erfahren. Er kannte Alma und Gustav persönlich, wusste, dass der Komponist schwer krank war, und verfolgte den Krankheitsverlauf in den Zeitungen. Er muss schockiert gewesen sein über die Nachricht vom Tod des noch relativ jungen Komponisten, in dem sich seiner Auffassung nach „der ernsteste und heiligste künstlerische Wille unserer Zeit" zum Ausdruck brachte.

Mann hatte nicht geplant, diesen Sommer in Venedig zu verbringen. Gemeinsam mit seiner Frau Katia und seinem Bruder Heinrich war er seiner angegriffenen Gesundheit und Erschöpfung wegen von München zur Insel Brioni vor der Küste Dalmatiens gereist. Doch dort gefiel es Mann nicht. Von Pula aus nimmt die Familie einen Dampfer nach Venedig. Auf dem Schiff trifft der Schriftsteller einen alten Mann mit gefärbten Haaren, Schnurrbart und Rouge auf Lippen und Wangen, der sich mit einer Gruppe junger Männer amüsiert. Bei der Ankunft auf dem Lido verschwindet ihr Gondoliere, denn er hat keine Konzession.

Nichts in *Der Tod in Venedig* ist erfunden, auch nicht das fehlgeleitete Gepäck, die Cholera, der Angestellte im Reisebüro, die

Straßensänger: „[...] sie waren alle da. Ich brauchte sie nur noch zu ordnen, nachdem sie gleich und auf die merkwürdigste Weise ihre Möglichkeit gezeigt hatten, Teil der Komposition zu werden."

Am ersten Abend im Hotel, als er auf das Abendessen wartet, sieht Mann im großen Saal eine polnische Familie mit drei Töchtern und einem kleinen Sohn, der einen Matrosenanzug trägt. Die Anmut des Jungen fällt ihm auf. Später würde er in der Novelle schreiben: „... ein langhaariger Knabe, von vielleicht vierzehn Jahren. Mit Erstaunen bemerkte Aschenbach, dass der Knabe vollkommen schön war. Sein Antlitz, bleich und anmutig verschlossen, von honigfarbenem Haar umringelt, mit der gerade abfallenden Nase, dem lieblichen Munde, dem Ausdruck von holdem und göttlichem Ernst, erinnerte an griechische Bildwerke aus edelster Zeit, und bei reinster Vollendung der Form war es von so einmalig persönlichem Reiz, dass der Schauende weder in Natur noch bildender Kunst etwa ähnlich Geglücktes angetroffen zu haben glaubte."

Dieser langhaarige Junge war der elfjährige Władysław Moes, der mit seiner Mutter, seinen drei Schwestern und einer Gouvernante aus Polen kam und den Sommer im Hôtel des Bains verbrachte. Der Name Moes klingt nicht polnisch, da der Vater aus Westfalen stammte und niederländischer Herkunft war. Der unmittelbare Anlass für die Reise war, dass Sohn Władysław eine Perforation in einem seiner Lungenflügel hatte und sich deshalb in warmer Meeresluft aufhalten sollte. Dass in der morbiden Stadt Venedig dann auch noch die Cholera ausbrach, war eine Fügung des Schicksals, von der Mann dankbar Gebrauch machte. Mit der Feststellung in der Novelle, der Junge würde nicht alt werden, hatte der Schriftsteller Unrecht. Władysław Moes starb 1986 im Alter von sechsundachtzig Jahren in Warschau.

1924 hatte eine seiner Cousinen Manns Novelle gelesen, die familiäre Situation wiedererkannt und Władysław den Text vorgelegt, der sich als Jugendlicher von Anfang Zwanzig darüber anscheinend amüsierte, aber keinen Drang verspürte, mit dem Autor Kontakt aufzunehmen. In den 1960er Jahren – nach Thomas Manns Tod – schrieb er jedoch einen Brief an dessen Tochter Erika Mann, in dem er sich selbst als Tadzio zu erkennen gab. Mehr als sechzig Jahre später sah Władysław in Paris den Film von Visconti. Er fürchtete so sehr, von seinen Gefühlen überwältigt zu werden, dass er ihn sich ohne seine Kinder anschaute.

Was Katia Mann zufolge ebenfalls einen autobiografischen Ursprung hatte, war die Obsession ihres Mannes für den jungen Władysław. Ich betrachte ein Foto des elfjährigen Knaben, der herausfordernd auf einem Stuhl posiert. Ein selbstbewusstes Jüngelchen mit einem blonden Pagenkopf, einem androgynen Gesicht an der Scheidelinie zwischen Mann und Frau. Ein großer weißer Kragen, ein weites Hemd über der Hose, mit Gürtel, was ein wenig russisch anmutet. Ein Bein anmutig über das andere geschlagen, ein Arm schlaff über der Stuhllehne hängend, den anderen maskulin in die Seite gestemmt und auf den Gürtel gestützt. Ein zweites Foto zeigt fünf Kinder am Strand von Des Bains im Jahr 1911. Neben Władysław steht der polnische Freund Jas, im gestreiften Badeanzug, der wie er selbst einen Hut trägt.

Thomas Mann schreibt in einem Brief an einen Freund: „Ich bin bei der Arbeit: eine recht sonderbare Sache, die ich aus Venedig mitgebracht habe, Novelle, ernst und rein im Ton, einen Fall von Knabenliebe bei einem alternden Künstler behandelnd. Sie sagen nun: ‚hum, hum!' Aber es ist sehr anständig." Mit diesem „alternden Künstler" meinte der Schriftsteller in weiten Teilen sich selbst. Mann hatte sich sein ganzes Leben lang mit seiner eigenen latenten Homosexualität auseinandersetzen und arrangieren müssen, während er die bürgerliche Fassade bewahrte.

Oberflächlich betrachtet erzählt *Der Tod in Venedig* die Geschichte eines älteren Schriftstellers, der seine Energie und seinen Seelenfrieden verloren hat und sich in einer Krise befindet. Die Begegnung mit Tadzio lässt Aschenbach die Endlichkeit seines Lebens bewusst werden, was ihn in die Verzweiflung stürzt. Eine zweite Ebene ist mit seinem künstlerischen Schaffen verbunden. Aschenbach ist ein Autor, der sein ganzes Leben lang mit großer Selbstdisziplin Schönheit geschaffen hat. Durch die Konfrontation mit Tadzio ist diese ästhetische Überzeugung ins Wanken geraten. Welchen Sinn hat die mühsam konstruierte Schönheit, wenn deren ultimative Form, von der Natur mühelos erzeugt, einfach so hier herumläuft? Die dritte Ebene verbirgt sich darin, dass er körperlich von einer unnatürlichen und verbotenen Liebe zu einem Jungen verführt und verwirrt wird. „Leidenschaft als Verwirrung und Entwürdigung", das war nach Manns eigenen doppeldeutigen Worten der eigentliche Gegenstand seiner Novelle. Der nordeuropäische Künstler wird im Süden empfänglich für seine Triebe.

Liebe ist hier der zentrale Begriff, zunächst und vor allem im platonischen Sinne des Wortes: Liebe entsteht, wenn unsere Seele sich beim Anblick eines anderen an die Idee des Schönen erinnert. Liebe ist daher göttlich und per definitionem gut. Zumindest setzt Aschenbach das voraus. Was seinen Schöpfer Thomas Mann jedoch faszinierte, war die völlige Moralosigkeit der künstlerischen und natürlichen Form. Schönheit fiel nicht unter die Kategorie der Moral: „Und hat Form nicht zweierlei Gesicht? Ist sie nicht sittlich und unsittlich zugleich, – sittlich als Ergebnis und Ausdruck der Zucht, unsittlich und selbst widersittlich, sofern sie von Natur eine moralische Gleichgültigkeit in sich schließt, ja wesentlich bestrebt ist, das Moralische unter ihr stolzes und unumschränktes Szepter zu beugen?"

Mit Tadzio beginnt Aschenbach der Boden unter den Füßen wegzugleiten. Seine Schönheit ist wild und unbarmherzig. Es ist die Verbindung von Eros, Krankheit und Tod, von amoralischer Schönheit und moralischem Verfall, die Mann an Tadzio fasziniert.

Wenige Tage, nachdem Gustav von Aschenbach im Hôtel des Bains abgestiegen ist, sieht er Tadzio in inniger Umarmung mit seinem polnischen Freund Jaschu entlanggehen. Jaschu gibt ihm einen Kuss. Woraufhin Aschenbach Sokrates zitiert: „Dir aber rat ich, Kritobulos', dachte er lächelnd, ‚geh ein Jahr auf Reisen! Denn so viel brauchst du mindestens Zeit zur Genesung.'" Und dann frühstückte er große, vollreife, mit Cholera infizierte Erdbeeren, die er bei einem Händler erstand.

Sinnliche Schönheit stellt eine Gefahr dar. Kritobulos hatte Alkibiades' Sohn geküsst, und Sokrates hatte ihm geraten, ein Jahr lang zu reisen, um sein Gemüt abzukühlen. Von Aschenbach ist ein zweiter Kritobulos, der einen vergeblichen Versuch unternehmen wird, Venedig zu verlassen. Er spürt, dass er Tadzio küssen will. In diesem Moment beißt er in die vollreife verbotene Frucht. In einer morbiden Stadt wie Venedig kann dieser Sündenfall nur eines bedeuten: den Tod. Wer die wahre Schönheit erfahren hat, ist nicht länger imstande zu leben, ist eigentlich schon gestorben. Was bleibt, ist allein das unerfüllbare Verlangen.

Aschenbach spricht von der „unendlich zarten Sinneslust", die Tadzio in ihm weckt, von dem Geäder in den glänzenden Kniekehlen bis zur Zeichnung der Rippen unter der Haut. Es ist „das Schöne selbst, die Form als Gottesgedanken, die eine und reine Vollkommenheit, die im Geiste lebt und von der ein menschliches Abbild und Gleichnis hier leicht und hold zur Anbetung aufgerichtet war." Doch die Angst vor der Lust beherrscht ihn. Weder Metaphern noch Träume können das verschleiern. Gerade die Lust und die Begierde regen ihn zum Schreiben an, bieten ihm die Inspiration, mit der er Schönheit einzufangen vermag. Doch ist dieses Verlangen einmal geweckt, rast er unerfüllt seinem eigenen Untergang entgegen. Der Schriftsteller wird von Alpträumen geplagt. In einem dionysischen Rausch tanzen wilde Bacchanten wollüstig mit erregten Satyrn, wonach sie sich mit großer Gewalt zerfleischen.

Danach kann nur noch die Demaskierung folgen. Schönheit führt nicht zu geistiger Erhebung, sondern in den Abgrund. Der Künstler geht zugrunde, weil er nie die Schönheit erschaffen kann, die er erschaut hat. Am Ende der Novelle drückt Jaschu Tadzio am Strand in fast sadistischer Manier mit dem Gesicht in den Sand. Erfüllt er hier Aschenbachs tiefen unbewussten Wunsch: diese unerträgliche Schönheit zu zerstören?

Ein Jahr, nachdem Szymanowski und Mann im Des Bains logierten, weilte die Mailänder Adelsfamilie Visconti im Hotel. Luchino

Visconti – er war damals sechs Jahre alt – hat daran persönliche Kindheitserinnerungen; der Gedanke, dass er Mann um ein Jahr verpasst hat, hat ihn immer fasziniert. Aus diesem Grund hat sich Visconti mit seiner Verfilmung von *Der Tod in Venedig* auch auf die Suche nach seiner eigenen Jugend begeben. Das filmische Porträt von Tadzios Mutter, gespielt von Silvana Mangano, basierte auf seiner eigenen Mutter.

Visconti war nicht nur Cineast, sondern auch Theater- und Opernregisseur. Gemeinsam mit Maria Callas – und gelegentlich Leonard Bernstein – sorgte er nach dem Krieg für ein Aufleben der Oper als überzeugendes Musiktheater. Sein Œuvre ist von einer starken Wechselwirkung zwischen Theater, Oper und Kino geprägt. Seine Filme wirken manchmal wie verfilmte Opern, umgekehrt spielt auch die Oper in seinen Filmen eine Rolle: in *Ossessione* eine Arie aus *La traviata*, in *Bellissima* Musik von Donizetti, in *Senso* eine Szene aus *Il trovatore*, in *Ludwig* Richard Wagner selbst.

Viscontis visueller kinematographischer Stil absorbiert die Texte in ähnlicher Weise, wie die Musik in der Oper die Sprache absorbiert. Dies mag einer der Gründe dafür gewesen sein, den Autor Gustav von Aschenbach in der Verfilmung in einen Komponisten zu verwandeln. Da Aschenbach von Thomas Mann die Gesichtszüge und der Vorname Gustav Mahlers verliehen wurden, lag das für den Regisseur auf der Hand. Wagner, Mahler und sogar Nietzsche, sie alle fließen in Manns und Viscontis Aschenbach ein.

Bemerkenswert ist, dass Visconti Mahlers Adagietto aus der Fünften Symphonie als Soundtrack für den Film wählt. Diese Musik gönnt uns einen Blick in die Psyche des Komponisten. Zwischen Musik und Bild entsteht eine faszinierende Interaktion, und durch die Entwicklung der Bilder wird auch die Musik transformiert. Das Adagietto entfaltet sich im Film nach dem Prinzip der wagnerianischen Leitmotive, einer Technik, die Mann schon in seinem Text angewandt hat. Dadurch bekommt auch der Film etwas von einer Oper.

Visconti selbst hatte zwei Millionen Dollar in das Projekt gesteckt. Siebenhundert Kostüme wurden angefertigt, die meisten aus alten

Stoffen geschneidert. Die *Münchner Neuesten Nachrichten*, die von Aschenbach beim Frühstück liest, ist die Originalzeitung aus dem Jahr 1911. Als sein Freund Alfred das Adagietto auf dem Klavier spielt, hören wir die authentische Wachsrollenaufnahmen von Mahler selbst. Nach Aussage von Viscontis ehemaligem Assistenten, dem Regisseur Francesco Rosi, hatte die anspruchsvolle historische Detailausarbeitung wenig mit Viscontis Obsessionen zu tun, sondern mehr mit der Schaffung eines Umfelds, in dem sich die Schauspieler optimal in ihre Rolle hineinversetzen konnten. Nun galt es nur noch, einen geeigneten Tadzio zu finden.

Obwohl Visconti wusste, dass Władysław Moes in Warschau lebte, weigerte er sich, ihn zu treffen, als er sich auf die Suche nach einem Schauspieler für den Jungen begab. Er schrieb Moes, dass er sein Bild des Jungen, den er neu zum Leben erwecken wolle, nicht von dem Bild eines alten, welkenden Mannes zerstören lassen wolle. Über die Suche nach Tadzio ist ein Film gedreht worden; er zeigt, wie Visconti dafür in einem eisigen Winter nach Budapest und Stockholm reiste: Der fünfundsechzigjährige Visconti sitzt während einer Casting-Session mit seinem Assistenten hinter einem großen Tisch. Schüchtern treten die Jungen, manche von ihnen kaum zwölf, nacheinander ein. „Guten Tag, bitte, merci Foto", und der Junge kann wieder gehen. Nummer 29: „Sourire un peu. Can you speak English?"

Nach sechsunddreißig blonden und strohblonden Jungen kommt Björn Andrésen herein, ebenso verschämt wie die anderen. „Quinze ans? Très beau!" Visconti lässt wenig von seiner Begeisterung erkennen. Der Junge muss auf Kommando lächeln und ein paar Mal direkt in die Kamera schauen. Die Shots, die daraus resultieren, hätten ohne weiteres aus der endgültigen Filmversion stammen können; sein blonder Schopf sollte darin unverändert bleiben. Dann sehen wir den zukünftigen Tadzio in Badehose, mit dem Rücken an die Bürowand gelehnt, *ein* Bein hochgezogen, mit einem geheimnisvollen Lächeln, in dem selbstbewusste Scham und teuflische Unschuld miteinander streiten.

Björn Andrésen wurde zum idealen Darsteller dessen, was Visconti zufolge „ein wahrhaft großartiges Geschöpf und zugleich eine

Projektion des Intellekts" war. Er gewann ihn sehr lieb, was die Eifersucht seines Partners und Lieblingsschauspielers Helmut Berger erregte. Andrésen hatte großen Erfolg mit der Rolle und wurde zum Lustobjekt. Dieser 1955 unehelich geborene Junge, der seinen Vater nie gekannt hat und seine Mutter als Zehnjähriger durch Suizid verlor, litt wie so viele Kinderstars unter dem frühen Erfolg. Er trat später nur noch in zweitklassigen Filmen und pornografischen Streifen mit Titeln wie *Swedish Love Story* und *Bluff Stop* auf. Bitter war auch, dass Dirk Bogarde, der in dem Film Aschenbach spielte, das Hundertfache des Honorars – also fünfhunderttausend statt fünftausend Dollar – erhalten hatte, wie er später herausfand. Über den Erfolg von *Death in Venice* sagte er: „I can't wait to age. I was born with a face I did not ask for."

Bogarde war sein Gegenspieler. Viscontis Entscheidung für diesen britischen Schauspieler – den ebenfalls ein Hauch von Homosexualität umwehte – war unter anderem von der Idee motiviert, ihn zu einem Ebenbild Gustav Mahlers zu machen. Doch wen er eigentlich untrüglich spielt, ist Thomas Mann. Das Verspeisen der Erdbeeren am Strand, die gewissenhafte Zubereitung, die Geste, mit der er das Krönchen wegwirft, die Art, wie er die Früchte in seinem Mund verschwinden lässt, wie er sich nach dem Verzehr vorsichtig auf die Lippen beißt, das ist ganz und gar Thomas Mann.

Es heißt, Visconti hätte Manns Novelle missverstanden, dennoch rückt er Aspekte ins Licht, die andere vernachlässigt haben, wie Tadzios Sinnlichkeit und die starke körperliche Anziehungskraft, die er auf Aschenbach ausübt. Viscontis Auffassung nach war der moralische Tod der schlimmste Tod, der einem Künstler widerfährt, wenn er die endgültige Schönheit nicht erreicht: „And you are old, Gustav ... And in all the world there is no impurity so impure as old age."

Visconti übernimmt Manns Prämisse: Kunst liegt nicht in Moralität, Wahrheit oder Menschenwürde, sondern in amoralischer, sinnlicher Spontaneität und findet daher ihre Inspiration in Sünde, Morbidität, Verfall und Krankheit, die alle ebenso doppeldeutig wie musikalische Harmonien sind. „Das Böse ist eine Notwendigkeit, es ist die Nahrung des Genies", sagt Freund Alfred im Film und spielt einen Tritonus, den *diabolus in musica*. Bei Mann war Tadzio ein passives Objekt, bei Visconti schaut er Aschenbach provozierend an, als wolle er ihn locken, ähnlich wie Faust in Mephistos Falle geht. Wie ernst es dem Regisseur mit der körperlichen Lust ist, wird in einer der letzten Szenen deutlich. Als Aschenbach Tadzio zum letzten Mal sieht, beginnt er zu komponieren. Dann erklingt ein Satz aus Mahlers dritter Symphonie, Zarathustras Nachtwandler-Lied „Oh Mensch, gieb Acht!", zu einem Text von Nietzsche, der mit den Worten endet: „Doch alle Lust will Ewigkeit –, – will tiefe, tiefe Ewigkeit!"

Viscontis faustische Lesart von Manns Novelle hat Benjamin Britten zu seiner Oper inspiriert. Er kannte die Novelle und hatte bereits 1970 die Idee gefasst, daraus eine Oper zu komponieren, die Verfilmung gab ihm den letzten Anstoß. Wahrscheinlich wurde Britten auch von Visconti angespornt, der aus Aschenbach einen Komponisten gemacht hatte. In der endgültigen Fassung seiner Oper ist er wieder ein Schriftsteller. Vor dem allzu offensichtlichen Eindruck, es handele sich um Selbstporträt, schreckte Britten offenbar zurück.

Visconti besaß die Filmrechte, aber Manns Sohn Golo Mann vergab die Rechte für eine Oper an Britten, begleitet von der Aussage: „Mein Vater sagte immer, wenn jemals eine musikalische Version seines *Doctor Faustus* geschaffen werden sollte, wären Sie der geeignete Komponist." *Death in Venice* sollte Brittens letzte Oper werden, sein Schwanengesang. Er litt an einer Herzerkrankung. Im Frühjahr 1973 vollendete er die Partitur, kurz bevor er für eine Operation am offenen Herzen ins Krankenhaus musste. Als die Oper später im Jahr bei seinem Aldeburgh Festival uraufgeführt wurde, lag der Komponist in einem Krankenhausbett und hörte sich die Radioübertragung an. Drei Jahre später starb er.

Britten hatte Venedig 1968 besucht und dort mit Peter Pears im Palazzo Mocenigo am Canal Grande logiert, wo auch Byron gewohnt hatte. An manchen Tagen setzte er zur Kirche San Giorgio Maggiore über, um den Mönchen während der Messe zuzuhören, die immer noch gregorianische Choräle sangen. Bei einem dieser Besuche zog er sich eine Virusinfektion zu, die zu den Herzkomplikationen führte, unter denen er in höherem Alter litt und an denen er letztendlich sterben sollte. Wenige Monate vor seinem Tod bat Britten seinen Biografen Donald Mitchell, dass er „die Wahrheit erzählen solle". Diese Wahrheit betraf den Einfluss seiner Homosexualität auf sein Œuvre.

1954 wurde im La Fenice *The Turn of the Screw* uraufgeführt. In jener Zeit hatte das Haus zuvor schon wichtige Kompositionsaufträge an Strawinsky und Prokofjew und später an den Venezianer Luigi Nono vergeben. Die Geschichte der Oper basiert auf der gleichnamigen Novelle des homosexuellen amerikanisch-britischen Autors Henry James. 1888 wurde seine geheimnisvolle venezianische Novelle *The Aspern Papers* veröffentlicht. *The Turn of the Screw* spielt in England. Die Horrorgeschichte handelt von Miles und Flora, zwei Waisenkindern, die in einem abgelegenen Landhaus leben und – vielleicht – sexuell missbraucht worden sind.

Britten hielt *The Turn of the Screw* für „a wonderful impressive but terribly eerie & scared play". Gemeinsam mit Myfanwy Piper, die später auch das Libretto für *Death in Venice* schreiben sollte, schafft er eine Oper, in der vor allem der junge Miles fasziniert. Ist er ein Opfer, handelt er aus Schuldgefühl oder geht von ihm eine vorsätzliche Verführung aus? Die Rolle des Miles, eines Knabensoprans, wurde in Venedig von dem zwölfjährigen David Hemmings gesungen. Hemmings sollte später, 1966, in seiner Rolle als Modefotograf in Michelangelo Antonionis *Blowup* Weltruhm erlangen. Während der Proben zu *The Turn of the Scew* wurde für alle offensichtlich, dass Britten in den Jungen verliebt war. Hemmings erzählte, dass es auch zu Küssen gekommen war, gleichzeitig bemerkte er aber: „Of all the people I have worked with I count my relationship with Ben to have been one of the finest. […] And it was never, under any circumstances, threatening." Tenor und Lebenspartner Peter Pears hatte jedoch eine Vorahnung, dass das womöglich schiefgehen könnte, und drängte Britten, Venedig vorübergehend zu verlassen, um seine Leidenschaft abzukühlen.

Thomas Mann hatte *Der Tod in Venedig* auf eine allegorische Ebene gehoben. Der Tenor Robert Tear, der die Rolle von Aschenbach sang, behauptete, dass der philosophische Kontext, den Mann beschreibt, von Britten als Alibi benutzt wurde, um seine sexuelle Liebe zu Jungen zu thematisieren. Während des Komponierens von *Death in Venice* pflegte Britten eine intime Freundschaft zu dem jungen Pianisten Ronan Magill. Colin Matthews, der Komponist, der Britten bei der Arbeit an der Oper assistierte, glaubte, dass es nicht Viscontis faustische Interpretation gewesen sei, die Brittens Interesse an Manns Novelle geweckt habe, sondern vor allem die Verliebtheit in David Hemmings.

Myfanwy Piper schrieb ein Libretto mit siebzehn Szenen, in denen wir Aschenbachs Entwicklung verfolgen. Er kämpft gegen einen Mangel an Inspiration, besteht aber darauf, dass Disziplin für Schönheit und Kunst wichtiger sei als das Verfolgen von Leidenschaften. Aschenbach begegnet nacheinander dem Fremden, dem alten Dicken, dem Gondoliere, dem Hotelmanager, dem Hotelfriseur und dem Straßensänger. Diese Rollen werden jeweils von demselben Bariton gesungen, was ihm einen provokativen Charakter verleiht.

Tadzios Rolle wird nicht gesungen, sondern getanzt, ein Äquivalent zu seinem Schweigen. Musikalisch ist es eine intime Oper mit Kammerorchester. Viele Passagen von Aschenbach werden nur vom Klavier begleitet. Es gibt jedoch eine große Schlagzeuggruppe mit fünf Musikern, die Tadzios wortlose Welt zum Ausdruck bringen. Dieses Schlagzeug basiert auf indonesischer Gamelanmusik, die Britten hier in sein eigenes Idiom integriert, und die eine unwirkliche, traumhafte Atmosphäre erzeugt.

Am Ende des ersten Aktes lässt sich Aschenbach künstlerisch von Tadzios Schönheit inspirieren. Akrobatische Spiele gewinnt der Junge mühelos. Der Schriftsteller muss sich eingestehen, dass er den Jungen liebt, aber er wähnt sich noch immer außer Gefahr. Dies ändert sich im zweiten Akt drastisch. Hier scheint er von Tadzio, der Eros verkörpert, verführt zu werden: „[...] see, I am past all fear, blind to danger, drunken, powerless, sunk in the bliss of madness."

Das beunruhigende, verführerische Dionysische ergreift Besitz von ihm. Aschenbachs erotischer Traum ist ein Kampf zwischen Apollon und Dionysos. Dionysos' Partie wird gleichfalls von dem Bariton gesungen, der zuvor in die Rollen der Nebenfiguren schlüpft, von denen Aschenbach provoziert wird.

Britten erkannte, dass ein Künstler mit beiden Göttern in Kontakt stehen muss: mit Apollon der Klarheit und Form wegen und mit Dionysos, um Inspiration und Energie zu erhalten. Für den Komponisten stand Apollon auch für Jugend, Unschuld und die konsonante Klarheit der Dur-Tonarten. Leidenschaft bedeutete Verwirrung und Entwürdigung. Der Dichter und Librettist Auden hatte ihm deutlich zu machen versucht, dass sich Sokrates unverkennbar für die Erfahrung der Leidenschaften entscheidet. Der Abgrund, in den sie uns führen, ist der Preis, der für die Erkenntnis der Schönheit zu zahlen ist.

In *Death in Venice* schwingt auch ein Thema mit, das bereits in *The Turn of the Screw* vorkam: die notwendige Zerstörung der Unschuld. Der Verführer steckt offenbar in Aschenbach selbst. Ein großes Schuldgefühl wegen dieser Emotionen und eine tiefe Furcht vor dem Untergang herrschten wahrscheinlich auch in Brittens innerer Welt. Unter Mühen muss sich Aschenbach schließlich eingestehen, dass er das so sehr ersehnte Gleichgewicht der Kräfte nicht aufrechterhalten kann. Die Stimme des Dionysos ist zu stark. Aber mit Tadzio wollte er Miles keinen zweiten Tod sterben lassen, woraus er nur schließen konnte, dass er selbst es war, der die ultimative Konsequenz daraus ziehen musste. Aschenbach singt: „Ambiguous Venice / Where water is married to stone / ... / where passion confuses the senses."

Auf der einen Seite die verführerische, aber stinkende, kranke und morbide Stadt, auf der anderen Seite die See als „void" und „unorganized chaos". Am Ende der Oper kämpfen die langen wogenden Streicherklänge des unendlichen Todes mit Tadzios perkussiven Klängen. Die See siegt, immer.

Abends am Canale della Giudecca

Klang und Raum
bei Luigi Nono.
Die Stille der Stadt

„Die Glocken von San Marco läuteten den Angelus; und das mächtige Dröhnen breitete sich in langen Wellen über den Spiegel des Wasserbeckens aus, zitterte in den Masten der Schiffe, pflanzte sich weit, weit fort, der unendlichen Lagune zu. Von San Giorgio Maggiore, von San Giorgio dei Greci, von San Giorgio degli Schiavoni, von San Giovanni in Bragora, von San Moisé, von der Salute, von der Erlöserkirche, und nach und nach aus dem ganzen Bereich des Evangelisten, von den äußersten Türmen der Madonna Dell'Orte, von San Giobbe, von Sant' Andrea antworteten die ehernen Stimmen, vermischten sich zu einem einzigen gewaltigen Chor, breiteten über die stumme Vereinigung von Stein und Wasser eine einzige mächtige Kuppel aus unsichtbarem Metall, die in ihren Schwingungen mit dem Funkeln der ersten Sterne übereinzustimmen schien. Eine unbegrenzte ideale Größe verliehen die ehernen Stimmen der Stadt des Schweigens in der Abendreinheit. Von den Kirchtürmen, von schroffen, dem Seewind ausgesetzten Baken sprachen sie zu der bangen Menschheit in der Sprache der unsterblichen Masse, die die Dunkelheit der tiefen Kirchenschiffe bewegte oder das flackernde Licht der Votivlampen erzittern ließ; sie brachten den vom Tagwerk erschöpften Geistern die Botschaft der überirdischen Wesen, die ein Wunder verkündeten oder eine auf den Wänden der geheimen Kapellen und in den Nischen der innersten Altäre dargestellte Welt versprachen. Und alle die Erscheinungen der trostspendenden Schönheit, von dem einstimmigen Gebet heraufbeschworen, erhoben sich auf diesem gewaltigen, klingenden Brausen, sprachen in diesem schwebenden Chor, bestrahlten das Angesicht der Zaubernacht."

Als Gabriele d'Annunzio in seinem Roman *Il fuoco* die Macht der venezianischen Kirchenglocken beschrieb, wusste er nicht, dass er damit eine programmatische Erläuterung für ... *sofferte onde serene* ... verfasste, ein Werk, das Luigi Nono 1976 für Klavier und zweispuriges Magnetband schrieb. Der Titel bedeutet wörtlich übersetzt ungefähr „durchlittene heitere Wellen".

In diesem Stück bemühte sich Nono unter anderem um eine musikalische Wiedergabe der Kirchenglocken, die er täglich hörte: „In meinem Haus auf der Giudecca in Venedig höre ich fortwährend Klänge verschiedener Glocken. Sie kommen mit unterschiedlichen Resonanzen, mit unterschiedlichen Bedeutungen, Tag und Nacht, durch den Nebel und mit der Sonne. Es sind Lebenszeichen über der Lagune, über dem Meer, Einladungen zum Arbeiten, zum Nachdenken, Warnungen, und das Leben geht dabei weiter mit dem durchlittenen und heiteren Streben nach ‚dem Gleichgewicht im tiefen Inneren', wie Kafka sagt."

Laut Nuria Schönberg Nono, Witwe des Komponisten und Tochter von Arnold Schönberg, übte die Stadt auf zweierlei Weise Einfluss auf Nono aus: „Es gibt den musikalischen Einfluss der großen Musiker, die hier lebten, Monteverdi, Vivaldi usw. Und natürlich Gabrieli mit seiner polyphonen Musik, die in San Marco aufgeführt wurde. Das war etwas, worüber er sein ganzes Leben lang gesprochen und nachgedacht hat. Das besondere Verhältnis zu ihr gewann in seinem Werk nach und nach immer mehr an Bedeutung. Auf der anderen Seite gibt es die Klänge des Wassers, der Steine, wie er immer sagte, wenn er durch Venedig ging, die Glocken, und diese Klänge spiegeln sich wider – und ich sage nachdrücklich spiegeln sich wider, weil es hier nicht um etwas Naturalistisches geht – in seinen Kompositionen." In Nonos Worten: „In Venedig entdeckt man die Bedeutung des Lichts, der Farbe, die Bedeutung des Klangs, des Raumes."

... *sofferte onde serene* ... ist dem Pianisten Maurizio Pollini und dessen Frau Marilisa Pollini gewidmet. Sowohl Nono als auch Pollini hatten kurz zuvor ein geliebtes Familienmitglied verloren. Nono spricht von „der Trauer des unendlichen Lächelns", wenn er über die Beweggründe für das Stück spricht. Er scheint den emotionalen Gehalt mit den Schallwellen zu verbinden, die die Glocken – als Verkünderinnen von Freude wie auch von Unheil – erzeugen. Diese Schallwellen spiegeln sich dann in den Wasserwellen der Stadt. Durch den Einsatz von Live-Klaviermusik und Tonbändern entsteht eine Tiefschichtigkeit im Klangbild, die zugleich räumliche Dimensionen evoziert. Pollinis Spiel wogt auf allen Ebenen. Gegen Ende erklingen immer tiefere elektronisch erzeugte Klänge. Dann wirkt es, als lasse die größte Glocke von San Marco, die Marangona, ihre Stimme als Vollstreckerin des Schicksals ertönen.

Nachdem mich das Vaporetto auf der Giudecca, der schmalen Insel nahe der Altstadt, abgesetzt hat, gehe ich in südliche Richtung. Dort finde ich Nonos ehemalige Residenz, die an einen Park grenzt. Ein Teil davon war früher der Garten seines Hauses, doch Nono hat ihn, wie es sich für einen guten Kommunisten gehört, der Gemeinschaft abgetreten. Heute gehen hier Damen mit ihren Hündchen spazieren, und es wurden einige Klettergerüste und Rutschen aufgestellt. Alles wirkt ein bisschen heruntergekommen. Ich bin hierhergekommen, um die Mittagszeit abzuwarten, und die Glocken von Venedig in jener Klangsynthese zu hören, die wohl auch Nono gehört hat.

Es ist zwölf Uhr und das Läuten beginnt. Der Klang der Glocken mit Nachhall und Widerhall zieht durch Venedig, über das Wasser. Die verschiedenen Echos, die auch von unten kommen, werden ihrerseits von Häusern reflektiert, und in diesem Ganzen manifestiert sich plötzlich ein besonderer Rhythmus. Töne und Obertöne bilden zuweilen bizarre Harmonien, um sich dann wieder langsam voneinander zu trennen – und die nächste Harmonie zu finden. Hoch und tief, laut und leise, und mit ständig wechselnden Rhythmen. Es hat etwas Beschwörendes, etwas, Schwindelerregendes.

Ich laufe am langen Kai entlang in nördliche Richtung, an Palladios Kirche Il Redentore vorbei, die ebenso wie seine San Giorgio Maggiore für ihre besondere Chorakustik berühmt ist. Vor einem kleinen Kanal biege ich nach links ab und gelange nach mehreren Biegungen in den Hof des ehemaligen Klosters Santi Cosma e Damiano. Ein einfacher Säulengang aus der Renaissance umfängt einen Innenhof mit einem Brunnen. Irgendwann im 19. Jahrhundert wurden Kirche und Kloster umgewidmet, um hier Industrie anzusiedeln. Eine große Säulenhalle beherbergt heute die Fondazione Luigi Nono, die von seiner Witwe geleitet wird.

Gemeinsam mit ihrer Mutter besuchte Nuria 1954 Europa, um der Welturaufführung von Schönbergs *Moses und Aron* beizuwohnen. Als Schönbergs Witwe bei dieser Aufführung Luigi Nono vorgestellt wurde, gab er auch ihrer Tochter die Hand. Ein Jahr darauf waren die beiden verheiratet. Das führte zunächst zu einer künstlerischen Krise: „Als wir geheiratet hatten, konnte er nicht mehr komponieren. Er warf frustriert die zerknüllten Blätter durch sein Atelier", sagt Nuria. Das gab sich bald wieder, denn ein Jahr später veröffentlichte der Komponist eines seiner bekanntesten Werke, den engagierten *Il canto sospeso*.

Luigi Nono wurde 1924 in der Altstadt geboren, zog aber auf die Giudecca, um dort ruhiger leben und arbeiten zu können. Nach seinem Tod im Jahr 1990 gelang es Nuria 1993, die Stiftung ins Leben zu rufen, die einige Jahre später in dieses alte Kloster umzog. Die große Säulenhalle hat eine braune Holzbalkendecke und einen Natursteinboden in unterschiedlichsten Rosatönen. Die weißen Säulen und die rauen, abblätternden Wände atmen den Staub der Jahrhunderte. Ein großes Plakat an der Wand trägt über klassischen Tempelsäulen das Wort *Ascolta*, „Hör zu", während große rote und schwarze Pfeile eine Richtung angeben. Es ist eine von Nonos Partiturskizzen. An den zahlreichen Tischen arbeiten Forscher und Studenten. Sie studieren und konsultieren insgesamt sechzigtausend Partituren, Bücher, Schallplatten, CDs und DVDs, Aufnahmen von Nonos Werken, Fotografien, Korrespondenzen.

Nuria, nun in ihren Achtzigern, aber immer noch quicklebendig und die treibende Kraft der Stiftung, empfängt mich in der Säulenhalle. Sie ist bescheiden und engagiert, und sie erzählt ohne Schönfärberei von ihrem Mann: „Nono stammte aus einer venezianischen Künstlerfamilie. Sein Großvater war Maler, sein Vater Bauingenieur, ein strenger, ethischer Mann und somit ein echter Venezianer. Seine Eltern waren beide große Musikliebhaber und nahmen ihren Sohn zu Konzerten im La Fenice mit. Er studierte hier bei Malipiero am Conservatorio Benedetto Marcello, später bei Berio und Scherchen. Während des Krieges schloss sich seine Schwester dem Widerstand an. Nach dem Krieg wurde er Mitglied der kommunistischen Partei. Seine ästhetischen Ziele waren zugleich auch soziale, politische Ziele. Er hatte viel Kontakt mit Arbeitern, auch hier auf den Schiffswerften der Giudecca. Es fanden viele Diskussionen statt, aber dass er in den Fabriken musiziert hätte oder von den Arbeitern künstlerisch inspiriert worden wäre, das ist ein Mythos."

Der Saal verfügt über eine Reihe von Nebenräumen mit verschiebbaren Archivschränken, die mit Materialien von und über Nono gefüllt sind. Nuria nimmt einen weißen Karton heraus und hebt den Deckel ab. Auf losen Blättern befinden sich die Partiturskizzen zur Oper *Prometeo*. Mehr noch als eine Orchesterpartitur erscheint ein Kunstwerk vor meinen Augen. Auf dem Papier sind keine Notenlinien, sondern nur Taktstriche verzeichnet. Mit blauem und schwarzem Stift sind Notizen, Anweisungen und Streichungen vermerkt. Das ist an sich schon ein grafisches Werk, aber darüber hat Nono mit roten, gelben, grünen und blauen Stiften Dinge unterstrichen, umrandet oder mit Pfeilen versehen. Die Farben sprühen nur so von dem weißen Blatt.

Archivschrank um Archivschrank schiebt Nuria nun mit der Kurbel auseinander, tausende seiner Bücher mit Anmerkungen, seiner LPs, seiner Fotomappen zeigen sich hier Regal für Regal. Ein paar Schritte weiter stehen Glasvitrinen mit den Modellen der Bühnenbilder seiner Opern. *Al gran sole carico d'amore* aus dem Jahr 1975, im Teatro Lirico Mailand. In der nächsten Vitrine sind die Wandstellagen zu sehen, die Renzo Piano für *Prometeo* gebaut hat. Daneben die erste Oper, *Intolleranza 1960,* ein flammender Protest gegen Intoleranz und Unterdrückung, die 1961 im Teatro La Fenice uraufgeführt wurde. Die räumlichen Objekte des Bühnenbildes – große Kugeln und dreieckige weiße Streifen und Flächen – schuf der Tscheche Josef Svoboda, damals einer der progressivsten Gestalter und Denker des theatralen Raums.

Dieses maßstabsgetreue Modell zeigt eigentlich nur einen Bruchteil der realen Bühne. Svoboda arbeitete für die Prager Theatergruppe Laterna Magica, die in Aufführungen Projektionen einsetzte. Zusammen mit dem venezianischen bildenden Künstler Emilio Vedova entwickelte Svoboda fluide, bewegte Projektionen, die Vedova direkt auf Gelatine-Cellophanblätter malte. Der Maler hatte ein ausgeprägtes Interesse an neuer Musik; bei dem *Intolleranza*-Projekt zeigte sich, dass auch sein bildnerisches Werk damit Berührungspunkte hatte. Für die Oper schuf er aggressive Bilder mit einem Gewirr von harten schwarzen Linien, auf die er vehement klingende Worte wie „allarmi" setzte. Rote Flecken und Flächen, um das Drama zu intensivieren. Das Chaos und die Wut seiner Zeit.

Vedova und Nono waren gut befreundet und die beiden beeinflussten sich gegenseitig auf besondere Weise. 1961 schrieb Nono *Omaggio a Emilio Vedova* für Tonband, worauf der Maler mit *Omaggio a Luigi Nono* antwortete. Eine große Übereinstimmung liegt in ihrem ideologischen und politischen Interesse, aber auch künstlerisch gibt es eine Affinität. Das spätere Streben nach einer abstrakten, inneren Natur suchte Vedova in der Malerei und Nono in der Musik zu verwirklichen. Emilio Vedova sollte ich in der Scuola di San Rocco wiederbegegnen, die mit Gemälden von Tintoretto ausgestattet ist, zu denen auch die faszinierende *Kreuzigung* zählt. Vedova „übermalte" Tintorettos Werke auf seine eigene abstrakte Weise. Von der *Kreuzigung* schuf er als junger Künstler eine expressionistische Kopie, die von der überwältigenden Kraft zeugt, die das Werk des alten Malers auf ihn ausübte. Im Katalog zur Ausstellung ist eine Fotografie von Vedovas 87-jährigem Gesicht neben dem bekannten Selbstporträt des alten Tintoretto zu sehen. Die gleichen traurigen und durchdringenden

Augen, der lange Bart und die grauen Haare wie in dem Selbstbildnis von Mariano Fortuny ein Jahrhundert zuvor.

In der letzten Phase seines Künstlerdaseins begab sich Luigi Nono auf die Suche nach den absoluten Essenzen von Musik, Klang und Ton. In dieser fast esoterischen Phase schrieb er die Oper *Prometeo, Tragedia dell'ascolto*, die eigentlich im San Marco aufgeführt werden sollte, aber aus technischen Gründen 1984 in der Kirche San Lorenzo unter der Leitung von Claudio Abbado ihre Weltpremiere erlebte.

Mit dieser *Tragedia dell'ascolto* – der Tragödie des Hörens – wollte der Komponist die Art und Weise, wie wir hören, verändern und erweitern, um ein neues Bewusstsein zu schaffen. Das Werk ist kein aristotelisches Drama, mit einem Plot und einer Entwicklung. Es konzentriert sich auf das Wahrnehmen, Erleben, Hinhören und vor allem auf das Hören, auf das sich die Sinne und das Bewusstsein in ihrer Funktion verändern. In der Aufführung wird man ohne einen vorgegebenen Interpretationsrahmen mit Bild, Klang und Text konfrontiert. Es wird mit Emotionen, Intellekt und Erinnerung gespielt.

Obwohl der Blick auf die Vergangenheit in der europäischen musikalischen Avantgarde der Nachkriegszeit so gut wie tabu war, hatte Nono schon in einer frühen Phase seines Schaffens beinahe alles an Literatur, Partituren und Theorien über die musikalischen Traditionen von San Marco studiert, was er in der Biblioteca Marciana finden konnte. Als zentrale Figur galt ihm Giovanni Gabrieli, der in der zweiten Hälfte des 16. Jahrhunderts Dirigent und Organist von San Marco war und als ein Vorläufer Monteverdis angesehen wird. Er war der größte Exponent der räumlichen Grandeur des venezianischen polyphonen Stils und trat damit in die Fußstapfen seines Onkels und Vorgängers Andrea Gabrieli.

In San Marco wurde mit den Doppelchören von Adriaen Willaert die räumliche Musik geboren. Giovanni Gabrieli ordnete später verschiedene Chöre, Ensembles und Solisten an verschiedenen Orten innerhalb der Kirche an. Die akustische Verzögerung, die diese räumliche Anordnung der Interpreten verursachte, wurde zu einem strukturellen Bestandteil der Musik. Den Höhepunkt bildete das, was man in Venedig als „cori spezzati", „aufgespaltene Chöre" bezeichnete.

Vier Jahrhunderte später erhielt diese Technik durch den Einsatz elektronischer Musik einen neuen Impuls. Nono ließ sich wie kein anderer vom Raumklang inspirieren. Als eine Aufführung in San Marco nicht stattfinden konnte, entwickelte er ein Konzept für die leerstehende Kirche San Lorenzo, wobei der Architekt Renzo Piano für den Raum und Emilio Vedova für das Lichtdesign verantwortlich waren. Piano baute an den vier Wänden der Kirche Holzgestelle, in denen die verschiedenen Interpreten positioniert werden konnten: vier akustische Orchestergruppen, ein Chor mit zwölf Sängern, zwei Sprecher sowie acht kleinere Gruppen mit Sängern und Musikern. Live-Elektronik verteilte die Töne im ganzen Raum, während das Publikum buchstäblich zwischen den Klängen saß.

Die Kirche San Lorenzo steht inzwischen schon seit Jahren leer; es ist mir nicht gelungen, hineinzukommen. Von außen wirkt sie etwas verwahrlost, ein bisschen abseits gelegen in einem toten Winkel des Castello-Viertels. Eine deutsche Stiftung ist gerade vollauf damit beschäftigt, den Komplex instand zu setzen.

Es gelingt mir jedoch, mich mit dem Maler Fabrizio Gazzarri zu verabreden, der auch Direktor der Fondazione Emilio e Annabianca Vedova ist. Gazzari war dreißig Jahre lang Vedovas Assistent und hat das gesamte *Prometeo*-Projekt hautnah miterlebt. Während der Uraufführung der Oper im Jahr 1984 saß er am Schaltpult der Lichtregie, die Vedova in Zusammenarbeit mit Nono und Piano entwickelt hatte. In einem Gebäude an der Fondamenta Zattere ai Saloni, in einer der großen Hallen, in denen die Stadt früher ihre Salzvorräte lagerte und die Piano später zu einem Ausstellungsraum umgebaut hat, treffe ich Gazzari inmitten der Werke Vedovas: „Wir verpacken sie gerade für eine große Ausstellung in Salzburg. In diesem Raum wurde ein spezieller Mechanismus entwickelt, um die riesigen Leinwände nebeneinander zu lagern." Er zeigt mir einen Metallapparat, in dem die Bilder nebeneinanderstehen und nach Belieben ein- oder ausgehoben werden können.

Gazzari erzählt: „Es bestand ein so großes Interesse an den Aufführungen in San Lorenzo, dass sich die Leute fast darum prügelten, hineinzukommen. Wir hatten einen zusätzlichen Boden eingezogen, so dass das Publikum von unten hereinkam und dann über eine Treppe Pianos ‚Schiff' betrat. Man saß mitten im Raum; drumherum waren an der Wand die ‚Schiffsbrücken' mit den Musikern und Sängern positioniert. Ausgangspunkt für die Beleuchtung war Tintorettos *contraluce-effect*, den Vedova auch in seinen Schwarz-Weiß-Gemälden aufnimmt. Tintoretto verwendet oft ein starkes Gegenlicht, eine Lichtquelle von hinten, die den Vordergrund in Silhouetten verwandelt. Dieser Gegenlichteffekt wurde von den weißen Kirchenwänden und den schwarzen Teilen der Stellagen noch verstärkt. Eigentlich sollte der Raum möglichst dunkel sein. Nono wollte, dass die Menschen schwarze Masken trugen, aber das ging nicht. So bekamen wir die Gelegenheit, mit ständig wechselndem Licht zu arbeiten. Das Licht wurde so zu einem Äquivalent der Klänge, die durch den Raum schießen sollten."

Nono wollte keinen Pingpong-Effekt, bei dem die Klangquellen ständig wechseln, er war viel eher auf der Suche nach diffusen Klängen, unhörbaren Übergängen, nicht nachvollziehbaren Klangquellen. Kein einzelner Klang ist „ganz"; Nono strebte im Prinzip eine völlige Fragmentierung an, so dass während der Aufführung für jeden einzelnen Zuhörer doch wieder eine Klangsynthese entstehen kann.

Prometeo liegt – wenn auch seinem Wesen nach ebenso diffus und fragmentiert wie das musikalische Material – inhaltlich und textuell dennoch ein Programm zugrunde, und es gibt sogar so etwas wie ein Libretto. Massimo Cacciari, Freund, Kommunist, Philosoph und lange Zeit Bürgermeister von Venedig, lieferte Nono die Texte. Er war im Amt, als 1996 das Teatro La Fenice abbrannte. Mit seinem gesamten Stadtrat, der zu dieser Zeit ganz in der Nähe tagte, musste er ohnmächtig mit ansehen, wie die Flammen das geliebte Opernhaus in Schutt und Asche legten.

Die Entstehung der Welt, die Rettung der Menschheit, schließlich das Erscheinen einer neuen Utopie aus den Trümmern und der Asche unserer Kulturgeschichte – um nichts weniger ging es Luigi Nono in seinem letzten großen Opus. Doch anders als die vorhergehenden politisch engagierten Werke ist die Tragödie des Hörens eine Tragödie des Individuums, dass eine individuelle Verantwortung dafür hat, seine Sicht der Wirklichkeit zu erweitern und so vielleicht eine andere Welt möglich zu machen.

Cacciari und Nono konzentrieren sich auf die mythologische Figur des Prometheus – buchstäblich: des Vordenkers. Er raubte den Göttern das Feuer und brachte den Menschen auf diese Weise die Erkenntnis, ebenso wie die Frucht vom Baum der Erkenntnis von Gut und Böse. Mit dem Feuer konnte der Mensch seine Zivilisation entwickeln. Prometheus wurde von den Göttern dafür bestraft, zu guter Letzt aber wieder befreit. Auf der Grundlage von Textfragmenten verschiedener Denker, Schriftsteller und Künstler wie Hesiod, Aischylos, Goethe, Hölderlin, Arnold Schönberg, Walter Benjamin, Verdi, Mahler und Schumann fügte Cacciari ein Libretto zusammen.

Einer der zentralen Texte – die im Übrigen sehr fragmentarisch und gedehnt gesungen werden – ist Hölderlins *Schicksalslied*, das die privilegierte Stellung der Götter beschreibt, während die Menschen leiden: „Doch uns ist gegeben, / Auf keiner Stätte zu ruhn, / Es schwinden, es fallen / Die leidenden Menschen / Blindlings von einer / Stunde zur andern, / Wie Wasser von Klippe / Zu Klippe geworfen, / Jahr lang ins Ungewisse hinab."

Die Komposition und der Text sind in fünf *isole*, fünf „Inseln", unterteilt, eine Struktur, die entfernt an die Stadt Venedig erinnert. Diese werden von langen Sequenzen stiller Kontemplation, mit einem Minimum an musikalischem Material unterbrochen, einem Flötenton, kratzenden Streichern, Glissandi in den Posaunen, einem schrillen Ton aus einem bespielten Wasserglas, und all dies nochmals mit Live-Elektronik überarbeitet. Aber jede Phase des kontemplativen Wartens wird mit einer Insel belohnt, auf der die Wonne der gebrochenen Stimmen anschwillt und Nonos cori spezzati uns wie warme Decken umhüllen, um unsere Sensibilität für die raue Welt draußen zu schärfen.

Arnold Schönberg brachte Anfang des 20. Jahrhunderts das harmonische System ins Wanken. Die musikalische Sprache, die sich an der Magie der Harmonie und den gegenseitigen tonalen Spannungen orientierte, wurde aufgelöst. Es sollte der Gnadenstoß für die klassische Oper sein, wonach man lange Zeit in relativer Dunkelheit tastende Versuche unternahm, zu eine Grammatik der Leidenschaft zurückzufinden.

1951 wurde Strawinskys *The Rake's Progress* im La Fenice uraufgeführt. Strawinsky galt lange Zeit als ideologischer Gegenpol zu Schönberg. Er schrieb ein Werk über einen jungen Mann, der sich in Liebe und Lust verliert und den ein Komplott mit dem Teufel in den Wahnsinn treibt. Zugleich ist es eine Oper über die Oper. Die bizarre Figur der Baba the Turk, der Frau mit Bart, ist eine Personifikation der bizarren Operndiva. Strawinsky spielt mit der Musik von Bach, Mozart und der opera seria. Es ist ein modernes Werk, das auf die Vergangenheit ausgerichtet ist.

Im Jahr 1956 gelangte dann Strawinskys *Canticum sacrum*, das im Namen des Heiligen Markus für die Stadt Venedig komponiert wurde, zur Uraufführung. Dieses polyphone Stimmengewebe erklang im San Marco. 1958 folgte *Threni*, für die Biennale dieses Jahres geschrieben und im von Tintoretto dekorierten Saal der Scuola Grande di San Rocco aufgeführt, in dem auch Monteverdi Werke aufführte. Auffallend ist, dass es ganz in der Zwölftontechnik, der Sprache seines Rivalen Schönberg, komponiert war. Nach Schönbergs Tod 1951 begann sich Strawinsky für dessen radikale Ansichten zu interessieren, um davon in seiner letzten kontemplativ-religiösen Phase Gebrauch zu machen. Als 1971 Strawinskys eigenes Begräbnis in der Cappella Rosario der Kirche Giovanni e Paolo stattfand, wurde ein besonderes Musikprogramm gespielt, das unter anderem sein *Requiem Canticles* und Orgelwerke von Andrea Gabrieli umfasste. Strawinskys sterbliche Überreste wurden schließlich mit dem Boot nach San Michele gebracht.

Es ist vielsagend, dass die Spuren der beiden größten musikalischen Erneuerer der ersten Hälfte des 20. Jahrhunderts in der Lagunenstadt zusammenlaufen. Dort, wo die Oper entstanden ist, ereignete sich anschließend auch ihr angekündigter Tod. Radikaler als sein Schwiegervater strebte Nono in *Prometeo* nach absoluter Abstraktion. Das Werk wurde zu einer Tragödie des Hörens nach dem Nichts. Schönberg löste das tonale System auf und verwirklichte die Emanzipation der Dissonanz. Nono löste den Ton auf und verwirklichte die Emanzipation der Stille.

Venedig widerlegt und widerstrebt Träumen von Rationalität und Fortschritt. Die Stadt lebt von der beständigen Wiederholung der immer gleichen Geschichten, wie sehr man auch versucht, ihnen hier zu entkommen. Für Nono war Venedig die symbolische Hauptstadt der Musik, aber auf eine ganz andere Weise, als wir vermuten. Er verband damit die akustischen Erinnerungen, Fetzen aus der Vergangenheit, die durch den Raum wehen, Reminiszenzen an das, was einmal gewesen war. Der Klang der toten Steine: „In Venedig entdeckt man, was Licht, was Farbe heißt, was Klang und was Raum, was Tiefe, was Horizont, was Vertikale heißt. Oft ist das Wasser wie ein Spiegel, man sieht die Häuser im Wasser, aber es scheint, als wären sie unter Wasser, als wäre das wirklich eine eigene Welt, die mit der über dem Wasser rein gar nichts zu tun hat."

Nono starb am 8. Mai 1990 und wurde auf dem Cimetero San Michele in Isola in einem von der Stadt gestifteten und heute mit Efeu überwucherten Grab beigesetzt. Rundherum stehen uniforme weiße Kreuze, für *suore*, Nonnen, auf der einen Seite, und *preti*, Priester, auf dem anderen Feld. Nicht gerade ein Ort, den man ohne weiteres für einen Kommunisten erwarten würde, aber vielleicht hatte die Comune di Venezia den Prediger Nono im Sinn, als sie ihn hier in der venezianischen Erde begrub.

Nachdem ich auch die Gräber von Strawinsky und Djagilew, von Ezra Pound und Joseph Brodsky, von Frederick Rolfe und Tine Douwes Dekker besucht habe, kehre ich mit dem Vaporetto der Linie 4.2 in das Venedig des Hier und Jetzt zurück, mit seinen Problemen des steigenden Meerwasserspiegels, des versinkenden Bodens, der überfälligen Instandhaltung seiner Denkmäler, der turmhoch aufragenden Kreuzfahrtschiffe und der Horden von Touristen. Was bleibt in diesem Pandämonium der Vermarktung von Geschichte noch vom Musikleben, den Komponisten, der Oper und den Menschen, die dem allen herzlich zugetan sind? Gibt es nach Nonos ultimativer musikalischer Fragmentierung noch eine Zukunft?

So wie alle zwei Jahre eine Biennale für die bildenden Künste organisiert wird, gibt es auch alle zwei Jahre eine Biennale für die zeitgenössische Oper und das Musiktheater. Irgendwann lag die künstlerische Leitung in den Händen des Komponisten Luca Francesconi. Eines seiner Projekte im Rahmen des Festivals war eine Darstellung des musikalischen Mythos von Don Giovanni. Im Palazzo Pisani, in dem sich das Conservatorio Benedetto Marcello befindet, entwarf Francesconi in den vielen Sälen, Räumen, Treppen, Höfen, Balkonen, Loggien und Arkaden ein Opernlabyrinth.

An drei verschiedenen Orten wurden drei Schlüsselszenen dargestellt: das Duell zwischen Don Giovanni und dem Commendatore, die Verführung von Zerlina und der Tod von Don Giovanni. Da die Szenen wiederholt wurden, konnte sich der vorbeiflanierende Zuschauer seine eigene Geschichte um das Geschehen konstruieren, in willkürlicher Reihenfolge. An acht weiteren Orten präsentierten acht zeitgenössische Komponisten ihre eigene Vision des Erzverführers und Libertins.

Als Besucher konnte ich meine eigene Zeit und meinen eigenen Raum des Mythos definieren. Die drei Stockwerke des Palazzo sind auch nach den drei chronologischen Phasen der Leidenschaft und Verführung geordnet, die der Philosoph Kierkegaard einst auf der Grundlage von Mozarts Opern formuliert hatte: der Adoleszenz des Cherubino, dem Erwachsenenalter des Don Giovanni und der Zeit der Senilität des Don Alfonso. Auf einem der großen Innenhöfe, an diesem Abend stimmungsvoll beleuchtet, erklingt – basierend auf der d-Moll-Kadenz, die Mozarts Ouvertüre von *Don Giovanni* tosend eröffnet – ein neues Requiem von Michele Tadini. Ich gehe an einer

Treppe vorbei, deren Stufen voller Weingläser stehen, manche leer, manche halb voll, an den auf die Wände projizierten Schemen entlang. In einem der Säle wird mit Cembalobegleitung die Duellszene aus der Oper gespielt. Unter dem Kronleuchter aus Murano und den Wandmalereien aus dem 18. Jahrhundert singen junge Sängerinnen und Sänger zum tausendsten Mal die Geschichte der dämonischen Liebe.

Der Parcours ist, um mit Kierkegaard zu sprechen, eine Reise entlang der „unmittelbaren erotischen Stadien oder des musikalisch-Erotischen". Die alten Mythen und die Kraft der Tradition dringen in Venedig immer wieder an die Oberfläche der heutigen Zeit – wie das Wasser der Lagune, das bei Flut immer wieder aus den Gullys der Piazza San Marco hervorquillt –, um alle daran zu erinnern, dass diese Vergangenheit unausweichlich ist und die Zukunft bestimmen wird. Avantgarde bedeutet in der Lagunenstadt immer auch Tradition. Dagegen anzukämpfen, hat die schönsten Dinge hervorgebracht, doch wer am Ende den Sieg davonträgt, ist offensichtlich. Das Verräterische daran ist, dass die Stadt diesen Kampf in der Stille führt. Das Wesen der Stille lässt sich in Venedig nachts erfahren. Nach Mitternacht verstummen die Vaporettos und Taxiboote. Das Wesen der Stille wird dann auf den dunklen Kais hörbar. Aber auch der schwindelerregende Abgrund wird spürbar; ein Starren in das vollkommene Nichts.

Literatur zum Weiterlesen

H.C. Robbins Landon und John Julius Norwich schrieben 1991 *Five Centuries of Music in Venice* (Thames and Hudson), das einen breiten, tiefgehenden und interessanten Überblick über alle musikalischen Traditionen in der Stadt (Vokal-, Instrumental- und Opernmusik) bietet und dazu reich illustriert ist. Für alle, die des Französischen mächtig sind, gibt es mit *Balades musicales dans Venise* von Sylvie Mamy aus dem Jahr 2006 (Nouveau Monde) ebenfalls einen großen, allgemeinen, schön illustrierten Überblicksband. Das Buch ist in Form von Spaziergängen aufgebaut und enthält zahlreiche praktische Tipps zum Aufspüren von Orten, die etwas mit Musik zu tun haben. Für alle, die kein Französisch beherrschen, gibt es davon auch noch eine italienische Version: *Passeggiate musicali a Venezia dal XVI al XX secolo* (Vianello Libri). Ein interessantes – manchmal historisch nicht ganz zuverlässiges – Büchlein über Orte und Ereignisse, die in Zusammenhang mit Komponisten, Musikern, Sängern und Theatern in Venedig stehen, ist der *Guida musicale della città di Venezia* von Carlo Raso aus dem Jahr 2001 (Colonnese Editore).

Der französische Musikwissenschaftler Olivier Lexa beschäftigt sich seit langem mit den musikalischen Traditionen Venedigs, insbesondere mit denen des 17. und 18. Jahrhunderts. Er war lange Zeit Direktor des von ihm 2010 gegründeten Venetian Centre for Baroque Music. Im Jahr 2015 veröffentlichte er *La musique à Venise – de Monteverdi à Vivaldi* (Actes Sud), einen großformatigen Prachtband mit zahlreichen schönen Abbildungen, aber eher summarischen Texten. Interessant ist auch seine Biographie von *Francesco Cavalli* (Actes Sud/Classica), eine wunderbare Hommage an diesen Komponisten.

Das bedeutendste wissenschaftliche Buch über die venezianische Oper des 17. Jahrhunderts und die Werke von Monteverdi und Cavalli ist zweifellos der bahnbrechende Band *Opera in Seventeenth-Century Venice: the Creation of a Genre* von Ellen Rosand aus dem Jahr 1991 (University of California Press). Alle neuen Erkenntnisse über die Opernpraxis im 17. Jahrhundert und die vielen Fragen zur Authentizität von Manuskripten und dem soziokulturellen Kontext, in dem sie entstanden sind, kommen hierin zur Sprache. Rosand veröffentlichte zudem auch viele andere interessante Titel über Musik und Oper in Venedig und Italien.

Von den allgemeinen Büchern über Venedig sind einige interessant, weil sie Kapitel über Musik enthalten. Eloquent geschrieben ist *Venice – Pure City* von Peter Ackroyd aus dem Jahr 2009 (Vintage Books). Es erschien 2011 in deutscher Übersetzung (*Venedig. Die Biografie*). Wie in seinen anderen historischen Stadtbiographien geht Ackroyd auf die kulturhistorischen Wurzeln Venedigs ein, wobei er der Literatur, dem Städtebau, der Architektur, der Malerei und der Musik große Aufmerksamkeit widmet. Wer besonders am heutigen Venedig, der Korruption und der Untersuchung des Brandes von La Fenice interessiert ist, für den ist *The City of Falling Angels* des Amerikaners John Berendt aus dem Jahr 2005 ein Muss (The Penguin Press; deutsch 2008: *Die Stadt der fallenden Engel*).

Außerdem gibt es noch einige literarische Titel, von denen jeder auf seine Art die besondere Atmosphäre und Qualität Venedigs offenlegt. Berühmt ist Italo Calvinos *Die unsichtbaren Städte* aus dem Jahr 1977 (Carl Hanser Verlag). In ihm erzählt der Venezianer Marco Polo einem orientalischen Kublai Khan von fünfundfünfzig Städten, die er besucht hat, und eigentlich sind alle Erzählungen eine Ehrbezeugung an Venedig. 1888 veröffentlichte der amerikanisch-britische Autor Henry James die Novelle *The Aspern Papers* (Skira), in der ein Autor in Venedig nach einer Witwe und ihrer Tochter sucht, die im Besitz von Shelleys Korrespondenz sind. Die Stadt wird darin auf mysteriöse Weise beschrieben. Natürlich darf auch die Novelle von Thomas Mann, *Der Tod in Venedig,* von 1913 (S. Fischer) hier nicht fehlen. Eines der schönsten literarischen Porträts der Stadt stammt von dem Russen Joseph Brodsky, der auf der Insel San Michele begraben ist. Seine 1989 in Englisch verfasste Novelle *Watermark* ist die atmosphärischste und anschaulichste Beschreibung des Mysteriums Venedig. Seine Prosa wird zur Musik. Die deutsche Ausgabe erschien 1991 unter dem Titel *Ufer der Verlorenen* (Carl Hanser Verlag).

Musik zum Weiterhören

Von Monteverdi und Cavalli liegen mittlerweile zahlreiche Aufnahmen vor. Die Meinungen darüber sind geteilt. Die Monteverdi-Aufnahmen der Pioniere der Alten Musik Nikolaus Harnoncourt und Gustav Leonhardt sind von beispielloser musikhistorischer Bedeutung, aber vom Stil her etwas veraltet. Die authentische Aufführungspraxis hat in den letzten Jahrzehnten eine starke Entwicklung erfahren. Wer die Schönheit des Klangs der Theatralik vorzieht, wird die Aufnahmen der Monteverdi-Opern von La Venexiana unter der Leitung von Claudio Cavina schön finden. Sie haben auch die Madrigalbücher des Komponisten vollständig aufgenommen. Ein Favorit für Monteverdis *Vespro della Beata Vergine* ist die Aufnahme von Jordi Savall mit seiner Capella Reial de Catalunya (Astrée). Es ist eine intime Interpretation, die nicht die klangliche Brillanz, sondern den spirituellen Tiefgang ins Zentrum rückt. Eine besondere Aufnahme von *Il combattimento di Tancredi e Clorinda* ist die des Dirigenten Emmannuelle Haïm mit Solisten wie Rolando Villazón, Patrizia Ciofi und Topi Lehtipuu. Die Kombination eines authentischen Ensembles mit großen Opernstimmen macht diese Aufnahme sehr theatralisch. Der Dirigent René Jacobs nahm in den 1990er Jahren die Monteverdi-Opern auf CD auf (Harmonia Mundi). Vor allem aber ist er als Botschafter der Cavalli-Opern unübertroffen. Für Harmonia Mundi machte er Standardaufnahmen von *La Calisto* (auch auf DVD), *Giasone*, *Xerse* und (außerhalb der offiziellen Kanäle bestellbar) der Weltpremiere von *Eliogabalo*. *Ercole amante* erschien auf DVD unter der Leitung von Ivor Bolton, mit Luca Pisaroni in der Titelrolle (De Nederlandse Opera/NTR).

Agrippina van Händel wurde ebenfalls von René Jacobs mit der Akademie für Alte Musik (Harmonia Mundi) aufgenommen. Die Opern von Antonio Vivaldi wurden in den letzten Jahrzehnten wiederentdeckt und sind bei Naïve größtenteils auf CD erschienen. Bei diesem Label ist auch *Orlando furioso* mit dem Dirigenten Jean-Christophe Spinosi und seinem Ensemble Matheus, mit Starsängern wie Philippe Jaroussky und Marie-Nicole Lemieux, veröffentlicht worden. Etwas später erschien eine DVD-Aufzeichnung dieser Oper mit fast denselben Künstlern, ebenfalls beim Label Naïve. Es gibt mehrere Aufnahmen von Vivaldi mit dem Dirigenten Andrea Marcon und seinem Venice Baroque Orchestra, unter anderem die *Vier Jahreszeiten* (Divox Antiqua). Er dirigierte auch die Rekonstruktion der Vivaldi Oper *Andromeda liberata* (Archiv), woraufhin er von den Wissenschaftlern des Vivaldi-Forschungszentrums der Fondazione Giorgio Cini in Venedig exkommuniziert wurde. Von den Psalmenvertonungen *Estro poetico-armonico* von Benedetto Marcello gibt es eine wunderschöne CD von Cantus Cölln unter der Leitung von Konrad Junghänel (Harmonia Mundi). Wer auf die „Urfassung" des Don Giovanni von Giuseppe Gazzaniga und Giovanni Bertati neugierig ist, kann sich eine Aufnahme mit dem Dirigenten Bruno Weil und dem Tafelmusik Baroque Orchestra (Sony Classical) anhören.

Rossinis Musik wurde und wird vielfach auf CD aufgenommen. Es gibt schöne Aufnahmen von *Tancredi* und *L'Italiana in Algeri*. Von Letzterer ist die Version mit Teresa Berganza in der Titelrolle bei weitem mein Favorit, mit einem fantastisch spielenden Orchester und dem Chor des Maggio Musicale Fiorentino unter der Leitung von Silvio Varviso, und Sängern wie Luigi Alva (Decca). Eine besonders schöne Aufnahme von *Tancredi* ist die mit Vesselina Kassarova als Trancedi unter der Leitung von Roberto Abbado (RCA Red Seal). Giuseppe Verdis *La traviata* wurde bereits 1912 auf Schallplatte aufgenommen; es gibt zahllose Aufnahmen. Vielleicht ist Carlo Rizzis Version mit den Wiener Philharmonikern und Rolando Villazón und Anna Netrebko eine der besten (Deutsche Grammophon). Diese Produktion ist beim selben Label auch auf DVD erschienen.

Richard Wagner zählt zu den am häufigsten aufgenommenen Komponisten. Bei der *Tristan und Isolde*-Aufnahme von Carlos Kleiber handelt es sich zwar um eine stark bearbeitete Studioaufnahme, doch es ist eine herzzerreißende Version, mit Margaret Price, René Kollo, Brigitte Fassbaender, Dietrich Fischer-Dieskau und Kurt Moll (Deutsche Grammophon). Eine gute und eher theatralische Alternative dazu ist die Aufnahme von Daniel Barenboim mit den Solisten Waltraud Meier und Siegfried Jerusalem aus Bayreuth (Deutsche Grammophon). Von dieser Produktion ist auch eine DVD mit dem Regisseur Heiner Müller (Deutsche Grammophon) erhältlich. Eine alte, aber außergewöhnliche Veröffentlichung ist die des einzigen Dirigats von Herbert von Karajan in Bayreuth: *Tristan und Isolde* im Jahr 1952, mit Martha Mödl und Ramón Vinay (Myto Records). Von Karajan zaubert hier ein beispiellos transparentes Klangbild hervor. Von *Parsifal* gehören die Aufnahmen der Dirigenten Sir Georg Solti und Pierre Boulez zu den Favoriten. Die erste mit René Kollo und Christa Ludwig (Decca) ist romantischer. Die zweite, die mit James King und Gwyneth Jones während der Bayreuther Festspiele aufgenommen wurde (Deutsche Grammophon), ist unterkühlt, aber sehr eindringlich. *Parsifal* ist auch ein Lebenswerk des Dirigenten Hartmut Haenchen. Von seinem Bayreuther Debüt erschien eine DVD mit einer wunderbaren Besetzung und Klaus Florian Vogt in der Titelrolle (Deutsche Grammophon).

Wer möchte, kann sich die venezianische Weltpremiere von *The Turn of the Screw* aus dem Jahr 1954 anhören. Es gibt eine CD-Aufnahme unter der Leitung von Britten mit Peter Pears und David Hemmings (London). Britten war zu alt und vor allem zu krank, um seinen Schwanengesang *Death in Venice* selbst aufzunehmen – was er bei seinen früheren Opern getan hat. Die klassische Aufnahme mit seinem Lebenspartner Peter Pears in der Rolle des Gustav von Aschenbach entstand unter der Leitung von Steuart Bedford, mit Solisten wie John Shirley-Quirk und James Bowman (London). Eine ebenfalls wundervolle Aufnahme ist die von Richard Hickox mit Philip Langridge, Alan Opie und Michael Chance. Wer Viscontis Film hoffnungslos verfallen ist, kann sich den Soundtrack anhören. In ihm wird Gustav Mahlers *Adagietto* vom Orchestra dell' Accademia Nazionale di Santa Cecilia unter der Leitung von Franco Mannino gespielt (Classics for Pleasure). Die allerschönste Version des *Adagietto* dirigierte Bernard Haitink während der Weihnachtsmatinee 1986 im Concertgebouw (Philips).

Von Luigi Nonos *Prometeo* wurde eine überzeugende CD-Aufnahme von den Dirigenten André Richard, Peter Hirsch und Kwamé Ryan (Collegno Contemporary) eingespielt. Die Veröffentlichung enthält eine Menge zusätzliches Material und Informationen, darunter eine umfangreiche „Hörpartitur", mit der man das Werk verfolgen und – in gewissem Maße – ergründen kann. Nonos *Sofferte onde serene* mit Maurizio Pollini am Klavier erschien bei der Deutschen Grammophon. Diese CD enthält weitere Werke von Nono, dirigiert von Claudio Abbado.

In zwölf niederländischsprachigen Sendungen haben der Autor Willem Bruls und Chazia Mourali 2018 die Operngeschichte in der Lagunenstadt und den kulturellen Kontext beleuchtet: radio4.nl. Für den Rundfunksender VPRO in den Niederlanden stellte Bruls 2003 eine sechsstündige Serie über Venedig zusammen: https://walterslosse.wordpress.com/zes-wandelingen-in-venetie-2003-la-lugubre-gondola.

Editorische Notiz

Für die deutsche Übersetzung wurden unter anderem die u. g. Quellen herangezogen. Auslassungen sind gekennzeichnet. Die Schreibweisen von Straßen, Gassen, Kanälen, Kirchen, Theatern etc. können im Italienischen variieren, so auch auf den Straßenschildern vor Ort. Gewählt wurde jeweils die standardisierte Form, die auch auf den gängigen Karten zu finden ist.

Quellen (Auswahl)

Brodsky, Joseph: *Römische Elegien und andere Gedichte*, München 1985 ◆ Brodsky, Joseph: *Ufer der Verlorenen*, München 1991 ◆ Byron, George Gordon: *Lord Byron. Sämtliche Werke*, Bd. 1: Childe Harolds Pilgerfahrt und andere Verserzählungen, München o. J. ◆ Casanova, Giacomo: *Aus meinem Leben*, hg. v. Ulrike Christine Sander, Frankfurt a. M. 2010 ◆ D'Annunzio, Gabriele: *Das Feuer*, Berlin 1999 ◆ Friedrich, Sven (Hg.): *Richard Wagner Werke, Schriften und Briefe*. Digitale Bibliothek, Berlin 2004 ◆ Geiger, Friedrich / Janke, Andreas (Hg.): *Venedig – Luigi Nono und die komponierte Stadt. Zur musikalischen Präsenz und diskursiven Funktion der Serenissima*, Münster/New York 2015 ◆ Goethe, Johann Wolfgang: *Italienische Reise*, Frankfurt a. M. 1976 ◆ Heller, Karl: *Antonio Vivaldi*, Leipzig 1991 ◆ Mann, Thomas: *Der Tod in Venedig und andere Erzählungen*, Frankfurt a. M. 1954 ◆ Mann, Thomas, *Briefe I, 1889–1913*, in: Große kommentierte Frankfurter Ausgabe, Frankfurt a. M. 2002 ◆ Marpurg, Friedrich (Hg.): *Herrn Johann Joachim Quantzens Lebenslauf, von ihm selbst entworfen*. Historisch-kritische Beyträge zur Aufnahme der Musik, Bd. 1, Berlin 1754 ◆ Nietzsche, Friedrich: *Digitale Kritische Gesamtausgabe Werke und Briefe*, http://www.nietzschesource.org/#eKGWB (basierend auf der Kritischen Gesamtausgabe, Berlin/New York 1967ff.) ◆ Proust, Marcel: *Auf der Suche nach der verlorenen Zeit*, Bd. 6: Die Flüchtige, Berlin 2020 ◆ Rousseau, Jean-Jacques: *Bekenntnisse*, Frankfurt a. M. 2001 ◆ Sand, George: *Briefe*, München 2003 ◆ Shakespeare, William: *Der Kaufmann von Venedig*, in: Die großen Dramen. Tragödien, Historien und Komödien in zehn Bänden, Bd. 7, Frankfurt a. M. 1981 ◆ Stendhal: *Rossini*. München 1992

Der Autor

Willem Bruls (geb. 1963) ist Dramaturg, Autor und Librettist. Er studierte Literaturgeschichte und Kunstgeschichte in Amsterdam. Als Publizist im Bereich von Musiktheater und Oper veröffentlichte er u.a. eine Studie über Wagners Ring, Schriften über den Orientalismus in der Oper sowie das vorliegende Werk über die Oper in Venedig (Originaltitel: „Venetiaanse zangen").

Für mehrere Opernhäuser in Europa (u.a. die Salzburger Festspiele, Aalto Theater Essen, Staatsoper Unter den Linden Berlin und die Staatsoper München) verfasste er dramaturgische Beiträge. Als Journalist arbeitete er u.a. für Opernwelt, De Standaard (Belgien) und The Wall Street Journal Europe. Im Jahr 2018 wurde die Oper *Alp Arslan* des Komponisten Richard van Schoor in Gießen uraufgeführt, für die er das Libretto schrieb. Zusammen mit der Komponistin Mathilde Wantenaar schrieb er auch das Libretto für die Jugendoper *Een lied voor de maan (Ein Lied für den Mond)*. Er entwickelte für mehrere Choreografen Tanzlibretti, als Dramatiker hat er verschiedene Stücke realisiert. Er hat als Produktionsdramaturg und als Regisseur gearbeitet sowie Workshops über zeitgenössisches Musiktheater und Kulturjournalismus geleitet, unter anderen für das Festival von Aix-en-Provence.

Die Übersetzerin

Bärbel Jänicke (*1963) ist seit 2001 Übersetzerin wissenschaftlicher Texte und literarischer Sachbücher aus dem Niederländischen. Sie studierte Philosophie, Kunstgeschichte und Archäologie in Frankfurt und Saarbrücken. Sie übersetzte unter anderem „Und überall Philosophie. Das Denken der Moderne in Kunst und Popkultur" von Ger Groot, „Mythos Geschlecht. Eine Weltgeschichte weiblicher Macht und Ohnmacht" von Mineke Schipper, „Südostasien" von Henk Schulte-Nordholt und „Der Affe schlägt den Takt. Musikalität bei Tier und Mensch. Eine Spurensuche" von Henkjan Honing.

Personenregister

Abbado, Claudio 243
Albinoni, Tomaso 108
Alensoon, Jan 107f.
Amati, Andrea 25
Andrésen, Björn 229f.
Anfossi, Pasquale 120
d'Annunzio, Gabriele 8, 206–209, 238
Ariosto, Ludovico 127–129

Badoaro, Giacomo 47f., 52, 72f.
Beethoven, Ludwig van 153f.
Bella, Gabriele 139f.
Bellini, Giovanni 88f., 156, 167
Benjamin, Walter 246
Berio, Luciano 241
Berlioz, Hector 161
Bertati, Giovanni 143–146, 162
Bessarion (Kardinal) 61f.
Bianchi, Francesco 143
Blaeu, Willem und Joan 59
Bloch, Ernst 194f.
Bogarde, Dirk 230
Bononcini, Giovanni 187
Bordoni, Faustina 187–189
Boretti, Giovanni Antonio 71f.
Braccioli, Grazio 129f.
Britten, Benjamin 11, 167, 231–234
Brodsky, Joseph 118, 248
Bryant, David 63, 67, 72, 79–82, 89, 181, 182
Burney, Charles 120, 174
Busenello, Giovanni 47, 48, 72f., 76, 83–85, 96f.
Byron (Lord B.), George Gordon 37, 161–165, 169, 173f., 180, 205, 215, 231

Cacciari, Massimo 245f.
Caccini, Giulio 48

Caffarelli (eigtl. Gaetano Majorano) 188
Canaletto (eigtl. Bernardo Bellotto) 24, 32, 130
Canova, Antonio 87
Carriera, Rosalba 131, 188
Casanova, Giacomo 52, 127, 137, 140–146, 180
Cassani, Vincenzo 107
Cattaneo, Claudia 25f.
Cavalli, Francesco 10, 47, 49, 62f., 65–73, 79–81, 93, 104, 188
Cavalli, Maria 79
Centurioni, Raffaele 55f.
Chanel, Coco 221
Chipperfield, David 150
Chopin, Frédéric 174, 182
Cimarosa, Domenico 143
Ciofi, Patrizia 170
Clemens XI. (Papst) 93, 96
Conegliano, Cima de 113
Contarini (Familie) 63, 81
Conti, Antonio 107
Corneille, Pierre 104
Couperus, Louis 7, 215
Cuzzoni, Francesca 187

Dallapiccola, Luigi 115
Dandolo (Familie) 38, 89, 136–139, 173
Darwin, Charles 193
Djagilew, Serge 180, 220f., 248
Donizetti, Gaetano 156, 161, 167
Dumas, Alexandre 168, 180

Faggioli, Michelangelo 55
Farinelli (eigtl. Carlo Broschi) 92, 188
Faustini, Giovanni 63, 66, 73

Fellini, Federico 142
Ferrari, Benedetto 46, 81
Feustking, Friedrich Christian 95
Fortuny y Madrazo, Mariano 204–206, 208f., 243
Francesconi, Luca 249
Fuochi, Nicola 196f., 199

Gabrieli, Andrea 31, 243, 247
Gabrieli, Giovanni 31, 90, 238, 243
Gabrielli, Caterina 120f.
Gabrielli, Francesca 120f.
Galuppi, Baldassare 118
Gazzaniga, Giuseppe 143–146, 162
Gazzarri, Fabrizio 244f.
Giacomelli, Geminiano 108
Gilbert, William 205
Girò, Anna (gen. Annina della Pietà) 121f., 135
Giustiniani, Girolamo 108
Gluck, Christoph Willibald 156
Goethe, Johann Wolfgang von 9, 94, 174, 180, 246
Goldoni, Carlo 53, 133–135, 143, 153, 180
Goncourt, Edmond und Jules de 181
Gonzaga (Herzöge von Mantua) 25, 27, 62, 198
Gozzi, Gasparo 180
Grimani (Familie) 44, 46, 53–56, 60, 64f., 71f., 81, 93–97, 100, 108f., 134, 138, 141–143, 145, 165, 190, 203, 217–219
Guarana, Jacopo 174
Guardi, Giovanni Antonio 136, 138f.

Händel, Georg Friedrich 56, 93f., 96–99, 101, 103–105, 124, 130–132, 156, 187f.
Hasse, Johann Adolph 118, 187–189
Haydn, Joseph 154

Hemmings, David 232f.
Hölderlin, Friedrich 246
Huygens, Constantijn 28

James, Henry 232
Jommelli, Niccolò 118

Keiser, Reinhard 95
Kierkegaard, Søren 249f.
Kochno, Boris 220

Levi, Hermann 192
Lifar, Serge 220
Liszt, Franz 174, 200f.
Longhena, Baldassare 118
Longhi, Pietro 138f.
Ludwig II. (bayer. König) 192, 201
Ludwig XIV. (frz. König) 69f.
Lully, Jean-Baptiste 70
Lumière (Brüder) 54

Mahler-Werfel, Alma 223
Mahler, Gustav 223, 228–231, 246
Malipiero, Gian Francesco 53, 63, 241
Manelli, Francesco 46f.
Manin, Daniele 151, 167, 181
Manin, Ludovico 150
Mann, Erika 224
Mann, Golo 231
Mann, Heinrich 223
Mann, Katia 223, 225
Mann, Thomas 11, 180, 213f., 216f., 220–228, 230f., 233
Manutius, Aldus 62
Marcello, Alessandro 107, 187
Marcello, Benedetto 9, 10, 102f., 106–109, 126, 187, 198
Marcon, Andrea 125f., 129–131, 133
Maria Theresia von Spanien (Königin) 69
Mazarin (Kardinal) 69f.
Medici, de' (Familie) 61f., 65

Mendelssohn Bartholdy, Felix 195
Metastasio, Pietro 104, 188
Michelangelo 154
Mocenigo (Familie) 38, 173f.
Moes, Władysław 224f., 229
Molina, Tirso de 143f.
Monteverdi, Baldassare 25
Monteverdi, Claudio 9f., 25–34, 38–41, 43f., 47–52, 54, 62–64, 68f., 72f., 76–85, 87, 89f., 93, 95–98, 103f., 108, 127, 132, 156, 173, 188, 198f., 207, 238, 243, 247
Mozart, Wolfgang Amadeus 12, 110, 137, 140f., 144, 146, 156–158, 249f.
Musset, Alfred de 174f., 180
Mussolini, Benito 206

Napoleon Bonaparte (Kaiser Napoleon I.) 150, 152, 167, 180, 197
Niel, Guiseppe dal 38f., 173f.
Nietzsche, Friedrich 7, 44, 82, 206, 213f., 228
Nono, Luigi 11, 167, 201, 232, 237–246, 248f.

Pagello, Pietro 175
Palladio, Andrea 28, 45, 60, 190, 208, 219, 239
Pallavicino, Carlo 103
Paul V. (Papst) 27
Pears, Peter 231f.
Peri, Jacopo 48
Perl, Henriette 190–192, 198
Piano, Renzo 241, 244f.
Piave, Francesco Maria 18
Piazzetta, Giovanni Battista 10
Piccioli, Francesco Maria 103
Piper, Myfanwy 232f.
Platen, August von 7
Poliziano, Angelo 62
Pollarolo, Carlo Francesco 55
Pollini, Marilisa und Maurizio 238f.

Ponte, Lorenzo da 127, 140f., 144, 146
Porpora, Nicola Antonio 118
Porta, Giovanni 108
Pringle, Carrie 192
Prokofjew, Sergei 167, 232
Proust, Marcel 174, 180, 204
Purcell, Henry 71

Quantz, Johann Joachim 187

Racine, Jean 104
Rilke, Rainer Maria 8, 32
Rinuccini, Ottavio 48
Ritter, Karl 177f.
Rolfe, Frederick (gen. Baron Corvo) 215f., 248
Rousseau, Jean-Jacques 116, 180
Rossi, Europa 198
Rossi, Luigi 69
Rossi, Salamone (Ebreo) de 198
Rossini, Gioachino 12, 54, 149, 152–159, 167, 217
Ruskin, John 9

Sacchini, Antonio 120
Sacrati, Francesco 47, 81
Salieri, Antonio 110
Salvini-Donatelli, Fanny 169, 171
Sand, George 174f., 180
Sansovino, Jacopo 60
Sardi, Antonio und Giuseppe 119
Scamozzi, Vincenzo 60, 190
Scarlatti, Alessandro 93, 98
Scarlatti, Domenico 98
Scherchen, Hermann 241
Schönberg, Arnold 238, 240, 246–248
Schönberg Nono, Nuria 238, 240f.
Schopenhauer, Arthur 193, 213
Schumann, Robert 246
Selva, Giannantonio 166f., 171, 180

Seneca 74–78, 85
Shakespeare, William 199
Stendhal 152, 154–158, 180
Stradivari, Antonio 25
Strawinsky, Igor 12, 115, 167, 180, 221, 232, 247f.
Strozzi, Barbara 65
Strozzi, Giulio 65
Sullivan, Arthur 205
Svoboda, Josef 242
Szymanowski, Karol 220, 227

Tadini, Michele 249
Tiepolo, Giovanni Battista 116, 130
Tintoretto, Jacopo 86, 90, 209, 242, 247
Tizian 60, 87–90
Torcigliani, Michelangelo 48
Toscanini, Arturo 206
Trovato, Stefano 62f.

Udine, Giovanni da 60, 64

Vedova, Emilio 242, 244, 245
Verdi, Giuseppe 11, 15, 17f., 20–22, 55, 151f., 161, 167–170, 180f., 201, 246
Visconti, Luchino 11, 21, 216f., 222, 227–231, 233
Vivaldi, Antonio 9f., 98, 102–105, 108–110, 112–115, 117, 122, 125–127, 129–135, 156, 188, 205, 238
Voltaire 155

Wagner, Cosima 190–192, 198, 200f., 208
Wagner, Richard 10f., 45, 152, 174, 177f., 180–187, 189–195, 198, 200f., 205–209, 213f., 217, 220f., 228
Werner, Zacharias 15
Wesendonck, Mathilde 178
White, Nicky 121
Wilde, Oscar 180
Willaert, Adriaen 31, 243
Wolf-Ferrari, Ermanno' 53

Zeno, Apostolo 104
Žižek, Slavoj 185

Bildnachweis

S. 8: © ullstein bild ♦ S. 14: © Markus Mark (Creative Commons-Lizenz) ♦ S. 24: © Hamburger Kunsthalle, Kupferstichkabinett, Hamburg ♦ S. 36, 124: © Sailko/Daniele Pugliesi (Creative Commons-Lizenz) ♦ S. 42: © Wolfgang Morder (Creative Commons-Lizenz) ♦ S. 58: © Musée d'Art et d'Histoire, Genève S. 86: © Scuola Grande di San Rocco, Venedig ♦ S. 92: © akg-images / Cameraphoto / Bukarest, Staatliches Kunstmuseum ♦ S. 102: © Alberto Tallone Editore, Turin ♦ S. 112: © Didier Descouens (Creative Commons-Lizenz) ♦ S. 136: © Ca' Rezzonico, Venedig ♦ S. 148: © Willem Bruls ♦ S. 160: © akg-images S. 172: © ullstein bild – adoc-photos ♦ S. 176: © Giovanni Dall'Orto (Creative Commons-Lizenz) ♦ S. 186: © akg-images ♦ S. 202: © Giovanni Dall'Orto (Creative Commons-Lizenz) ♦ S. 212: © akg-images / UIG / Marka S. 236: © Roberto Catullo (Creative Commons-Lizenz)

Impressum

Bibliografische Information der Deutschen Nationalbibliothek:
Die Deutsche Nationalbibliothek verzeichnet diese Publikation in der
Deutschen Nationalbibliografie; detaillierte bibliografische Daten sind
im Internet über http://dnb.dnb.de abrufbar.

Die Verwertung der Texte und Bilder, auch auszugsweise, ist ohne
Zustimmung der Rechteinhaber urheberrechtswidrig und strafbar.
Dies gilt auch für Vervielfältigungen, Übersetzungen, Mikroverfilmungen
und für die Verarbeitung in elektronischen Systemen.

ISBN 978-3-89487-818-4

© 2021 by Henschel Verlag
in der E.A. Seemann Henschel GmbH & Co. KG, Leipzig
Originalausgabe: Venetiaanse zangen © 2018 by Willem Bruls.
Originally published by Uitgeverij Atlas Contact, Amsterdam
Der Verlag dankt der Niederländischen Stiftung für Literatur
für die Förderung der Publikation:

Nederlands letterenfonds
dutch foundation
for literature

Übersetzung: Bärbel Jänicke
Layout und Satz: flamboyantbooks.com
Umschlaggestaltung: Franziska Neubert, Leipzig
Lektorat: Sabine Melchert
Druck und Bindung: Multiprint GmbH
Printed in the EU

www.henschel-verlag.de

Die Spaziergänge nach den Kapiteln

Auferstehung im Morgenlicht. Die Stadt und der Mythos (S. 15)
Insel Torcello – Ponte del Diavolo (Torcello) – Basilica di Santa
Maria Assunta (Torcello) – Santa Fosca (Torcello) – Isola di San
Pietro di Castello – Basilica di San Marco – Rialtobrücke

Eine neue Zeit beginnt. Monteverdis *Marienvesper* (S. 25)
Piazza San Marco – San Giorgio Maggiore (Isola di San
Giorgio Maggiore) – Basilica di San Marco

Die Geburt der Oper. *Il combattimento di Tancredi e Clorinda* (S. 37)
Basilica di San Marco – Canal Grande – Palazzo Mocenigo –
Hotel Danieli (Riva degli Schiavoni)

Verführung und Liebe. Monteverdi und die Bühnen Venedigs (S. 43)
Hotel Danieli (Riva degli Schiavoni) – Santi Giovanni e Paolo – Scuola
Grande di San Marco – Fondamenta dei Mendicanti – Fondamente
Nove – Calle Berlendis – Calle della Testa – Palazzo Malipiero (Calle
Malipiero, Salizzada Malipiero) – Teatro Goldoni – Teatro Malibran

Die liberale Republik Venedig. Die Dekadenz von *Nero und Poppea* (S. 59)
Biblioteca Marciana (Piazzetta) – Palazzo Grimani a Santa Maria Formosa

Maria, stabat mater. Monteverdis Grab (S. 87)
Piazzetta – Campo dei Frari – Scuola Grande di San Rocco

Händels *Agrippina*. Virtuosität und Kastratengesang (S. 93)
Teatro San Giovanni Grisostomo (heute Teatro Malibran in Cannaregio)

Frivoles Genie und fleißiger Arbeiter. Vivaldi versus Marcello (S. 103)
Palazzo Marcello (del Majno) – Palazzo Vendramin-Calergi

Vivaldi, die Musik und die Schutzlosen. Das *ospedale della pietà* (S. 113)
Piazzetta – Riva degli Schiavoni – Bacino San Marco – San Giovanni
in Bragora – Chiesa di Santa Maria della Pietà (Riva degli Schiavoni) –
Ospedale degli Incurabili (heute Kunstakademie / Accademia di belle
arti di Venezia, Fondamenta Zattere) – Fondamente Nove –
Santi Giovanni e Paolo – Santa Maria dei Derelitti